LINA MALLON

zweit.
nah

LINA MALLON

zweit.
nah

WIE WIR LIEBEN,
WENN WIR UNS WAGEN

Inhalt

»Never go in search of love, go in search of life, and life will find you the love you seek.«
– Atticus

Für all die Frauen da draußen, die den Mut aufbringen, nicht nur nach der Liebe zu suchen, sondern sich selbst zu finden.

Du bist eine davon, Magdalena.

Vorwort

Genau wie *schnell.liebig* basiert auch *zweit.nah* auf meinen persönlichen Erlebnissen und Erfahrungen. Viele meiner Geschehnisse wurden gekürzt, umstrukturiert oder zusammenfassend erzählt und finden manchmal auch an neuen Schauplätzen statt.

Ich wollte meine eigene Geschichte so offen, so authentisch und so ehrlich wie möglich schreiben. Daher sind Ortsnennungen real, und engste Freunde, die in *zweit.nah* vorkommen, erscheinen weitestgehend unter ihren Klarnamen. Mit Rücksicht auf die Privatsphäre aller anderen Personen in diesem Buch habe ich deren Namen und Charakterzüge verändert. Ähnlichkeiten mit real existierenden Personen sind demnach rein zufällig und unbeabsichtigt.

Ich, Liebe

Nichts lädt. Nicht einmal eine E-Mail. Nicht wenn ich auf der Terrasse stehe und den Arm weit über die Brüstung ausstrecke. Nicht wenn ich auf den kleinen Hügel, knapp zweihundert Meter vom Bootshaus entfernt, steige. Und auch jetzt noch immer nicht, während ich schon seit einer halben Stunde über die Farm laufe. Ich habe keinen Empfang – und um ganz ehrlich zu sein auch keine Ahnung, wohin ich eigentlich unterwegs bin. Ich weiß lediglich, was ich finden will: im besten Fall einen Sendemast.

Heute ist der 3. April 2020. Heute kommt mein erstes Buch heraus, heute erscheint *schnell.liebig* im deutschen Buchhandel, heute Abend gibt es online bestimmt schon Reaktionen, morgen früh vielleicht eine erste Rezension. Man sagt, ein Buch wird erst dann wahr, wenn es gedruckt ist, wenn man es selbst festhält und noch einmal darin liest. Meines ist zwar gedruckt, getrocknet und gebunden, aber ich gerade 9.855 Kilometer davon entfernt. Und ich habe nicht einmal ein beständiges Signal, um mit meinen mobilen Daten die Entfernung zu verkürzen.

Vermutlich blättern jetzt schon Hunderte Menschen in dem Buch, das meine Geschichte erzählt, in den 62.821 Worten, mit denen ich die Zeit beschreibe, in der ich gute, aber auch desaströse Dates erlebe, nach Liebe und vor allem mir selbst suche. Ich verliebe mich in meinem ersten Buch. Immer wieder. Und ich breche mir dabei selbst das Herz. Um zu lernen, dass es heilt. Immer wieder. Und während dieses Prozesses begreife ich etwas: Die Antworten auf die Frage, was du von der Liebe willst, liegen vor allem in den Entscheidungen, die du selber triffst. Und ob sie richtig oder falsch sind, wohin sie dich bringen, stellst du dabei manchmal erst fest, nachdem du sie getroffen hast.

Eine meiner letzten hat mich hierher geführt, nach Chrissiesmeer, einem kleinen Ort in Mpumalanga, einem der nördlichen Distrikte Südafrikas. Seit ein paar Tagen lebe ich in einem Bootshaus auf einer Farm. Stromversorgung oder ein stabiles 4G-Netz gibt es hier, zumindest im Umkreis der dreihundert Meter, die ich bisher abgelaufen bin, nicht. Dafür weite, lang gestreckte Graslandschaften und Frösche, vermutlich Zehntausende. *Blikslaanertjies* – also kleine Blechdosen – heißen diese kleinen Frösche auf Afrikaans, denn nachts, wenn Hunderte von ihnen ebenfalls nach Liebe suchen, klingt es, als würde man viele Dosen klappern hören oder mit einem Stock an ihnen entlangstreichen (neben meiner ständigen Nervosität um den heutigen Tag auch einer der Gründe, warum ich in der letzten Nacht schlecht geschlafen habe).

Vor zwei Wochen hatte die Welt die Türen zugemacht. Erst Europa, dann die USA – und jetzt auch Afrika. Sie alle versuchten, das Coronavirus einzudämmen. »Kommst du mit?«, hatte er gefragt, kurz nachdem der südafrikanische Präsident Cyril Ramaphosa den Lockdown für das Land verkündet hatte. 21 Tage lang plante Südafrika, sich unter absolutem Verschluss zu halten. Niemand durfte sein Zuhause verlassen, lediglich einer Person war es erlaubt, den wöchentlichen Einkauf zu erledigen, alle Flüge wurden gestrichen, Züge sowieso, und kein Alkohol, kein Tabak durften mehr verkauft werden. (Die restlichen Details kennt ihr auch aus Deutschland, ich muss sie euch nicht aufzählen. 2020 ist gerade mal ein paar Monate her, ihr wart vermutlich dabei.)

Er, das ist Chris. Ein Mann, den ich gerade mal einen Monat vorher kennengelernt hatte.

»Kommst du mit?« Das war die Frage, ob ich ihn begleiten wollte, auf das Stück Land seiner Familie, 1.800 Kilometer von Kapstadt entfernt.

Nach 18 Stunden Autofahrt waren wir angekommen und in die kleine Hütte gezogen. Während der ersten zwei Tage hatte ich auf meinen Spaziergängen auf der Farm noch Angst vor Schlangen im hohen Gras gehabt. Jetzt gerade, heute, fürchte ich mich ausschließlich vor Amazon und den offenen Bewertungen.

Ein befreundeter Autor hat mir erzählt, dass er die Kritiken seiner Bücher nie liest. Daraufhin habe ich es getan und gedacht: »... vermutlich besser so.« Kommentarspalten können ein grausamer Ort sein. Vor allem dann, wenn nicht nur eine Figur oder ein Charakter, sondern du selbst zwischen all den Worten steckst.

»Ich weiß noch nicht, ob ich es wirklich authentisch finde ...«, hatte zum Beispiel eine Pressevertreterin, nachdem sie einen Blick in das Manuskript werfen durfte, geurteilt, und ich gedacht: Es ist so oft das Leben, das die Kapitel und Wendungen schreibt, die dir in einem Roman, wenn du sie noch einmal erzählst, niemand abnehmen würde. Ich hatte es trotzdem versucht. Nur, um mir jetzt selbst nicht mehr sicher zu sein, ob es mir gelungen war.

»Ich hoffe ja, dass sie am Schluss bereit für eine echte Beziehung ist und es sich mit einem der Männer ernsthaft entwickelt, das fände ich reif und erwachsen, denn diese leichtsinnige Singlefrau, die sich immer wieder auf neue Dates einlässt und behauptet, all diese Erfahrungen wirklich zu genießen, nehme ich ihr nämlich nicht so ganz ab«, hatte die Kritikerin außerdem noch getippt.

Vermutlich wird sie bitter enttäuscht sein, denn mein erstes Buch endet mit mir selbst. Nicht mit einer endlich gefundenen Beziehung, nicht mit dem gängigen Ende eines Singleromans, in dem ich entweder den kriege, den ich zu lange übersehen habe oder mich gegen zwei entscheide, die beide nicht ganz passen. Ich bekomme sie nicht, die zwei Hauptcharaktere, in die man sich verlieben könnte, während man von ihnen liest. Einem entkomme ich. Den anderen muss ich loslassen. Und trotzdem fühlt sich das letzte Kapitel nicht wie ein Trostpreis an, wie ein Ende, das ich umschreiben muss, weil mir die Darsteller in der letzten Minute doch noch ausgegangen sind. Für mich ist es eine Befreiung, die pure Erkenntnis, die ich tatsächlich erst in den letzten Monaten meiner Reise endlich gewann: Ich habe auf 256 Seiten nicht vorrangig und schlussendlich (vermeintlich) erfolglos nach tollen Männern oder Beziehungen gesucht, sondern den Weg zu mir gefunden, in mein tiefstes Innerstes.

Ich weiß jetzt, was ich will.

Ich weiß, was ich von der Liebe will; was ich durch all die Erfahrungen, die ich manchmal kaum erwarten konnte und manchmal unfreiwillig machen musste, über sie gelernt habe. Und immer, wenn ich die letzten Sätze wieder lese, spüre ich dieses tiefe Vertrauen in mir, das mich ausfüllt, das mir eine Richtung gibt, der ich instinktiv folgen kann. Ich habe gelernt, dass ich keine anderen Menschen, Freunde, Männer oder Orte mehr finden muss, die blind verstehen sollen, was mich auszeichnet und wie man mich glücklich macht. Bei diesem Gefühl bin ich selbst angekommen – und trage es in mir. Überallhin.

»I am a small fish in a big, big blue sea and I like it.«
- Billie Marten

Eigentlich ist es verrückt. Frauen, die nach einer längeren Weile als Single eine neue Beziehung eingehen, werden beglückwünscht, haben offenbar ein paar weitere Stufen ihrer persönlichen Entwicklung genommen und schlagen eine neue Seite auf. Frauen, die sich bewusst gegen die Chance auf irgendeine Beziehung entscheiden, werden hinterfragt. Als könnten sie in Wahrheit nur entweder unreif, unglücklich oder aber unehrlich zu sich selbst sein.

Die Welt erwartet von allen »normalen« Menschen eben doch noch, dass sie einander irgendwann finden (am besten, ohne zu suchen, logisch), dass sie Beziehungen eingehen, dass sie »ankommen« – und sendet damit gleichzeitig die Message, dass etwas mit all denen, die es vermeintlich immer wieder ausschlagen oder aber immer wieder scheitern, schlicht nicht stimmen kann. Wenn man rein rechnerisch mehr als drei Versuche wagt und trotzdem weiterhin »leer« ausgeht (als wären wir Hüllen, die andere füllen sollen), kann da doch etwas mit den Erwartungen, den Einstellungen oder gleich der ganzen Persönlichkeit nicht stimmen, oder?

Wer mit über 30 noch Single ist, der ist entweder rebellisch, narzisstisch oder egoman oder schlicht zu verkrampft auf der Suche. Auf jeden Fall aber: nicht angekommen. Dabei bin ich mir sicher, dass grundsätzlich jeder von uns längst weiß und fühlt, dass sein Wert oder eben auch seine Entwicklung nicht von einem Partner abhängt. Dass Singles genauso erfolgreich oder interessant, so erwachsen und gefestigt sind wie ihre Freunde in Partnerschaften und sie nicht auf einem schlechteren, weniger erfüllenden oder auf dem Weg in die Sackgasse sind. Das ist ja keine Neuigkeit.

Und trotzdem müssen vor allem Frauen noch immer ihren Singlestatus erklären, verteidigen oder generell gut gemeinte Ratschläge veratmen. Es wird immer noch großflächig missbilligt, eine alleinstehende Frau oder Person mit einer Vagina zu sein. Wer Single wird, ist frei. Wer lange Single ist, muss auf der Suche sein. Und wer zu lange Single bleibt, der scheint gescheitert?
Es gab Menschen, die sich wünschten, ich hätte das Ende um- und mich näher an eine neue Beziehung herangeschrieben. Als würde dieses Buch, in dem eine Frau über ihre Erfahrungen als Single und ihre Sehnsucht nach Liebe schreibt, irgendwie an Wert verlieren, wenn sie sie am Ende nicht mit Nathan oder Gustav findet.

Es gab auch Menschen, die fanden, dass dieses Buch mit dem ehr-
lichen, ungeschönten Ende nicht genug Inspiration sein könnte und
mehr Hoffnung bräuchte, dass das *schnell.liebige* bald endet, dass
bald etwas bleibt. Ein Wort: niemals.

Ich rücke in den letzten Sätzen nicht dichter an den nächsten Mann
oder an die nächste Beziehung heran. Ich gehe meine eigenen Schritte. Und ja, das klingt wie eine Floskel, aber es ist vielleicht eine der
intensivsten Lektionen überhaupt: sich nicht auf jemanden zu- oder
von jemandem wegzubewegen – sondern einfach nur sich selbst. Ich
warte nicht auf die Liebe, ich suche nicht nach der Liebe, ich finde
nicht die Liebe. Ich trage die, die ich wirklich brauche, bei mir. Aber
jetzt das Wichtigste: Ich will trotzdem noch so, so viel mehr von ihr,
in all ihren Facetten. Ich war nie näher an ihr und mir dran.

Das ist der Punkt, an dem mein erstes Buch endet. Das
ist der Ton, mit dem ich weitergemacht, weitergelebt
und weitergeliebt habe. Nichts hat sich daran geändert, als ich begonnen habe, am zweiten Manuskript
zu arbeiten.

    Ich weiß noch nicht, nach wie viel mehr Liebe
ich hier, auf dieser Farm, mit diesem Mann, greifen kann. Ich kenne ihn erst seit zwei Monaten, seit
vielleicht sieben Dates, aber ich habe gar nichts
zu verlieren. (Außer meine Nerven, das hier ist ja
trotzdem immer noch der Tag, an dem mein erstes Buch
erscheint.)

    Ich habe jetzt und hier noch immer keinen festen
Plan, ich habe ja noch nicht einmal genug Empfang,
aber ich habe Antworten.

Ich, Liebe. Punkt. Aber von vorn …

Begin again

Wir rollen langsam um die letzte Kurve, behäbig, leicht wankend. Dann halten wir inne, bleiben kurz stehen, als würden wir Luft holen, als müsste sich ein Schalter umlegen, als müsste jemand eine Entscheidung treffen – und starten. Wir nehmen mit jedem Meter mehr Kraft auf, brauchen die Strecke bis zu ihrem Ende auf, bis wir schließlich abheben können. Wir sind nicht federleicht, wir haben viel Gepäck dabei. Aber: Wir sind in Bewegung.

Es gibt Menschen, die gehen zwölf Stunden durch einen Kampf. Manche mit ihren Ängsten, andere mit ihrem Sitznachbarn oder diversen Rückenlehnen. Für mich ist es jedes Mal einfach ein langer Sonntag mit, zugegeben, weniger Beinfreiheit, aber gutem Service. In regelmäßigen Abständen bekommt man Snacks oder einen Drink gebracht, das Essen hat die gleiche Qualität wie die der erreichbaren Lieferdienste in Eimsbüttel, und ich habe endlich mal wieder Zeit, ein paar neue Filme zu schauen – oder alte wiederzuentdecken. Ich liebe Langstreckenflüge. Ganz im Ernst. Wenn man die sperrigen Koffer, das Umsteigen, die eventuellen Verspätungen und die drängelnde Menschenschlange am Gate hinter sich hat, wenn die schwere Tasche (die aufgrund meiner Kameraausrüstung und meines Laptops, der Ladegeräte, der Bücher und Notizhefte, die ich immer dabeihabe, sicher wieder zwölf Kilogramm wiegt, obwohl es maximal acht sein dürfen) sicher verstaut und der Fensterplatz meiner ist, entspanne ich mich.

Ich bin auf dem Weg nach Kapstadt. Mal wieder, schon wieder, endlich wieder. Vor zwei Jahren saß ich zum ersten Mal mit Übergepäck in diesem Airbus, lebte drei Monate am Kap – und auch wenn ich es noch immer nicht ganz laut sage, habe ich damals schon beschlossen, irgendwann mal ganz zu bleiben. Nicht unbedingt in den nächsten fünf Jahren, aber irgendwann. Für den Moment fühlt es sich noch richtig an, hier für ein paar Monate zu überwintern, mir langsam ein zweites berufliches Standbein aufzubauen und trotzdem die Verbindung nach Deutschland zu halten. Wenn ich irgendwann den zweiten Fuß nachziehe, den Dackel und einen Container packe, um meinen Lebensmittelpunkt nach Südafrika zu verlegen, will ich sicher sein, dass ich es hier drüben schaffe. Vor acht Wochen habe ich mit meiner Freundin Maggs ein kleines Start-up gegründet, das kleine, individuelle Weintouren anbietet. Nicht die Art, bei der du viel über Wein wissen musst, um dich vor dem Sommelier nicht zu blamieren, und dann, nachdem die ersten Fragen in die Runde gestellt werden, dich und dein Glas in der hintersten Ecke versteckst. Sondern die, bei der ein paar Menschen einen Tag lang gemeinsam über die Winelands touren, in entspannter Atmosphäre miteinander anstoßen, neue Weinsorten und lokale Produkte auf den Farmen probieren, die Landschaft und einen gemeinsamen Lunch zwischen Weinstöcken genießen und vor allem eines in sich aufsaugen dürfen: das ganz besondere Lebensgefühl von Südafrika.

Die Idee dafür hatten wir schon lange, aber erst im November, kurz vor Weihnachten, machten wir bei einem langen Telefonat und zwei Gläsern Wein auf jeder Seite Ernst. In zwei Wochen starten wir mit unserer ersten Tour, die ausverkauft ist. Bis in den April hinein soll unsere erste Saison laufen – und ein Test dafür sein, was wir aus we need glasses irgendwann mal entwickeln könnten.

Mein Manuskript für *schnell.liebig* habe ich noch vor dem Jahreswechsel abgegeben. Während ich auf dem Weg über den afrikanischen

Kontinent hin zu seinem südlichsten Teil bin, liegt es bei einem Korrektor, wird in vier Wochen dann in den Satz gebracht und schließlich gedruckt. Bis dahin bleibt mir Zeit. Zeit, mich auszuprobieren, Zeit, mir Gedanken über meine nächsten Schritte zu machen.

Als ich im vergangenen September zuletzt nach Kapstadt gereist war, hatte ich vor allem einen Weg zurück gewollt (auch wenn ich es vor allen anderen und auch mir selbst als die Suche nach einem Abschluss getarnt hatte): Zurück zu dem letzten Mann, in den ich mich verliebt hatte, der sich in mich verliebt hatte, nur um dabei zu bemerken, dass er eigentlich noch eine andere liebte – und schließlich zu ihr zurückkehrte. Seit unserer letzten Begegnung auf dem Old Biscuit Mill Market hatte ich nie wieder von ihm gehört. An Weihnachten schickte ich ihm um kurz vor Mitternacht, während ich in der Dunkelheit in meinem geparkten Auto vor meinem Elternhaus saß, noch einmal eine Nachricht – vor Pathos triefend, hochemotional und am Ende absolut unnötig. Natürlich hat er nicht geantwortet, hätte ich auch nicht.

Nathan und Tansy waren glücklich. Ich war nur ein kleiner Teil seiner Vergangenheit, eine Lücke im Lebenslauf ihrer Beziehung, die irgendwann verschwimmen und schließlich ganz verschwinden würde. Ich wusste das. Seit Monaten, ich hatte uns längst genug betrauert, hatte ich es akzeptiert. Und wollte trotzdem noch einmal ganz sichergehen, dass es wirklich vorbei war. Es ist nämlich so: Wenn dein Herz erst einmal vor jemandem liegt, fällt es nicht schwer, für die Zugabe noch mal in alle Taschen zu greifen und nachzusehen, ob du nicht doch noch ein bisschen Sehnsucht und Gefühl findest, das du für ein letztes bisschen Glitzer draufstreuen könntest wie ein Zauberkünstler, der längst weiß, dass sein letzter Trick nicht zündete, aber zumindest auf ein bisschen leisen Applaus hofft, bevor er wirklich final von der Bühne abtritt.

Die Stille hatte ich verdient. Und sie tat mir gut.

Ich war für niemand anderen als mich in dieses Flugzeug gestiegen. Am anderen Ende der Welt gab es niemanden, den ich jagen musste oder der auf mich warten würde. Ich war nicht auf der Flucht, ich war nicht am Ziel. Ich war einfach unterwegs.

Als die Stewardess mich nach meinem Getränkewunsch fragt, bestelle ich einen Gin Tonic.

Für manche mag das der Drink sein, den sie zwischen 2016 und 2018 einfach zu oft getrunken haben. Für mich ist er ein Ritual. Auf jedem Flug ins oder aus dem Land heraus bestelle ich Gin Tonic. Seit meinem ersten Besuch in Südafrika (damals fotografierte ich als Reisejournalistin eine einwöchige Safari durch das Wildreservat von Madikwe), bei dem wir den Drink im Sonnenuntergang, mit Blick auf eine Elefantenherde, die ungestört an uns vorbeizog, tranken, schmeckt Gin Tonic für mich nach Afrika und nach einer der besten Erinnerungen überhaupt. Auf dem Rückflug hatte ich die Zeit genutzt und mehr als achthundert Aufnahmen gesichtet und vollkommen überwältigt über dieses Land nachgedacht, das zu keinem Zeitpunkt auf meiner *bucket list* gestanden hatte, aber damals, nachdem ich nur einen Funken davon erleben durfte, schon so viel in mir bewegte.

Ich weiß noch genau, welchen Film ich damals sah – und seitdem immer wieder schaue, vor allem dann, wenn ich ein bisschen Inspiration suche, die sich mir nicht aufdrängt, aber trotzdem immer wieder trifft. *Begin again* heißt der Film, in dem eine Songwriterin mit gebrochenem Herzen einen Produzenten in einer Bar trifft, der gerade seinen Job und auch generell jede Richtung verloren hat. Zusammen fangen sie neu an. Von ganz unten. Sie schreibt über ihren Kummer und er nimmt ohne Budget in den Straßen New Yorks einen Sommer lang ein Album mit ihr auf. Er weiß nicht, wie er es verkaufen wird, ob es sich je verkaufen wird – aber er glaubt wieder an etwas. Sie glaubt an gar nichts mehr, außer ihre Musik – und bleibt genau deshalb.

»*Can a song save your life?*«, fragt der Film in seinem Untertitel. Kann etwas so Kleines wie ein Song, den du nebenbei in einer Bar hörst, wirklich dein Leben verändern, es sogar retten? Kann ein noch so unscheinbarer Moment rückblickend der eine sein, nach dem du zum Glück gegriffen hast? Der wirklich alles ändert, nachdem nichts mehr zu ändern war? Kann der eine, anfangs kleine Schritt, den du ohne echte Richtung machst, wirklich schon genug für einen unerwarteten Anfang sein?

Die Antwort ist nicht sehr laut, der ganze Film ist es nicht. Er schreit dir nicht entgegen, dass du alles noch einmal drehen kannst, wenn du es nur willst. Du erwartest an verschiedenen Stellen und Wendepunkten, dass jetzt ganz bestimmt die Dinge passieren oder eintreten, die nun mal passieren würden oder eintreten müssten. Denn das hier ist doch ein Film über die Liebe oder zumindest eine Geschichte darüber. Und dann passiert das Gegenteil. Nicht weil das Schicksal für die Protagonisten Greta oder Dan entscheidet – sondern sie selbst. Sie steuern nicht den ganzen Film über darauf zu, ein gebrochenes Herz mit dem Erstbesten (Versöhnung) oder Zweitbesten (neue Liebe) zu flicken, sondern konzentrieren sich auf ihre eigenen, kleinen Neuanfänge. Auch wenn das, was sie tun, nur ein vages Ziel hat. Greta geht, ohne es zu planen oder zu lange darüber nachzudenken, einen impulsiven, kreativen Prozess ein, der vielleicht nicht viel mehr für ihr Leben bedeutet, als einen Sommer lang Erinnerungen zu schaffen. Sie krempelt nicht ihr Leben um. Sie macht keine harten Schnitte, sie fängt nicht einfach von vorne oder neu an und liest sich mithilfe eines Ratgebers keine Skills für eine völlig neue Sicht- oder Lebensweise an. Sie macht einen kleinen Schritt. Und dann noch einen.

Nichts in diesem Film ist eine riesige Entscheidung, er erzählt nicht von dem ganz großen Feuerwerk, das wir als Belohnung bekommen, wenn wir unsere verlorenen Pläne über den Haufen werfen und bereit sind, sie anzuzünden.

Begin again ist wie ein tiefer Atemzug, wie frische Luft in der Lunge. Und er bringt dieses Gefühl mit, dass kleine oder wichtige Neuanfänge jederzeit möglich sind. Und dass du immer dann, wenn du das Gefühl hast, dass das nicht so ist, wenn du glaubst, generell nichts mehr an deinem eigenen Leben ändern zu können – es erst recht tun solltest.

Die Dinge, die den Unterschied machen, passieren nicht irgendwann, sondern unterwegs. Und genau darauf freue ich mich, wenn ich in ein paar Stunden lande, ins Auto steige und vor der kleinen Wohnung parke, von der aus ich über die Kloof Street schauen kann. Ich freue mich auf alles, was in den nächsten Monaten kommt. Auf die Dates, die ich wieder haben werde, die Menschen, die ich kennenlerne, die Türen, an denen ich vorbeikommen könnte. Ich spüre Vorfreude auf das Unbekannte. Ich habe Lust darauf, den nächsten Mann, den Ausgang von meinem nächsten Samstag oder den nächsten ersten Kuss noch gar nicht kennen zu können.

Endlich wieder.

Warum wir aufhören müssen,
uns finden zu lassen

Paul ist Musiker. Hauptberuflich. Und ich übertreibe nicht zu seinen (oder meinen) Gunsten, wenn ich an dieser Stelle erwähne, dass er wie eine Kombination aus Freddy Mercury und Harry Styles aussieht, als er auf mich zukommt: Die Ärmel seines Shirts nach oben gekrempelt, die Haare zurückgeworfen, die Hände hat er in die Hosentaschen gesteckt und mit seinen dunkelgrünen Chucks gerade noch eine Zigarette ausgetreten.

Natürlich hat er lange Locken und ein instinktives Autoritätsproblem, natürlich habe ich ihn getindert, natürlich war er eine Impulsentscheidung, natürlich gehen wir noch am gleichen Abend ein Bier trinken. Das hier ist eine Verabredung, um nach Monaten der absoluten Pause den Staub von mir, meinem *signature outfit* (Jeansjacke, das eine Blumenkleid) und meiner eigenen Datingroutine zu klopfen. Daten, das musst du immer wieder lernen oder zumindest immer mal wieder hinterfragen, was genau du eigentlich von so einem Abend willst, damit er Spaß macht und sich leicht und unbeschwert anfühlt. Denn ganz egal wo du hinwillst – das ist immer der Anfang. Eine gute Zeit, kein Krampf, kein Kampf.

In Hamburg hatte ich meine kurzen Wintertage am Schreibtisch oder mit meinem Hund in den Parks verbracht. Ich hatte mit jedem Kapitel, das ich schließlich abgab, ein paar mehr Türen geschlossen, durchgeatmet und weitergemacht. Ich hatte nie entschieden, dass ich eine Pause von Dates oder Männern bräuchte, ich hatte mir nicht auferlegt, mich nicht zu verlieben oder jeder Chance darauf aus dem Weg zu gehen. Die letzten Monate mit mir – ganz allein – passierten unterbewusst und vielleicht auch weil ich nicht das eine wollen und nur das andere geben konnte. Ich hätte nichts investieren, aber trotzdem alles fühlen wollen. Und das ist eine toxische Rechnung, die nie aufgeht. Wenn du eigentlich noch den einen willst, aber ein anderer trotzdem dich wollen soll – führt das in der Realität nur dazu, dass dir umso bewusster wird, wie sehr du vermisst, was du nicht haben kannst. Menschen sind keine Pflaster. Oder sollten keine sein. Ich war gerade erst zu einem gemacht worden. Und es hatte gedauert, vielleicht genau diese Zeit gebraucht, mein eigenes Herz sich von dieser Erfahrung erholen zu lassen.

Denn jetzt wollte ich ein Date. Mehr nicht und genau das. Eine Bar, ein Mann, eine Frau, vielleicht zwei Bier und ein gutes Gespräch. Das Gefühl, einem völlig Unbekannten von mir zu erzählen, von ihm zu hören und in unserer Konversation nach diesem bisschen Chemie zu suchen, das den Unterschied ausmacht. Ich wollte es auf mich zukommen lassen, ob wir nach einem Drink getrennt zahlen oder noch eine zweite Runde bestellen. Ob wir noch vor zehn Uhr oder nach Mitternacht nach der Rechnung fragen. Ob ich mir ein Uber rufe oder wir gemeinsam die vierhundert Meter bis zu meinem Apartment laufen. Ob ich ihn vor der Haustür nur kurz umarme oder noch ein bisschen länger in seiner Nähe hängen bleibe, bis wir uns küssen. Ob der Kuss endet oder dauert und dauert und dann intensiver wird. Ob seine Hände an meiner Taille bleiben oder er in meinen Nacken greift. Ob ich mich dann von ihm löse, ein paar Zentimeter zwischen uns bringe und allein den Code eintippe, der meine Haustür öffnet, oder ob ich ihm in die Augen schaue, ihn mit einem Blick herausfordere und abwarte ...

Paul zögert, die Lederjacke von meinen Schultern zu nehmen, die er mir eben auf dem Weg nach Hause geliehen hat. Aber er zögert auch, noch einen Schritt auf mich und meine Haustür zuzumachen. Von einem Moment auf den anderen wirkt er nicht mehr wie dieser unangepasste Künstler, der aus der Einöde von Bloemfontein nach Kapstadt geflohen war, um hier Musik zu machen, seine Welt, seine Einflüsse und seine Inspiration zu vergrößern und um mit seiner Jazzband nachts in Klubs zu improvisieren, statt mit einer Gitarre auf Hochzeiten den immer gleichen Ed-Sheeran-Song zu spielen. Eben noch war er der Typ, der den Barkeeper mit einem Handschlag und einer Umarmung begrüßt hatte, ungefragt Tequila bestellte, der seinen Arm die gesamte Zeit über auf meiner Rückenlehne liegen ließ, seinen Platz einnahm – und auch mich. Zwei Stunden lang hatte ich ihm zugehört und es genossen, dass er so viel zu erzählen hatte, dass er es uns so leicht machte, dass unsere Themen in unterschiedlichste Richtungen ausuferten, dass wir nicht für einen Moment im Small Talk hängen blieben. Ich fand Paul spannend. Jetzt auf einmal fand ich ihn still. Sehr still.

»Hör zu, ich würde gerade super gern einfach mit dir nach oben kommen, aber ich muss dir da noch was sagen ... und ich weiß jetzt gar nicht wirklich, wo ich da anfangen soll«, beginnt er vorsichtig, verlagert sein Gewicht vom einen auf das andere Bein, wartet meine Reaktion ab, als würde sie beeinflussen, wie seine Geschichte gleich weitergeht.

Ich zucke mit den Schultern, weiß was jetzt kommt, verkürze den Dialog.

»Du hast eine Freundin.«

»Nein ...«

»Du hast eine Ex-Freundin, in die du noch verliebt bist?«

»Oh, Gott, nein.«

»Du hast Kinder?«

»Nein, man ... wie kommst du denn darauf?«

»Nenn es Instinkt, oder vielleicht auch Erfahrung ...«

»Ich hab da bei einer Sache gelogen. Aber ich habe keine Kinder und ich bin auch nicht verheiratet oder so ...«

»Was bist du dann? Auf Bewährung? Ist das hier eine Henri-van-Breda-Situation?«*

»Ich bin kein Mörder, okay? Ich bin einfach nur nicht 25 Jahre alt ...«

»Sondern?«

»Ich bin 19.«

***

Okay, das war neu. Ich hatte schon ein Date mit einem Mann, der ein paar Minuten nach dem Sex zu weinen begann, weil er seine Ehefrau so vermisste. Dass es überhaupt eine gab und sie sich erst vor zwei Wochen von ihm getrennt hatte, erfuhr ich erst in diesem Moment. Ich hatte schon einmal ein Abendessen mit dem abgehalfterten Star einer ehemaligen Boyband durchgestanden, zwischen dessen realer Ausstrahlung und den (Presse-)Bildern, die er auf Tinder benutzt hatte, in etwa der Marianengraben hätte passen können. Ich war belogen worden, wenn es um Jobs ging, um Ex-Freundinnen, generell, wenn es sich um den emotionalen Zustand nach einer Trennung handelte. Ein Typ hatte mir sogar mal erzählt, er hätte zwei Jahre für die Navy gedient, während er eigentlich schon in einem Tretboot seekrank wurde. Aber ich hatte noch nie einen Mann geküsst, der

---

* Henri van Breda ist ein verurteilter Mörder aus Südafrika. Während er auf seinen Prozess wartete, durfte er sich frei bewegen, nahm einen neuen Job an, verliebte sich. Seine Freundin erfuhr erst Monate später, wer er wirklich war.

sich sechs Jahre älter gemacht hatte, als er war. Ich hatte generell noch nie einen Mann gedatet, der zehn Jahre jünger war als ich.

(Ich habe das Gefühl, es ist eigentlich unnötig zu erwähnen, aber der Vollständigkeit halber: Es blieb mein einziges Date mit Paul.)

***

»Lass mich kurz zusammenfassen: Kate hat ihren Anwaltstitel bekommen, ihr habt ein Business gegründet, ich wandere nach Indonesien aus, Maggs und ihr Freund sind zusammengezogen. Kate und ihr Freund sind zusammengezogen. Ich bin weiterhin Single – oh, und Lina hat vor ein paar Tagen einen Teenager geküsst. Fehlt noch was?«

Es ist der klassische Brunch in Kapstadt: ein Tisch draußen in der Sonne, *breakfast cocktails,* Rührei oder Omelett und zwölf angerissene Gesprächsthemen in den ersten dreißig Minuten.

Ich habe die *girls* seit Monaten nicht gesehen. Von Maggs höre ich täglich, und auch Kate ist zu einem Teil meines Lebens geworden, aber alle anderen Bekanntschaften in Südafrika leben immer erst dann wieder wirklich auf, wenn ich im Land bin. Während meiner Zeit in Deutschland sind wir auf den sozialen Netzwerken in Kontakt, aber um uns wirklich voneinander zu erzählen, fehlt dann doch meistens entweder die Zeit oder auch einfach die Nähe. Mein erster Samstag zurück in der Stadt wird darum zum *Catch-up-Date.*

Jana wickelt ihr Besteck aus der Serviette und nimmt noch einen Schluck aus ihrem Glas, während ich von meinem Date erzähle.

»Er war kein Teenager, als ich ihn geküsst habe. Da war er noch 25!«

»Red es dir nur ein, wenn es dir damit besser geht«, Maggs nimmt einen Schluck aus ihrem Glas und schüttelt lachend den Kopf.

»Vielleicht suchst du ja auch einfach an der falschen Stelle oder dir eben immer die falschen Männer aus ...«, will Jana gerade ansetzen, aber Kate unterbricht sie:

»Das sind ja nun keine News. Ein Wort zu Linas Männergeschmack: Aroma-Jesus.«

»Entschuldigung, was?«, werfe ich noch ein, aber gehe in dem Gelächter der Gruppe unter.

»Oh mein Gott, nie hat es jemand besser beschrieben!« Maggs wischt sich die Tränen aus den Augen.

»Es ist wahr. Jeder Typ, den du in den letzten zwei Jahren gedatet hast, hatte lange, dunkle Haare, eine schmächtige Gestalt und sah generell aus, als würde er morgens frisch gepflückte Kräuter erst zu einem *Cleansing*-Ritual und dann zu einer belebenden Haarkur verarbeiten. Jeder von denen wurde von der Welt irgendwie noch nicht ganz verstanden und hatte irgendein Leiden, bei dem du ihm auch nicht helfen konntest.«

»Gustav hatte die Drogen, okay, aber Matt hatte kein Leiden?«

»Seine Karriere.«

»Sein Ego.«

»Seinen eingefrorenen Trustfonds.«

»Okay, aber Nathan ...«

»Seine Ex.«

»Punkt für euch.«

»Aber jetzt mal ehrlich. Vielleicht brauchst du einen Cut.«

Jana zieht eine Stange Sellerie aus ihrer Bloody Mary und zuckt mit den Schultern.

»Den hatte ich doch ...«

»Nein, ich meine, vielleicht musst du dich einfach mal zurücklehnen, nach keinem Mann auch nur die Augen offen halten und gucken, was passiert, wer dich findet. Du weißt schon, absolut nichts und niemanden suchen, ganz offen annehmen, was auch immer auf dich zukommen mag und dabei etwas total Unerwartetes erleben ...«

»Das trifft vielleicht auf Indonesien und das *backpacking* zu. Ich meine, nicht genau zu wissen, wo du bist oder wohin du als Nächstes willst, ist sozusagen die Essenz von einer Reise, von einem Abenteuer – aber wenn es um Beziehungen geht, klingt diese grenzenlose Freiheit für mich eher nach maximaler Fremdbestimmung.«

»Meine Freundin Charly zum Beispiel hatte beschlossen, erst einmal Single zu bleiben und das Jahr nach der Uni für neue Erfahrungen zu nutzen, aber dann hat sie im letzten Festivalsommer auf dem Rocking the Daisies auf einmal Jack getroffen und ...«

»... und seitdem ist alles ganz anders gekommen und statt der neuen Erfahrungen, nach denen sie suchen wollte, lebt sie jetzt einfach die, die er machen wollte? Das ist doch genau das, was ich meine.«

Ich führte dieses Gespräch nicht zum ersten Mal und ich habe sicher schon Hunderte Artikel über »glückliche, moderne« Beziehungen oder »erfolgreiches« Dating gelesen, die immer ungefähr den gleichen Beginn hatten: Ich wollte eigentlich Single bleiben./Ich wollte mich eigentlich auf meine Karriere konzentrieren./Ich wollte eigentlich ins Ausland gehen und ein paar Monate reisen./Ich hatte eigentlich die Hoffnung schon aufgegeben, aber dann kam er und alles war anders.

Was ist das für eine moderne Rettungsfantasie, die wir da einander erzählen, und warum muss eigentlich immer alles anders sein, sobald irgendein Mann auf der Bildfläche auftaucht?

Als ginge es in der Liebe darum, dass irgendjemand kommt, uns an die Hand nimmt und in irgendeine Situation schiebt, die wir gar nicht erwartet oder erdacht haben, aber jetzt einfach mal so an- und schließlich übernehmen.

Warum muss der Mensch, der uns glücklich macht, immer alles, was wir eigentlich wollen, umwerfen und eine neue Richtung festlegen?

Wir müssen unbedingt aufhören, uns finden zu lassen.

Wir müssen aufhören, keine Erwartungen zu haben.

»Ich weiß heute, was ich von der Liebe will. Und das bedeutet, dass ich selbstbestimmt zugreifen und mich für sie entscheiden kann, wenn ich sie finde. Wo ich sie finde, unter welchen Umständen ich sie finde oder bei wem, das darf ja trotzdem offenbleiben. Ich habe bei Paul, um ehrlich zu sein, gar nichts gesucht, außer mal wieder ein gutes Date. Ich habe keine Agenda, ich wollte einfach irgendwo wieder anfangen – und dabei Spaß haben«, sage ich in die Runde.

»Aber dann bist du ja doch gar nicht so weit von Janas Theorie entfernt, oder? Du willst ja auch auf dich zukommen lassen, was aus deinen Dates wird.«

»Ich glaube, der Unterschied ist der, dass ich aussuche, wen ich date, unter welchen Umständen, für wie lange oder mit welcher Absicht. Ich kann sie ändern, wenn ich es möchte, aber warte nicht passiv darauf, dass sie mir irgendjemand vorgibt oder mich mitreißt, aus meinen Plänen herausreißt oder mir überhaupt das Gefühl gibt, dass ich wieder welche hätte. Ich bin offen, aber date trotzdem selbstbestimmt. Das heißt, dass ich mich auf jede Erfahrung, die ich noch machen will oder die sich gut anfühlt, einlassen kann, aber mich darin nicht verlieren muss.«

»Ich weiß, was du meinst«, sagt Kate. »Und ich habe manchmal auch das Gefühl, dass wir es viel zu oft an unserem Alter oder der Frage, wie lange wir schon Single sind, festmachen, wie wir daten oder wonach wir suchen sollten. Wenn du zum Beispiel so wie Jana gerade mit dem Studium fertig bist, erwartet man von dir, dass du gar keine Erwartungen hast und einfach nur Erfahrungen sammelst.

Das ist die Grundidee. Wenn du auf das Ende deiner Zwanziger zugehst und vielleicht über mehr als zwei Jahre Single geblieben bist, solltest du langsam anfangen, deinen Plan zu ändern und dich zu fokussieren. Und wenn du dann mit Mitte dreißig immer noch keine Wurzeln schlägst, bist du entweder egoistisch oder *lost* …«

»Und das ist so ein Blödsinn!«, stimme ich ihr zu. »Ich habe zum Beispiel einen großen Teil meiner Zwanziger damit verschwendet, vermeintlich längst fertig mit mir und erwachsen zu sein. Ich habe mich in eine Beziehung gezwungen und an den Wochenenden unsere Wohnung umdekoriert und Dinnerpartys mit anderen Paaren gegeben. Es hat ewig gedauert, aufzuwachen und mich selbst zu fragen: Was mache ich hier eigentlich? Und viel wichtiger: Will ich das? Oder folge ich hier nur einem fremden Plan, in den ich irgendwie so hineingerutscht bin? Ich hatte mit Anfang zwanzig nicht die geringste Idee, wie mein eigenes Leben wirklich sein soll, wie meine Beziehung wirklich sein soll. Ich wusste nur, was andere vermutlich erwarten würden.«

»Und genau das ist der Punkt! Im Ernst, wir müssen es endlich mal normalisieren, dass man auch mit Mitte vierzig oder nach acht Jahren als Single noch entspannt nach der Liebe suchen darf. Dass eine Beziehung nichts ist, was du brauchst, sondern wofür du dich entscheidest. Es ist total okay, wenn du erst in deinen Dreißigern oder sogar Fünfzigern anfängst, deine eigenen Träume zu leben, oder vielleicht sogar erst jetzt den Mut aufbringst, sie zu verfolgen. Unser Leben endet ja nicht magisch mit 29, und bis dahin musst du gefühlt alles erlebt haben, um dir jetzt sicher zu sein oder alles entscheiden, bevor es zu spät wäre.«

»Cheers«, sage ich und stoße mit Maggs an.

»Das große Problem ist nicht, niemanden zu finden – sondern jemanden, der einfach nur darauf wartet, dass ich ihn irgendwo finde.«

Selbst bestimmt, abgehakt

»Weißt du jetzt eigentlich schon, wann du Sonntag wieder nach Kapstadt kommst? Du kannst mir ja einen Live-Standort schicken!«

Ich antworte nicht.

»Ist sonst auch egal. Ich bin nur so aufgeregt, dich am Sonntag endlich zu sehen, ich weiß gar nicht, ob ich heute Nacht ruhig schlafen kann«, schreibt er.

Ich lese die Nachricht, schließe sie und lehne mich zurück in die Kissen meines Hotelbettes. Dieses Date ist ein Fehler. Jetzt schon. Nicht weil der Typ mit den braunen Locken und dem schönen Lächeln, den ich vor ein paar Tagen auf Tinder fand, mir so offen schreibt, dass er aufgeregt ist, mich kennenzulernen – sondern weil er tatsächlich meine Rückfahrt aus Hermanus tracken will. Vor allem aber, weil seine nervöse Vorfreude auf unser Date (süß) sich binnen weniger Stunden in mittlerweile mehrfach erwähnte Schlafstörungen gesteigert hat (*creepy*) und er mir in den letzten vier Tagen, die seit unserem Match vergangen waren, mehr als dreißig Nachrichten schickte. Und ich wünschte, das wäre eine Übertreibung.

Seine dritte Nachricht war ein langes Kompliment gewesen, in dem er mir ausführlich erklärte, was für eine große Anziehung ich allein durch meine Fotos auf ihn ausüben würde. Seit der fünften Nachricht nannte er mich »*sweet* Lina«. Morgens wollte er wissen, wie ich geschlafen, abends, was ich erlebt, gegessen oder gedacht hatte.

»Ich find ihn total süß. Er bemüht sich doch einfach nur um eine Konversation ...«, sagt meine Freundin, als ich ihr ein paar der Nachrichten beim Abendessen zeige.

»Sarah, ich habe ihn gefragt, was er gerade auf Netflix schaut und er hat mir eine Liste mit seinen Lieblingsfilmen, Serien und Dokumentationen geschickt. Es waren mehr als vierzig.«

»Ja, okay, er ist irgendwie ein bisschen unbeholfen. Aber er hat ja gesagt, dass er ewig kein Date hatte und aus einer langen Beziehung kommt. Der weiß einfach nur nicht, wie Daten geht.«

»... und sucht vermutlich 'nen Rebound.«

Ich hatte wenig Lust darauf, die Einstiegsübung für seine Tinder-Karriere zu sein. Erst im letzten Jahr lernte ich schmerzhaft, dass es kein »mieses Timing« ist, wenn du dich in jemanden verliebst, der noch an seiner letzten Beziehung hängt. Sondern das offensichtliche Risiko, das du völlig freiwillig eingegangen bist, als du dich dazu entschieden hast, dich weiterhin mit einem Mann zu treffen, der dir beim ersten Date erzählt, dass er gerade Tinder ausprobiert, um sich abzulenken.

»Warum musst du denn die Typen aber immer vorher so schlechtmachen?«, fragt sie mich. Das sitzt. Und stimmt nicht.

»Ich mache ihn nicht schlecht. Ich mache mir nur Sorgen um mein gängiges Muster. Ich frage mich einfach, ob ich mir, von all den Männern, mit denen ich hätte matchen oder die ich hätte daten können, wieder die rote Flagge ausgesucht habe. Es fühlt sich nämlich so an. Es fühlt sich einfach nicht authentisch, sondern irgendwie komisch an. Ich bin mir nicht mal sicher, wessen Erwartungen er mit all diesen Nachrichten und Komplimenten damit so unbedingt steigern will, seine oder meine?«

»Vielleicht ist dein Thema ja auch einfach, dass du schlicht nicht gut darin bist, Komplimente anzunehmen?«

Mein Bauchgefühl war: Justin war entweder auf der Suche nach einer Ersatzbeziehung oder sogar – noch viel eher – jemand, der mich mit Komplimenten und langen Nachrichten so lange überschütten würde, bis ich sie schließlich erwiderte – nur um dann das Interesse zu verlieren.

Seit 2018 gibt es auch einen Begriff dafür: *mosting* beziehungs-
weise *love bombing*.

Wer mostet, *bombardiert sein Date mit vermeintlicher Zuneigung
und Liebe, mit Versprechen und ganz, ganz viel Aufmerksamkeit.
Und das noch vor dem ersten Date. Würde jemand, der* mostet, *sein
Tempo und seine Versprechen halten, wäre man in weniger als drei
Monaten verheiratet. Ist man aber meistens nicht.*

»Wenn du keine Lust hast, ihn zu treffen, sag halt ab ...«, waren
Sarahs letzte Worte gewesen, bevor wir das Thema wechselten. Und
das war der Punkt. Ich wollte nicht absagen. Ich freute mich auf ein
neues Date, darauf, einen neuen Mann in meiner Lieblingsstadt zu
treffen. Ich hatte wieder Lust auf Dating – und vielleicht war ich
deswegen umso skeptischer, dass Justin sich nicht als entspannter
Neustart, sondern eher als Wiederholung ankündigte. Mein Instinkt sagte mir, dass ich es mit einem vielleicht unsicheren, vielleicht auch unehrlichen Mann zu tun hatte, dem es weniger darum
ging, mich kennenzulernen, sondern vor allem darum, mich für
sich zu gewinnen. Aber die Stimmen meiner Freunde machten
mein Bauchgefühl zur Bitterkeit. Und ich begann, an mir zu zweifeln: Konnte ich mir noch trauen? Sah ich wirklich (endlich!) klar
die roten Flaggen, wenn sie sich zeigten, und sollte ich dieses Date
absagen – oder hatten sie möglicherweise recht? War ich vielleicht
durch ein paar Enttäuschungen der letzten Zeit irgendwie bitter
geworden, verurteilte ich ein paar nette Nachrichten, ein bisschen
überschwängliche Zuneigung, ein paar gestreute Komplimente direkt – statt sie offen zu genießen?

Selbst zwanzig Minuten vor dem Date zögere ich noch.

Erst als Justin mir schreibt, dass er ein wenig zu früh und schon
da sei, weiß ich, dass ich keinen Rückzieher mehr machen kann.

Und als ich aus dem Uber steige und ins Roxy's laufe, ihn umarme, er mich anlächelt, wirklich nervös, wirklich aufgeregt wirkt – bin ich froh, dass ich meinen Bauch ignoriert, dass ich meine *comfort zone* verlassen habe. Vielleicht war mein Zögern ja auch genau das gewesen: meine eigene Unsicherheit vor dem ersten neuen Date nach dem letzten Absturz. Meine Freunde hatten vielleicht gesehen, was mir nicht bewusst gewesen war ...

Als wir uns vor meiner Tür verabschieden, umarmt er mich lange, schaut mir noch einmal in die Augen und – küsst mich. Völlig unerwartet, innig und so lange, dass ich mich an ihn fallen lasse. Es ist fast zu kitschig. Wir stehen vor meiner Haustür, der South-Western-Wind fliegt um uns, und als er mich schließlich loslässt, sagt er, was ich denke: »Das war der perfekte Kuss.«

Keine zwei Tage später sehen wir uns wieder. Er kocht für mich in meiner Wohnung, ich schenke Wein ein und versuche, mir die Spannung nicht anmerken zu lassen, die mir im Nacken kribbelt. Ich weiß noch nicht wirklich viel über diesen Mann, der da gerade barfuß an meinem Herd steht. Während unseres ersten Dates haben wir vor allem UNO gespielt, ein bisschen über mein Buch oder seinen Job am Theater geredet, aber ich kann seine Anziehung auf mich fühlen.

Und dann, als er sich umdreht und sagt: »Okay, das muss jetzt ungefähr 45 Minuten in den Ofen ...«, packe ich den Moment, ziehe ihn zu mir auf das große Bett, das nur einen halben Zentimeter von der Küchenzeile meines Apartments entfernt steht.

Der Sex mit Justin? Ist großartig, beinahe wahnwitzig. Als wir nebeneinander auf den zerwühlten Bettlaken liegen, fühle ich mich fast berauscht, so schnell schlägt mein Herz, so sehr hallen die letzten Berührungen in meinen Muskeln und auf meiner Haut noch nach.

Ich grinse ihn an und er küsst meine Schulter. »Du bist wunderschön ...«, sagt er dann.

»Ich hab seit Tagen nichts anderes im Kopf gehabt als das hier. Und du bist einfach noch so viel aufregender, als ich dachte.«

Als wir in zwei Laken gewickelt die Lasagne in meinem Bett essen und irgendwann das Licht ausgeht, weil der Stadt wie so oft in diesen Tagen der Strom fehlt – fühle ich mich so leicht wie schon lange nicht mehr. Das hier habe ich gewollt, genau das. Ein bisschen Zuneigung, ein bisschen Ablenkung, ein bisschen Nähe ...

»Ich muss aufstehen, sonst schlafe ich noch ein.«

Seine Stimme schiebt sich zwischen meine Gedanken. »Okay ...«, sage ich und löse mich aus seiner Umarmung. Vielleicht ist das genau richtig so. Vielleicht ist es besser, wenn er nicht hier schläft, wenn es nicht so schnell so viel Intimität zwischen uns gibt. Ich war noch nicht wieder bereit für eine neue Beziehung, das wusste ich – und ein Teil von mir war dankbar, dass er sich mit einem Kuss an der Tür verabschiedet, »Wir sehen uns!« sagt und es mir so leicht macht, die Stimmung zwischen uns so entspannt und *casual* zu lassen.

»Ich habe noch nie eine so bezaubernde Frau wie dich kennengelernt, Lina. Ich wäre so gerne geblieben und hätte jeden Zentimeter von dir die ganze Nacht lang gefühlt«, steht auf meinem Bildschirm.

Okay. Fast *casual*. Fast.

Von da an sehen wir uns, wann immer seine Jobs es zulassen. Er arbeitet als Kellner, studiert im Master und spielt abends am Theater. Wenn er früh genug rauskommt, sehen wir uns für ein oder zwei Stunden bei mir, trinken ein Glas Wein, haben Sex, kuscheln noch für ein paar Minuten – und verabschieden uns wieder.

Und für eine Zeit ist das alles, was ich mir wünsche. Seine Nachrichtenflut entspannt sich, nimmt immer mehr ab und kommt damit auf einem Level an, das ich angenehm finde. Wir hören voneinander, wann immer wir uns sehen wollen – er fragt nach meinem Tag oder ich ihn, wie sein Casting war. Erst nach ein paar Wochen bemerke ich die Langeweile, die sich anschleicht, bemerke, was mir fehlt: irgendeine Verbindung zu dem Menschen, mit dem ich schlafe. Ich meine damit keine Beziehung, vielmehr das Gefühl, nicht nur körperlich, sondern auch mental befriedigt zu sein, wenn ich einschlafe. Ich brauche mehr als einen rasenden Puls am Ende unserer Abende. Ich will den Menschen kennenlernen, den ich da so nah an mich heranlasse.

Er redet wenig über sich, und je mehr ich nachfrage, desto knapper werden seine Nachrichten. Statt Dates haben wir Sex, und so viel Spaß ich dabei auch mit ihm habe, so routiniert und gleichbleibend fühlen sich unsere Treffen jetzt schon an. Und dann sind da auch noch diese stille Leere zwischen uns, wenn der Sex vorbei ist, meine nachlassende Spannung, die eigentlich nur noch kurz vorher besteht, und die nur noch so dahinträpfelnden Gespräche, die doch eigentlich gerade erst anfangen sollten.

Als ich ihn ein paar Tage später zu einem After-Work-Date mit Freunden einladen will, schlägt er vor, mich lieber später direkt in meinem Apartment zu treffen. Ich rolle innerlich mit den Augen, sage trotzdem zu und frage ihn, ob ich den Parkwächter bitten soll, ihm einen Platz in der Tiefgarage zu reservieren.

»Ich kann aber nicht über Nacht bleiben, ich muss morgen früh raus und das Café aufmachen – und dann vorher noch duschen, und du weißt ja, wie lang mein Arbeitsweg von Woodstock immer ist ...«

»Du kannst auch bei mir duschen, wenn du möchtest. Von mir bis zum Café ist der Weg ja auch kürzer, dann kannst du sogar länger schlafen und musst nicht ganz so früh raus«, tippe ich.

»Ich habe leider eine sehr spezielle Art und Weise zu schlafen, ich fahre darum lieber nach Hause. Und ehrlich gesagt mag ich es nicht, dass du mir jetzt solchen Druck machst, wenn ich dir bereits sage, dass ich nicht bleiben kann.«

Eine spezielle Art und Weise zu schlafen. Aha.

»Ich glaube, mir war heute Abend eher danach, ein bisschen mehr Zeit mit dir zu verbringen. Lass es uns einfach verschieben«, tippe ich halbherzig und lasse mein Handy wieder in der Tasche verschwinden.

Ich bin nicht überrascht, dass er nicht sofort antwortet. Eigentlich überrascht mich nicht einmal der Text, den ich am nächsten Morgen lese.

»Weißt du, Lina, vielleicht solltest du jemanden treffen, der dir mehr Aufmerksamkeit geben kann. Ich habe neben meinem Studium und meinem Job einfach keine Zeit für Dates, ich hab jetzt schon zu viel zu tun, und ehrlich gesagt ist mir das auch zu anstrengend, dass du mich am liebsten zweimal in der Woche sehen willst. So hatte ich mir das nicht vorgestellt.«

Vor fünf Jahren hätte mich dieser Text verunsichert, sogar verletzt.

Habe ich vielleicht doch zu viel Druck gemacht? Aber er hatte doch so viel Interesse gezeigt? Hätte ich vielleicht seltener antworten, überhaupt mehr Zeit zwischen meinen Antworten verstreichen lassen sollen? War ich nicht spannend genug geblieben? Hatte ich zu schnell zu viel Zuneigung gezeigt? Wäre es besser gewesen, sich einfach mal zwei Wochen rar zu machen? Hätte das nicht viel mehr gebracht? Warum war er erst so interessiert, schrieb mir so viele Nachrichten und hatte jetzt schon die Lust an uns verloren? Wie konnte ich es noch retten?

Solche Fragen wären mir durch den Kopf gegangen, hätten Gespräche mit meinen Freundinnen bestimmt, mehrfach. Ich hätte nach mehreren Gläsern Chardonnay im Bett gelegen und wäre das

Gefühl nicht losgeworden, dass ich schuld daran war, dass schon wieder eine Reihe von Dates, ein weiterer Versuch, so schnell abbrach. Ich hätte mir vorgenommen, beim nächsten Mal einfach noch weniger zu fragen, zu erwarten, noch weniger zu wollen.

Heute, während ich alleine in meinem Apartment aufwache, mir einen Kaffee mache, ihn mit zurück in mein Bett nehme, auf dem sich gerade die Sonne Platz macht und ich noch einmal über Justins Nachricht lese – ist es ganz anders. Endlich anders. Ich muss mich nicht fragen, wo mein Fehler lag, was falsch, nicht spannend oder nicht gut genug an mir war: Ich wusste es besser. Und hörte wieder auf mein Bauchgefühl, das ich drei Wochen lang unterdrückt hatte.

***

Ich hatte den Mann kennenlernen wollen, mit dem ich schlief. Ich hatte Intimität und Offenheit mit jemandem genießen wollen, den ich ja längst so nah an mich heranließ. Und ich hatte es ihn ganz einfach wissen lassen. Dass er aus einer Einladung eine Anstrengung und aus meinem Wunsch, ihn auch außerhalb meines Bettes zu sehen, Druck machte, war seine Interpretation, nicht meine. Dass er einen einfachen Vorschlag so negativ auffasste, zu einer Forderung machte, die er nur von sich schieben konnte, hatte nichts damit zu tun, dass ich etwas falsch gemacht oder überstürzt hatte (After-Work-Drinks sind kein Eheversprechen!), sondern dass er einen lahmen Ausweg dort suchte, wo er genauso gut hätte offen sein können. Statt mir ehrlich zu sagen, dass sein Interesse an mir einfach nachgelassen hatte und er diesen *fling* zwischen uns lieber auslaufen lassen würde – bauschte er die Einladung, bei mir zu schlafen, zu einem Problem auf.

Ein Teil von mir hatte große Lust, ihm seinen *Love-Bombing-Bullshit* vorzuhalten. Aber wofür? Reine Energieverschwendung.

Noch dazu konnte und wollte ich besser sein als ein Typ, der seine Unsicherheit auf mir abzuwälzen versuchte. Stattdessen tippte ich: »Du hast recht. Ich mag es, eine Verbindung zu einem Menschen zu haben, wenn ich mit ihm schlafe. Ich mag es, wenn ich einen Menschen kennenlernen darf, und am meisten mag ich, wenn das ganz natürlich passiert. Unser *vibe* passt da einfach nicht zusammen, ich glaube, wir können es darum auch einfach genau hier beenden.«

Dann löschte ich die Konversation. Einfach fühlte es sich an, völlig unbeschwert. Es ist leichter, die Dinge zu beenden, zu sehen, Grenzen zu ziehen, wenn man weiß, was man will. Ich wollte einen Mann nicht nur heimlich und bequem in meiner Wohnung treffen. Ich wollte nicht nur Sex und ein paar abgesprochene Treffen nach einundzwanzig Uhr auf meinem Sperrbildschirm. Ich wollte ihn daten, kennenlernen, mehr über ihn erfahren. Ich wollte mich wohl dabei fühlen, ihn zu mögen und es laut auszusprechen. Ich wollte selbstbestimmt mit meinen Gefühlen umgehen, statt ständig auszuloten, ob ich sie überhaupt haben, denken oder zwischen den Zeilen verstecken durfte. Ich wollte mich nicht mehr hinter passiven Datingregeln einsperren, sie alle befolgen und hoffen, dass ich damit belohnt wurde, noch eine weitere Woche erwählt zu werden. Ich wollte nicht mehr um die richtige Zeit und Zeichenanzahl für eine Antwort kreisen, ich wollte einfach antworten. Ich wollte schon so lange aus dieser Paralyse ausbrechen, in der Frauen versuchen, immer nur genau so viel von sich zu sein, dass sie noch bequem, aber aufregend genug, noch offen, aber auch noch interessant genug, noch eine Herausforderung, aber bloß niemals schwierig wären. Und ich tat es.

Früher wäre Justin eine negative Datingerfahrung gewesen, eine Ablehnung, die mir wehgetan hätte. Heute ist er einfach nur eine Prüfung, wie gut ich mich selbst kenne und mir dabei vertraue. Genug. Endlich, endlich genug.

Die einzigen Datingregeln,
die wir wirklich brauchen
(und die tatsächlich alles verändern)

1. Mach dir weniger Gedanken darum, ob dein Date dich mag, und mehr darum, ob du dein Date eigentlich magst. (Gamechanger! Und eigentlich auch schon die einzige Frage, die beim ersten Date wirklich beantwortet werden muss.)

2. Date niemanden und lösche alle Apps, Konversationen und Optionen, wenn du gerade noch oder nur versuchst, einen Expartner zu ersetzen.

3. Regel 2 gilt auch, wenn es dir bei einem Date vorrangig darum geht, dass dir ein fremder Mensch bestätigt, dass du toll, schön oder – gut genug bist. Wenn dein Selbstwertgefühl davon abhängt, ob ein anderer Mensch dich wiedersehen oder »wenigstens« küssen will, musst du aufhören, dich um neue Dates zu kümmern und anfangen, dich um dich selbst zu bemühen.

Ablehnung ist so viel weniger persönlich, als sie sich anfühlt. Wenn wir uns in jemanden verlieben oder sich jemand in uns verliebt, geht es viel mehr darum, ob wir zueinander passen, ob wir eine

Chemie entwickeln, als darum, was wir dem anderen wert sind.

4. *I can't stress this enough*: Hör auf, jemanden zu wählen, der dich nicht wählt.

(Ich frage mich heute noch, was mir sechzig Prozent meiner Zeit in den Zwanzigern eigentlich so einen wahnsinnigen Thrill gegeben hat, permanent »unglücklich verliebt« zu sein. Es gab Zeiten, da war ich tatsächlich lieber unglücklich verliebt, als mich neu zu verlieben. Alle wollen daten, keiner will loslassen?)

5. Frag dich bei deinem Date: Wärst du gerne mit diesem Menschen befreundet, wenn du ihn nicht attraktiv finden oder dich zu ihm hingezogen fühlen würdest? Sei ehrlich, *wirklich ehrlich*.

6. Erkenne deine eigenen Muster. Schau dir an, welchen Typ Mensch du datest oder wie du datest, statt geschockt darüber zu sein, wie dir »das schon wieder passieren konnte«.

7. Dating ist keine Wahrscheinlichkeitsrechnung. Ein Beispiel: Wenn du 15 Männer datest, damit irgendeiner bleibt (ich habe Freundinnen gehabt, die genau das getan haben), bleibt vielleicht wirklich einfach nur – irgendeiner.

8. Unser Liebesleben ist nur ein Teil von vielen, die uns ausmachen. Vergiss nicht, dich auch um den

Rest zu kümmern. Was ist dir wichtig, wenn du Beziehungen oder Dates außen vor lässt? Was willst du erreichen? Was begeistert dich? Was treibt dich an? Was füllt dich aus? Kommst du abends nach Hause und denkst »Ich habe ein wunderschönes Leben!«?

9. Magst du diesen Menschen, den du da gerade datest, wirklich? Oder magst du das Gefühl, verliebt zu sein?

10. Eine Beziehung ist etwas, das du wählst, nicht brauchst. Wenn du sie brauchst, gehe zurück zu Regel 2!

Zwei Geister, Teil 1

»Same lips red, same eyes blue
Same white shirt, couple more tattoos
But it's not you and it's not me
We're not who we used to be«
– Harry Styles

Wir haben da dieses Ritual an den meisten Sonntagen, die wir in der Stadt verbringen.

Die Besetzung wechselt, die Location bleibt meistens gleich.

Während ein gutes Drittel der Kapstädter sich aufmacht, um über den Table Mountain oder auf den Lion's Head zu wandern (*clearly not us!*), ein anderes Drittel an den Stränden zum Picknick verabredet ist oder am Glen Beach surft, fahren wir mit offenem Verdeck die Victoria Road entlang, lassen den Wind von Llandudno und das Blau der Oudekraal Bay hinter uns und tauchen in dicht bewachsene Hänge ein.

Es braucht nur 15 Minuten Fahrt, und die Vegetation hier ändert sich schlagartig. Von weißen Sandstränden und steilen Küsten, von weiten Horizonten – hin zu dem satten Grün der Winelands.

Das Constantia Valley ist das älteste Weinanbaugebiet der Kapregion und liegt malerisch eingebettet zwischen dem Tafelberg und den Constantia-Bergen. Das Klima hier ist ein bisschen kühler, aber milder, die Luft sinkt um ein paar Grad ab und alles ist so viel ruhiger als in der Stadt, entschleunigt sich. Unser Ziel: das Constantia Glen. Während der letzten zwei Jahre ist es zu unserem persönlichen Wohnzimmer unter freiem Himmel geworden. Es sind der ungestörte Blick auf die Weinstöcke, die entspannte Atmosphäre auf der großen Terrasse und das Essen, was uns immer wieder hierher zurückkommen lässt.

Wir setzen uns in den Garten, in unsere Lieblingsecke, auf die gestreiften Polster unter den großen Sonnenschirmen. Maggs ordert für uns eine Flasche Rosé, die Käseplatte, den Rote-Bete-Salat und frisches Brot mit geräucherter Butter. Ich setze meine Sonnenbrille auf und sie mischt das Kartenspiel durch. »Es ist der perfekte letzte Nachmittag des Wochenendes«, denke ich, strecke die Arme aus und lehne meinen Kopf zurück in die Sonne.

»Hey, you ... what a coincidence!«

Als ich seine Stimme höre, erkenne ich sie nicht sofort.

Als ich zu ihm aufsehe, die Augen zusammenkneife, gibt es keinen Zweifel mehr.

Er trägt das bequeme weiße Hemd, in dem ich schon einmal aufgewacht bin, die Jeans und die gelben Vans, in denen ich ihn damals kennenlernte, als wir stundenlang bei Flaschenbier zusammen auf der Kloof Street saßen. Die Haare hat er zu einem Dutt gebunden, wie immer eigentlich. Wie an dem Samstagmorgen, als ich ihn zum letzten Mal sah.

Da steht er – nicht allein.

Das Erste, was ich denke, ist: Solltest du nicht gerade in *active wear* irgendeinen Berg hochkriechen? Solltest du nicht auf irgendeinem Roadtrip deine wiederentdeckte Beziehung genießen? Solltest du mich nicht ignorieren? War das nicht genau das, was du die letzten Monate getan hast?

Das Erste, was ich sage, ist: gar nichts.

Ich bringe keinen Ton heraus.

Er will sich zu mir beugen, mich umarmen, ich weiche aus. Noch immer stumm.

Der Erste, der die unbequeme, überfordernde Stille bricht, mich rettet, ist Jorge, Maggs' Freund.

»Oh, hi, Nathan ... was machst du denn hier?«

Ich höre seine Antwort nicht. Ich stehe auf und verschwinde auf die Damentoilette, nehme die erste Kabine, die offen steht, lasse die Tür hinter mir zufallen, schließe sie ab. Erst dann atme ich wieder. Oder zumindest kommt es mir so vor. Seit September habe ich kein Wort von ihm gehört, nicht eine Silbe, wochenlang habe ich ihn im letzten Jahr noch in der Stadt gesucht. Habe Abend um Abend die Bars nach ihm durchkämmt und eine von diesen irrsinnigen letzten Chancen gejagt, die nie kommen und dich trotzdem noch ewig auf sie warten lassen.

Ich hatte mir Hunderte Male ausgemalt, wie ich ihn wiedertreffen wollte. Und ich war mir sicher gewesen, dass ich, ganz egal in welcher Situation, ganz egal wie ich wirklich fühlen würde, diejenige sein würde, die mit geradem Rücken nur wenige Sätze lang stehenblieb. Stattdessen hatten mir die Worte gefehlt. Sie fehlen noch immer. Ich streiche mir über die Oberarme, über die Gänsehaut, die ich am ganzen Körper fühle, lege den Kopf in den Nacken und warte darauf, dass die Decke wieder anhält, dass das Drehen, das Klopfen, das Kribbeln nachlassen.

»Mallone?«, sie klopft an die Kabine. »Bist du okay?«

»Nein.«

»Brauchst du Wein?«

»Hm. Vermutlich.«

»Kannst du da rauskommen?«

»Ich weiß nicht«, sage ich, meine es, schließe aber trotzdem auf.

Maggs steht vor mir, lehnt gegen das Waschbecken, wartet darauf, dass ich zu sprechen beginne, darauf, dass dreihundert Silben in zwanzig Sekunden aus mir herauswollen, dass ich explodiere, mit

Worten um mich werfe, bis sie mir ausgehen, mich dann sammle, mir die Hände wasche, die Haare richte, das Kleid glatt streife und dann zurück an unseren Tisch komme. Wenn ich spreche, wenn ich mich überschlage, weiß sie, dass ich okay bin. Wirklich schlimm ist es nur, wenn ich still bleibe.

»Also ...«, beginnt sie vorsichtig. »Habt ihr zwei wieder Kontakt? Wusstest du, dass er heute hier ist?«

»Meinst du nicht, du wüsstest, wenn wir Kontakt hätten?«, ich sehe sie verständnislos an.

»Meinst du wirklich, ich hätte auch nur die geringste Idee gehabt, dass er ausgerechnet heute beschließt, mit Tansy auf ausgerechnet diese Weinfarm zu fahren und sich auch noch an unseren Tisch zu stellen, als wären wir verdammte Freunde?«, ich schüttle den Kopf und drehe den Wasserhahn auf.

»Also ignoriert er dich über Monate, antwortet dir nicht, erklärt sich nicht, schweigt sich nur aus, gibt keine einzige Reaktion ab – aber kommt heute, ohne auch nur mit der Wimper zu zucken, an unseren Tisch? Und will mit uns plaudern? Gerade steht er draußen und unterhält sich mit Jorge über die Feiertage und das Wetter und wie es uns denn generell so geht. Das ist doch nicht sein Ernst.« Sie schüttelt wütend den Kopf.

»Was für eine Dreistigkeit! Dich in so eine Situation zu bringen? Und dann auch noch vor ihr. Was hat er sich denn gedacht?«

»Vermutlich, dass nun zwölf Wochen vergangen sind und ich ihm ja kaum noch übel nehmen kann, dass er mich als Rebound benutzt und dann, als Tansy ihn vor lauter Einsamkeit wieder wollte, logischerweise schnell loswerden musste. Dass ich mittlerweile sicher längst und mithilfe zweier Tequila-Shots verarbeitet habe, dass ich ihm meine Gefühle auf mehr als sieben langen Seiten niedergeschrieben habe, damit er schlicht vergessen kann, sie je wieder zu erwähnen? Dass es ja nur freundlich ist, mal ganz nonchalant zu fragen, wie es mir so geht?«

»Ist ihm klar, dass er das Recht, nach dir zu fragen, schon vor einiger Zeit weggeworfen hat?«

»Und was genau hätte ich eigentlich sagen sollen? ›Nathan, wow, ja tatsächlich, ein riesiger Zufall, dich hier zu sehen. Wie geht's? Was macht die Forschung, wie geht's dem Rückgrat? Und du musst Tansy sein, ich hab schon so viel von dir gehört. Warst du nicht neulich noch in Namibia und hast neue Herausforderungen gesucht, weil dir Kapstadt und dein Boyfriend zu öde geworden waren? Na egal, ich bin jedenfalls Lina, das *expat girl*, das dir den Platz neben deinem Freund warmgehalten hat, bis du wieder da warst. So schön, dich endlich kennenzulernen, setzt euch, wollt ihr auch ein Glas Wein?‹«

Ich knülle das Papierhandtuch zusammen und werfe es mit mehr Schwung als nötig in den Mülleimer.

»Warum hat das eigentlich so lange gedauert, dass du endlich mal wütend wirst?«

»Was meinst du?«

»Über Monate habe ich mir angehört, dass der arme Nathan sich erst noch über seine Gefühle klar werden muss, dass der arme Nathan nicht weiß, was er tun soll, dass dem armen Nathan das Herz von dieser Tansy gebrochen wurde, dass er dir wirklich nie wehtun wollte. Schön, super, hat er aber trotzdem. Und es genau gewusst. Aber sich eben auch darauf verlassen, dass du es schon verstehen wirst, weil du immer alles verstanden hast. Weil du nie wütend geworden bist. Weil du ihn so verdammt gernhast.« Ihre Stimme überschlägt sich mittlerweile fast. Als die Tür aufgeht und zwei ältere Damen sich durch die Tür schieben, bricht sie ab.

»Okay, im Ernst, sollen wir fahren?«, fragt sie dann viel leiser und stellt sich neben mich, während ich meinen Lippenstift nachziehe, um mir noch ein bisschen mehr Zeit zu verschaffen.

»Nein«, sage ich schließlich und treffe die Entscheidung, die eigentlich nie zur Diskussion stand. »Er kann auch fahren.

Und außerdem gibt es nichts, das zwei Flaschen Rosé und ein paar dunkel getönte Gläser nicht lösen könnten.«

***

Während ich mich auf das Kartenspiel vor uns auf dem Tisch konzentrieren will, wandert mein Blick immer wieder über den Rand meiner Brille.

Ich kann ihn nicht sehen, nur seine Silhouette erahnen. Will nicht nach ihm suchen, aber ihn trotzdem nicht ganz aus den Augen verlieren. Sein Tisch hat die dritte Flasche Wein bestellt. Wir auch. Gleichstand.

»Hat er noch irgendetwas gefragt?«, ich lege eine rote Zwei auf den Stapel und warte darauf, dass Magdalena den nächsten Zug spielt.

»Nicht wirklich, er wollte wissen, wie es uns allen geht, was euer Start-up macht. Es war wirklich nur ein höflicher Small Talk über ein paar Gemeinsamkeiten.«

»Welche Gemeinsamkeiten? Was genau haben er und wir oder überhaupt er und Lina denn bitte noch gemeinsam?«, sie schüttelt irritiert den Kopf, zieht eine Karte und setzt ihren Spielzug aus.

»Im Moment den Weinkonsum«, sagt Jorge und kann sich ein Lachen nicht verkneifen. »Im Ernst, Lina, ich glaube, ihm geht es gerade nicht so viel besser als dir. Er wirkte so nervös und schaut auch die ganze Zeit her.«

»Achtung, hier kommt sie wieder ...«, Maggs kündigt die nächste Runde an.

Seit wir wieder sitzen, schenke ich uns nach (mir immer zweimal), und immer schaffe ich genau ein Glas Wein, bevor sie wieder an uns vorbeiläuft. Mal sucht sie einen Kellner, mal einen Sonnenschirm, dann Besteck, aber eigentlich immer nach mir. Als sie an uns vorbeikommt, wirkt sie absichtlich beschäftigt, aber trotzdem wandert ihr Blick wenigstens kurz in meine Richtung.

»Wir sollten sie vielleicht einfach erlösen und sagen: ›Hi Tansy, ja, das ist Lina, ja, sie sitzt noch immer hier, ja, wir haben dich gesehen, ja, du bist wieder seine Freundin, und ja, das Kleid steht dir tatsächlich großartig!‹«

Ich muss kurz grinsen, aber lehne nur kopfschüttelnd meine Stirn in die Handfläche.

»Ich verstehe sie, ehrlich gesagt. Stell dir vor, du bist wieder mit deinem Ex zusammen und triffst auf die Frau, die er immerhin ein paar Monate lang gedatet hat, und musst jetzt zusehen, wie er zu ihrem Tisch geht und sie sich auf dem Damenklo versteckt. Ich wäre nicht anders als sie, ich würde hier auch auf und ab laufen und wissen wollen, was eigentlich los ist ...«

»Meinst du, sie weiß so genau, wer du bist?«

»Wenn sie es vorher nicht wusste, weiß sie es spätestens jetzt«, wirft Jorge ein.

»Erst die Szene hier am Tisch, jetzt hält er sich ausschließlich an seinem Glas fest und ist die ganze Zeit wahnsinnig angespannt. Natürlich ist ihr klar, was das hier für eine Situation ist. Und wie unwohl sich alle miteinander fühlen. Ich wette, er wünscht sich, er wäre heute wirklich einfach nur klettern gegangen ...«

***

Auf dem Weg nach draußen stoppe ich kurz an der Bar, um noch ein paar Flaschen Sauvignon blanc für Kates Geburtstag mitzunehmen. Am kommenden Donnerstag treffen wir uns am Bakoven Beach, um im Sonnenuntergang auf sie anzustoßen. Übersetzt heißt das, dass wir Wein aus Pappbechern trinken, bis es zu dunkel für den Strand wird und wir im Roxy's und später im Shack landen, zu Blink 182 und Rise Against tanzen, Trauben gegen Tequila tauschen und uns schließlich gegenseitig nach Hause oder zumindest bis zum Uber bringen. Es ist der perfekte Anlass, um das heutige

Erlebnis zu verarbeiten. Bis dahin habe ich vor, es mit viel Arbeit zu verdrängen.

»Tut mir leid, aber wir akzeptieren gerade leider keine Kreditkarten.«

Die Kellnerin gibt mir meine Karte zurück über den Tresen.

»Haben Sie vielleicht Bargeld? Oder ein anderes Zahlungsmittel?«

»Oh, ja klar – einen Moment ...«

Ich suche in meiner Tasche, finde erst zwanzig, dann noch einmal fünfzig Rand, aber nicht mehr genügend Bargeld. Ich will nach Maggs und Jorge rufen, die schon vorgegangen sind, um draußen auf mich zu warten. Als ich mich umdrehe, laufe ich fast in ihn hinein.

»Hey ... noch mal«, sagt er und bleibt unsicher vor mir stehen. Erst will er einen Schritt von mir weg machen, aber der Bereich um den Tresen ist voller wartender Menschen.

»Tut mir leid, ich wollte dir nicht auflauern oder dich bedrängen – ich wollte nur auch noch eine Flasche ...«, er deutet auf den Wein. Versucht ein Lächeln, schluckt es aber wieder herunter.

»Tut mir leid, wenn das vorhin komisch war. Ich wusste nicht, ob ich dich lieber ignorieren oder ...«

»Oder mich überfallen sollst? Als wären wir tatsächlich gute alte Freunde, die sich aus einer längst vergangenen Zeit kennen?«

»Ich dachte, wir könnten es vielleicht irgendwann sein.«

»Ehrlich? Dachtest du das wirklich?«

»Ja ... ich hab dich ja gern.«

»Hör zu. Ich habe seit Monaten nichts von dir gehört. Du tauchtest immer wieder auf, hast dir meine Bilder oder meine Storys auf Instagram angeschaut, bist um mich gekreist, aber warst nie greifbar.«

Ich atme tief ein, auch um Zeit zu gewinnen, um zurückzuhalten, was ich wünschte, jetzt und hier sagen zu können.

»Du bist kein Freund, du bist ein Geist.«

»Ich wusste einfach nicht, was ich sagen sollte.«

»Weißt du es jetzt?«

Er zuckt nur mit den Schultern und meidet meinen Blick.

»Was auch immer ...«, ich hebe die Hände und versuche, ihm aus dem Weg zu gehen.

»Ich wollte dir wirklich nie wehtun ...«

»Du hast mir nicht wehgetan. Du hast mir das Herz gebrochen, Nathan.«

Ich drehe mich nicht noch einmal um, lasse ihn und meinen Wein stehen.

Ich muss raus, muss Distanz zwischen mich und ihn bringen, weil ich spüre, wie all die Gefühle in mir aufsteigen, die ich vorhin schon kurz im Waschraum gespürt hatte. Die Enttäuschung, der Schmerz – und die Wut. Die Wut, die ich über Monate wegerklärt, zerrechtfertigt hatte, die ich herunterschlucken musste, damit noch Platz für ihn blieb, falls er zurückkommen könnte. Denn auch wenn ich weitermachte, auch wenn ich aufräumte, auch wenn ich mich auf neue Träume konzentrierte, auch wenn ich mittlerweile nicht mehr der Mensch war, den er im letzten Herbst zurückgelassen hatte – ich hatte diesen letzten Funken nie auslöschen können. Ich hatte Nathan nicht langsam, achtsam und willentlich losgelassen, bis er immer blasser geworden und schließlich unsichtbar war; ich hatte ihn aus meinem Leben herausschneiden müssen, um überhaupt weitermachen zu können, ich hatte ihn aus meinem Innersten herausgetrennt, um irgendwie zu akzeptieren, was ich nicht ändern konnte: dass ich ihn nicht haben konnte. Ich hatte den Schmerz entschlossen verbunden, denn ich hatte entschieden zu heilen. Aber jede Wunde hinterlässt eine Narbe. Und meine brannte gerade.

»We're just two ghosts standing in the place of you and me.«

Uno!

Es gibt erste Dates, bei denen hast du schon vorher eine gewisse Ahnung oder Absicht. Du wünschst dir vielleicht, dass die Chemie, wenn ihr zu zweit an einem Tisch sitzt, noch genauso stimmt wie in der Gruppe, mit der ihr durch die Bars gezogen seid. Oder du wünschst dir, dass er wirklich der Mann ist, den du dir ausgemalt hast, während du für zwei Tage durch sein Insta-Profil gescrollt bist. Vielleicht wartest du bei manchen Dates auch einfach auf einen richtig guten Kuss, bemerkst schon während der ersten Drinks, dass es da ein intensives Knistern zwischen euch gibt. Vielleicht willst du dich ablenken, vielleicht willst du von vorn anfangen und bei diesem einen Date einfach nur fühlen, dass du bereit dafür bist.

Als ich mir ein Bier bestelle und mich damit raus in die Sonne setze, mein Buch aufschlage und noch ein paar Kapitel lese, bevor ich mit ihm verabredet bin, will ich einfach nur einen guten Nachmittag haben. Es ist Samstag und das Hunks noch leer, vor zwanzig Uhr wird es hier meistens nur voll, wenn ein Rugby- oder Fußballspiel läuft. Ich entscheide mich für eine Couch in der Ecke, suche nach der richtigen Stelle in meinem Roman und nehme einen Schluck aus meinem Glas, bevor ich mich in fremde Worte vertiefe.

Ich liebe es, einen faulen Nachmittag lang irgendwo zu sitzen und mich in einem Buch zu verlieren. Ich schreibe dann stundenlang Anmerkungen zwischen die Zeilen oder unterstreiche Sätze und Formulierungen. Die Bücher, die ich lese, die mir wirklich unter die Haut gehen, sehen am Ende aus, als wären sie mit mir durch einen Krieg oder zumindest auf eine Reise gegangen. Ich trage sie wochenlang mit mir herum, werfe sie in unterschiedliche Taschen. Ich schlage sie auf und die Ecken vieler Seiten um, wenn ich mich an einen bestimmten Absatz erinnern will. Die Bücher werden manchmal nass, tragen Sand in sich und immer ein Foto oder eine Postkarte als Lesezeichen. Ich skizziere gerade ein paar Ideen für mein eigenes, nächstes Manuskript an den Rand eines Kapitels, als er mich anspricht, ich ihn lächelnd ansehe und zuallererst denke: »Oh, hi – auf den Fotos deines Bumble-Profils sahst du nicht halb so attraktiv aus, wie du es in Wirklichkeit bist.«

In ein paar Wochen werde ich herausfinden, dass *seine* ersten Gedanken, während er mich auf der Terrasse sitzen sieht, die Folgenden sind:

1. Sitzt sie dort ganz allein und liest? In einer Bar? Entweder ist sie ein Nerd oder einfach ziemlich entspannt.

2. Oh, sie trägt Vans, mag ich.

3. Ihr Lächeln ist wunderschön, gleicht auch direkt den Nerd-Faktor wieder halbwegs aus.

4. Was ist das für eine Jacke? Ist das ein gelb-blaues Muster? Ist das Cord? Wer trägt so was in der Öffentlichkeit?*

---

* Das Hemd, das ich bei unserem ersten Date trage, ist ein Vintage-Fund aus dem Kleiderschrank meines Vaters. Es ist Cord, es hat ein gelb-blaues Muster, und es ist fabelhaft!

Ich hatte ihn am Valentinstag gematcht, während ich mit Freunden ein paar Burger und viel Hauswein auf der Long Street bestellte und er den Tag und seine »letzte Trennung« mit Brandy ganz in der Nähe begoss (»verarbeitete«). Für gut eine Stunde tauschten wir Nachrichten aus, ich fand ihn charmant, vor allem witzig, und vielleicht hätten wir uns sogar noch irgendwo in der Stadt getroffen, aber dann gab mein Akku auf. Seitdem hatte ich ihm zweimal nach dreiundzwanzig Uhr und angetrunken getextet, um einen *booty call* auszutesten. Beide Male schlief er schon. Er versuchte es einmal, aber erwischte mich an einem Mittwoch, den ich mit viel Arbeit am Schreibtisch und im Flugmodus verbracht hatte.

Ich hatte ihn schon fast wieder vergessen (und mir lag außerdem die Begegnung mit Nathan noch immer irgendwie im Magen), als er mir an diesem Morgen schrieb, um – seine Worte – »meine Spontaneität zu testen«. Ein paar Stunden später zog ich die Haustür hinter mir zu – jetzt gerade bestellt er eine Flasche Wein und zwei Gläser.

»Bist du bereit?«, frage ich und werfe die abgewetzte rote Verpackung auf den Tisch.

Er grinst, greift in seinen Rucksack und legt sein Set wortlos neben meines.

»Natürlich. Ich habe über die Feiertage trainiert! Zwei Wochen mit einer Großfamilie.«

»Oh, ein Bootcamp also ...«

»Hast du Angst?«

»Warum, hältst du dich für einen echten Gegner?«

Ich greife mir den Stapel und ziehe eine Augenbraue hoch, während er mich über den Rand seines Weinglases beobachtet.

»Ich hätte nicht gedacht, dass du wirklich ein Deck mitbringst.«

»Hey, du hast gesagt, ›Wir treffen uns um zwei im Hunks, bring UNO mit‹ – also, hier bin ich«, er hält den Blickkontakt zu mir, schaut mich fast schon herausfordernd an, während er seine sieben Karten aufnimmt.

»Okay«, sage ich und decke die erste Karte auf.

»Lass uns kurz die Regeln festlegen: Die +2 kann auf die +2, aber nicht auf die +4 gelegt werden.«

»Okay. Die +4 kann allerdings auf die +2 gestapelt werden.«

»Exakt.«

»Wer vergisst, ›UNO‹ zu sagen und dabei erwischt wird, muss eine Strafkarte ziehen.«

»Deal, wir verstehen uns.«

Zwei Stunden lang besiege ich ihn, wir schenken Wein nach, erzählen uns voneinander. Er hat einen Monat in Namibia verbracht, ist gerade erst nach Kapstadt gezogen und hat früher in Johannesburg und zwischenzeitlich auf einer Farm gelebt. Er ist Hundebesitzer (ein unorthodox frisierter Spaniel namens Phoebe, als Hommage an seinen Lieblingscharakter von *Friends*), arbeitet heute als Designer für eine Firma, die Restaurants und Bars baut und ausstattet – bis vor Kurzem war er verlobt, wie er außerdem noch erwähnt. Sein neuer Singlestatus ist damit der Grund für den Umzug. Als er davon erzählt, zieht sich mein Magen kurz zusammen. Das hier fühlt sich gerade an wie ein Déjà-vu.

Lina, 2018 – würde den beiläufigen Kommentar schlucken, würde ihn bemüht überhören und dann später, nach dem Date, auf den sozialen Netzwerken nach Antworten suchen.

Lina, 2020 – entscheidet sich, nachzufragen, hier und jetzt, ehrlich.

»Du warst verlobt?«

»Ich bin es nicht mehr. Darum habe ich es nur beiläufig erwähnt – und wechsele jetzt einfach mal elegant das Thema.«

»Ich glaube, ich würde gerne einen Moment noch bei dem Thema bleiben ...«

Er zögert, sieht mich skeptisch an.

»Du willst jetzt darüber reden, dass ich mal verlobt war? Bei einem ersten Date?«

»Ich glaube, ich will darüber reden, warum du die Verlobung bei einem ersten Date überhaupt erwähnt hast ...«

Er zuckt mit den Schultern. »Das hatte jetzt keinen besonderen Grund. Dass ich wieder Single bin, war einfach nur der letzte Faktor für meinen Umzug, darum habe ich es erwähnt.«

»Ah ...« ich zögere. »Ich frage, weil – na ja – das in gewisser Weise einfach gerade ein *deal breaker* für mich ist.«

»Okay. Hast du da so eine goldene Regel, dass du keine *damaged goods* datest? Ich hätte nicht gedacht, dass ihr *Germans* da so streng seid.« Er versucht, mich mit einem Scherz wieder zurück in die eben noch so entspannte Stimmung zu holen, die zwischen uns geherrscht hat.

»Nicht unbedingt alle, nur diese hier, die die letzten Monate damit verbracht hat, einen Typen zu vergessen, der mich daten, aber eigentlich doch nur einen Rebound wollte. Und ich hab keine Lust, diese Erfahrung zu einer Routine werden zu lassen – oder in nächster Zeit auch nur in die Nähe von einer Wiederholung zu kommen.«

Ich hatte selbst nicht damit gerechnet, dass ich es so direkt sagen, so unverpackt auf den Tisch legen würde. Aber da war sie, die Wahrheit. Und obwohl jetzt gerade unbequeme Stille zwischen uns herrschte, fühlte es sich gut an, so offen, jetzt schon, während der gerade mal ersten Stunde unseres ersten Dates, mit ihm zu sprechen. Nicht weil ich längst plante, dass ein zweites oder drittes oder sogar mehrere Dates aus uns werden könnten – sondern weil ich ganz genau wusste, was ich auf keinen Fall auch nur im Entferntesten riskieren wollte.

»Okay«, er sieht mich lange an, trinkt einen großen Zug aus seinem Rotweinglas und legt die Hände auf den Tisch. »Am Valentinstag war die Trennung genau ein Jahr her. Nicht ein paar Wochen, sondern ein Jahr. Ich war verlobt – aber es hat nicht funktioniert, für uns beide nicht. Ich hab ein paar Monate damit verbracht, viel zu trinken, viel zu feiern und dann angefangen, mich mit der Arbeit abzulenken. Seit November habe ich wieder Lust, neue Menschen überhaupt zu treffen. Seit Januar bin ich auf Bumble, und ich weiß nicht, ob das wichtig ist, aber: Du bist nicht das erste Date, das ich seitdem habe.«

»Okay«, sage ich und komme mir auf einmal irgendwie enttarnt vor. Er hatte keine der Fragen ausgelassen, die mein Kopf längst formuliert hatte, hatte die Karten offen auf den Tisch gelegt und mir damit abgenommen, heimlich in sie hineinschauen zu wollen.

»Jetzt du.«

»Was meinst du?«

»Ich war offen, jetzt bist du dran.«

Ich sehe ihn kurz überrascht an, halte dann aber den Blickkontakt und bin ein kleines bisschen beeindruckt. Davon, wie *straight* er mir geantwortet hat – und die gleiche Ehrlichkeit nun auch von mir einfordert.

»Ich bin seit acht Jahren Single. Ich habe eine ganze Reihe Dates gehabt, ich habe sogar ein Buch darüber geschrieben, das kommt in ein paar Wochen raus. Auf Bumble bin ich schon ziemlich lange, aber in 2020 hatte ich bisher nur zwei Dates. Eins davon war ein Typ, der mir erst nach einer Knutscherei vor meiner Wohnung gestanden hat, dass er noch ein Teenager ist. Sonst war es bisher ruhig.«

Chris grinst.

»Und wie heißt das Buch? *The Cougar Chronicles?*«

***

Unser Date endet an einer Ampel. Chris bietet an, mich noch bis zum Restaurant zu begleiten, in dem ich mich im Anschluss mit Freunden treffen will, aber ich lehne ab. Es sind nur 350 Meter – außerdem will ich der Versuchung aus dem Weg gehen, aus einem wirklich guten ersten Date einen zähen Marathon zu machen. Im Moment dauert unsere Verabredung knapp zwei Stunden und hat damit die perfekte Länge*.

Das ist genug Zeit, um den Menschen, der da vor dir sitzt, auf oberflächlicher Ebene kennenzulernen und (hoffentlich) eine Chemie zu spüren. Gleichzeitig aber auch nicht so viel Zeit, dass du dich ausgelaugt, irgendwie auserzählt und fast schon erschöpft davon fühlst, dich über einen so langen Zeitraum so intensiv auf einen einzelnen Menschen, auf Aufregung und Spannung einzulassen.

Neunzig Minuten, vielleicht zwei oder maximal drei Drinks, sind perfekt für ein paar gute Gespräche oder Funken (die im besten Fall auf ihrem Höhepunkt enden und die man unbedingt bei einem zweiten Date wieder aufnehmen oder vertiefen will).

Klar, ein Bier, das sich noch in ein Abendessen und dann spontan in eine fünfstündige Bar-Tour verwandelt, kann der Beginn einer legendären Nacht werden. Aber in den meisten Fällen führt es eher dazu, dass man den Punkt, an dem man sich einfach ein Uber und gemeinsam nach der Rechnung hätte rufen können, um sich entspannt voneinander zu verabschieden, überschreitet, und nur noch zwei Optionen bleiben: a) direkt gemeinsam nach Hause gehen oder b) sich

---

* 90–120 Minuten

irgendwie verkrampft umarmen, ohne zu wissen, ob und
was man jetzt voneinander oder von diesem unerwartet
langen Abend erwarten kann.

Bis zu diesem Moment ist es einfach ein guter Nachmittag. Ich habe
Spaß mit Chris, ich mag die lockere Offenheit, die sich zwischen uns
entwickelt hat, und mit jedem Mal, das er mich anlächelt, finde ich
ihn noch ein bisschen interessanter. Ob es ein zweites Date geben
wird oder ich ihn um ein zweites Date bitten werde, weiß ich noch
nicht genau. Jetzt, in diesem Moment, während wir die Kloof Street
hinunter schlendern, fühlt es sich so oder so gut an, ganz egal ob wir
hier enden oder ob ich ihn in ein paar Tagen wiedersehe.

Es ist auch der Moment, in dem ich denke: So sollte sich ein
erstes Date mit einem bisher Fremden anfühlen. Wir achten oftmals
so fokussiert, fast schon mit Tunnelblick nur darauf, ob wir den anderen auch genug begeistern, dass wir beinahe vergessen, uns zu fragen, ob wir uns wohlfühlen, ob wir eigentlich Spaß haben, ob wir –
wir selbst sein können. Ein Date ist nicht nur dann gut, wenn es zu
einem zweiten führt. Wir sind nicht nur dann interessant oder charmant oder anziehend genug, wenn man uns wiedersehen will, und
ein Mann ist nicht wahnsinnig toll, nur weil er sofort und am besten
innerhalb der nächsten 72 Stunden die nächste Verabredung vorschlägt. Bei einem Date geht es um so viel mehr als die simple Frage,
ob es weitergeht.

***

Erst vor einer Woche hatte ich ein Gespräch mit einer guten Freundin darüber, die ihre letzten Dates als reine Zeitverschwendung
empfand und sich frustriert darüber beschwerte, dass keine der letzten drei Verabredungen zu *irgendetwas* geführt hatte. Den letzten
Mann, der kein zweites Date gewollt hatte, aber sich für ein schönes

64

erstes bedankte, hatte sie fast schon verbissen versucht, in eine Fortsetzung zu diskutieren. Nicht weil sie sich unsterblich in ihn verknallt hatte, sondern weil sie »einfach sehen wollte, ob sich da bei
einem zweiten Date nicht doch noch Chemie entwickeln (erzwingen
lassen) konnte«.

Ich hatte sie gefragt, *wohin* sie denn führen sollten und sie hatte
mir geantwortet, dass sie einfach mal wieder wolle, dass *irgendwas*
weitergeht.

»Aber warum denn nur irgendwas mit irgendwem? Ich würde
deinen Frust verstehen, wenn du dich in einen dieser Jungs frisch
verknallt hättest und jetzt deinen Sperrbildschirm für ihn hütest –
aber so ist es ja nicht, oder? Das sind einfach nur Dates. Also warum
sind sie nur gut genug, wenn sie *irgendwie* weitergehen? Hast du
Spaß an den Abenden gehabt? Hast du neue Menschen kennengelernt und dich wohlgefühlt? Gut! Genau das ist ein Date. Man
kann sie mit oder ohne Funken, mit oder ohne Verlängerung einfach
genießen. Nimm dir doch mal den Druck von deinem Liebesleben.«

Hätte ich es noch brutaler, noch direkter formulieren wollen, hätte
ich sagen können: *Du datest gerade nicht, um Spaß zu haben, um
neue Menschen kennenzulernen, um dich vielleicht zu verknallen.
Du datest, damit dich ein anderer Mensch annimmt, bestätigt und
dir das Gefühl gibt, etwas wert zu sein. Du willst, dass irgendwas
weitergeht, damit du dich nicht mehr abgelehnt oder unvollständig
fühlst. Und das ist nicht gut – womöglich macht es dich sogar blind
dafür, ein schönes Date zu genießen, weil du schon längst bei der
Frage bist, ob du ein zweites erzielen kannst.*

Manchmal scheint es, als ob es nur eine Frage gäbe, wenn wir neue
Menschen treffen oder kennenlernen – und zwar die, wann und wie
schnell wir uns wiedersehen wollen. Und genau diese Idee müssen
wir aus unseren Köpfen bekommen. Ein zweites Date ist nicht direkt

eine Wertsteigerung für alle Beteiligten. Ein großartiges Date darf manchmal auch genau das bleiben: *Singular.*

***

»Und du bist wirklich sicher, dass ich dich nicht bringen soll?«

»Ich muss nur noch die Straße hier hinunterlaufen.«

Ich umarme ihn zum Abschied, er hält mich noch ein bisschen länger fest (er wird später behaupten, ich sei diejenige gewesen, die sich an ihn lehnte) – und küsst mich.

Erst vorsichtig, zurückhaltend, dann intensiver. Er löst sich genau in dem Moment von mir, in dem ich mir sicher bin, dass die Fortsetzung dieses Kusses absolut umwerfend sein könnte, falls wir uns wiedersehen ...

Slow Dating

Natürlich sehen wir uns wieder.

Vier Tage später lädt er mich spontan zum Lunch ein – und ich ihn in mein Apartment. Nein, nicht um vorschnell, an einem Freitagmittag, mit ihm zu schlafen (hat er auch kurz geglaubt), sondern weil ich mich in meiner eigenen Wohnung einsperrte:

Freitag, 21.02.2020

13:51
»Ich bin unterwegs, habe mir mein Uber gerade gerufen.«

13:56
»Okay, ich bin schon da und hole uns einen Tisch in der Sonne.«

14:02
»Ich komme fünf Minuten später, ich musste mein Uber canceln.«

14:08
»Hör zu. Ich hab ein Problem. Ich hab mich in meinem Apartment eingeschlossen und komme nicht mehr raus.«

14:11
»Ich hab jetzt alles versucht, aber das Schloss bewegt sich einfach nicht, tut mir leid.«

14:14

»Das ist fast zu absurd, um eine gute Ausrede zu sein.«

14:15

»Das ist keine Ausrede, ich komme tatsächlich einfach nicht aus meiner Wohnung.«

14:16

»Es ist total okay, wenn du unser Treffen einfach verschieben willst?«

14:21

»Kloof Street 117, Gardens, Apartment 701«

14:22

»Was ist das?«

14:22

»Meine Adresse. Hast du zufällig Werkzeug im Auto?«

Als ich ihn vor der Tür höre, sind gut zwanzig Minuten vergangen. Ich habe mir mittlerweile einen Sauvignon blanc aufgemacht und eingesehen, dass sich dieses Türschloss, egal in welche Richtung ich den Schlüssel drehe, nicht bewegt. Was ich brauche, ist ein Spachtel, ein Schraubenschlüssel, irgendetwas, das ich in den Mechanismus schiebe und so das Türschloss überwinden kann. (Anleitungen dazu findet man übrigens auf YouTube. Ich habe mich sicher schon achtmal aus meiner eigenen Wohnung ausgesperrt, weil die Tür ins Schloss fiel – und mir so jedes Mal den Schlüsseldienst gespart.)

»Deine Tür ist ja wirklich zu!«, sagt er, nachdem er klopft und ich ihn bitte, mir das Werkzeug durch mein kleines Badezimmerfenster auf Deckenhöhe, das mit dem Hausflur verbunden ist, zu geben. (Die Flure in Kapstädter Wohnungen sind oftmals sehr lang und ähneln oft Hotelkorridoren; dass die Fenster der Badezimmer in Richtung Flur zeigen, ist darum keine Seltenheit.)

Ich steige auf den Toilettendeckel und greife nach der Zange. Im Gegenzug reiche ich ihm ebenfalls ein Glas Wein über den Sims. »Natürlich ist meine Tür zu. Das war keine Ausrede, um das Date abzusagen.«

»Ich dachte, vielleicht ist es auch einfach ein Vorwand, um mich direkt in dein Apartment zu bekommen ...«

»Um vierzehn Uhr? An einem Freitag? Im Ernst?«

Die Tür springt nach ein paar Versuchen mit einem Klacken auf. Erst lächelt er mich verunsichert an, dann umarmen wir uns.

»Lass mich kurz meine Jacke und meine Tasche holen, dann können wir los.«

»Oder wir trinken die Flasche Wein hier aus ...«

Seine Stimme wird ein bisschen leiser und er macht einen Schritt auf mich zu, aber ich habe schon meinen Blazer übergeworfen und halte ihn auf Abstand, schüttle lachend den Kopf.

»*Wir* – gehen jetzt essen.«

Und das tun wir noch ein paar Mal. Wir treffen uns im Manna Epicure zum Abendessen, im Bootlegger zum Frühstück und schließlich bestellen wir an einem Sonntag eine Flasche Pinotage und ein großes *charcuterie board* im Open Wine, meiner Lieblingsbar in der Stadt. Es ist der Abend, an dem es zum ersten Mal nicht bei einem Abschiedskuss an der Taxitür bleibt, an dem ich seine Hand nehme, als wir zu Fuß über die Bree Street schlendern und ich, als er »Wohin gehen wir eigentlich?« fragt, mit »Zu mir ...« antworte.

***

Ich sitze eingewickelt in der Decke auf dem Bett, trinke ein Glas Wasser und beobachte ihn still, während er am offenen Fenster lehnt und raucht. Um uns herum liegt achtlos fallen gelassene Kleidung, die übrig gebliebenen Portionen und der Wein, den wir mitgenommen haben, stehen noch eingepackt auf dem Küchentresen. Das Deckenlicht in meiner Wohnung ist schon seit Längerem kaputt, darum brennt neben mir nur die kleinere Nachttischlampe. Sie taucht den Raum in warmes, gelbes Licht. Kurz warte ich darauf, dass er sich ein Shirt überzieht oder nach seinen Schuhen greift. Ich suche in der Stille nach Anzeichen und Vermutungen, bin mir nicht sicher, ob er über Nacht bleiben will – dann erinnere ich mich an das gute Gefühl von Klarheit, das ich mir in den letzten Monaten meiner Dates erkämpft hatte, an die Offenheit, die zwischen uns seit dem ersten Date herrschte und vor allem daran, dass du nur wissen kannst, was ausgesprochen ist. Also frage ich einfach:

»Schläfst du heute hier?«

»Wenn es okay ist, dass ich morgen wirklich früh raus muss ...?«

»Ich stehe vermutlich sogar früher auf als du.«

»Okay. Dann bleibe ich.«

Er macht die Zigarette aus und öffnet die Küchenschränke nacheinander, bis er das Regal mit den Gläsern findet, öffnet den Rotwein und schenkt uns ein, dann setzt er sich zu mir, packt sich ein Kissen in den Rücken und streckt seine Beine aus.

»Du hast es schön hier.«

»Was meinst du?«

»Dein Apartment. Es ist zwar nicht groß, aber mit dem hohen Bett und diesem Blick über die Stadt und dem Schreibtisch direkt neben der langen Fensterfront wirkt es trotzdem weit und strahlt Freiheit aus. Du kannst dich hier ausruhen, aber du hast trotzdem genug Platz für neue Ideen, und die Inspiration der Stadt ist ganz nah. Ich weiß nicht warum, aber das Apartment passt irgendwie zu dir ...«

Ich schaue zu ihm herüber, finde seinen Blick und lächle ihn an. »Dankeschön – ich mag es auch.«

»Und ich mag dich, Lina.«

»Oh …«

»Ich hab dich wirklich gern. Ich geh gern mit dir aus und ich mag es, dich kennenzulernen und – interpretier da jetzt nicht gleich zu viel herein und fühl dich bitte nicht verschreckt, aber – ich mag es gerade sehr, mit dir Zeit zu verbringen. Nur mit dir …«

»Du meinst …«, ich streiche die Bettdecke vor mir glatt, zögere, will mir Zeit für eine Antwort verschaffen, und er bemerkt es.

»Ich meine nicht, dass ich irgendetwas labeln will. Aber ich würde gerne nur dich kennenlernen, ohne Ablenkung. Aber auch ohne Druck.«

»Also willst du, dass wir … exklusiv sind?«

»Ja. Ich will gerade keine anderen Dates haben als die mit dir.«

***

Wir stehen vor dem Empire Café in Muizenberg. Es ist der erste Stopp auf unserem Tagesausflug ans Kap der Guten Hoffnung. Ein paar Freunde aus Deutschland sind im Moment zu Besuch, und während Maggs für ihre Abschlussprüfungen lernt, genieße ich es, mich für ein paar Stunden einfach mal wieder wie eine Touristin zu fühlen, die zwar all die Spots schon kennt, aber doch immer wieder neu entdeckt. Terri zündet sich eine Zigarette an, ich halte unseren Kaffee fest, und wir stellen uns mit dem Rücken zum Wind, der hier, so dicht am Ozean, noch einmal an Kraft gewinnt.

»Wie war eigentlich dein Date gestern?«, fragt sie mich und versucht, ihre wehenden Haare, die Zigarette und den heißen Cappuccino unter Kontrolle zu bekommen. Ich habe Terri vor vier Tagen kennengelernt, mental scheinen wir uns seit zehn Jahren auszutauschen. Als Maggs sie mir bei einem Dinner als die neue Freundin ihres besten Freundes vorstellte, saßen wir nebeneinander, bis zum Dessert war sie eingeweiht. Es gibt Menschen, mit denen klickst du einfach, mit denen teilst du nicht nur die Karamell-Mousse, sondern auch viele deiner innersten Gefühle. Und du fühlst dich gut dabei, aufgehoben und ein bisschen, als würde dich jemand blind verstehen, obwohl er erst einen Augenblick lang Teil deiner Geschichte ist.

»Gut. Oder ... ja doch, gut.«

»Ja doch, gut?«

»Er will, dass wir exklusiv sind.«

»Und das findest du ...?«

»Überstürzt? Ein bisschen zu schnell? Ich weiß nicht, wir hatten bisher eine Handvoll Dates. Ich weiß nicht, ob ich das alles jetzt direkt in eine beginnende Beziehung verwandeln will.«

»Will er das denn?«

»Was meinst du?«

»Bisher hat er dich nur gefragt, ob ihr euch exklusiv daten wollt, nicht, ob ihr zusammen seid.«

»Das ist irgendwie das Gleiche, oder?«

»Nicht unbedingt. Dass er dich gerne ohne Ablenkung kennenlernen möchte, heißt ja noch nicht, dass daraus auch direkt eine Beziehung wird.«

»Aber ist es trotzdem nicht irgendwie schon der erklärte Anfang? Steckt nicht ab dem Moment direkt eine Absicht dahinter?«

»Schließt du denn aus, dass du eine Beziehung willst?«

»Nein, überhaupt nicht, nur ...«

»Warum hast du dann solche Angst vor Absichten?«

Ich teste vorsichtig die Temperatur meines Kaffees, dann nehme ich einen Schluck, wärme meine klammen Finger und zucke mit den Schultern.

»Vermutlich ist es antrainiert. Ich meine, ich kenne kaum eine Frau, die nicht ständig, bei jedem einzelnen Date, diese Sorge, ›den Typen irgendwie zu verschrecken‹, zumindest im Hinterkopf hat. Seit mehr als einer Dekade flößen wir uns gegenseitig auf so viele Arten diese lähmende Datingregel ein: In der Sekunde, in der du Absichten oder Erwartungen hast, riskierst du praktisch freiwillig, demnächst *geghostet* zu werden.

Ich glaube jetzt zwar nicht, dass Chris mich *ghosten* wird, aber trotzdem ist eine Absicht bei mir mit Lähmung, mit Druck, verbunden. Das ist irgendwie schwer loszuwerden.«

»Ich weiß, was du meinst«, Terri legt den Kopf schräg, löscht den Rest ihrer Zigarette an dem Betonpfosten neben uns.

»Aber dann lass es mich anders formulieren. Geh weg von dieser Frage, wohin das führt oder wie du eine Beziehung definierst. Es ist einfacher: Gibt es gerade irgendeinen Mann in deinen *direct messages,* in deinen Kontakten, in deinem Leben, ganz egal – den du lieber als Chris treffen würdest? Das ist nämlich die wichtigste Frage. Ist da irgendjemand, den du lieber sehen würdest als ihn – mit dem du mehr Spaß hättest? Wenn ja, dann triff diesen Menschen und nicht Chris. Und wenn du denjenigen nicht treffen kannst, weil er vergeben oder nicht interessiert an dir ist – dann komm darüber hinweg und date erst danach wieder. Aber wenn du ehrlich sagen kannst: ›Ich habe Spaß mit ihm, ich verbringe gerne Zeit mit ihm, und es gibt niemanden, der mich gerade noch mehr reizt‹ – was hält dich dann davon ab, dich auch wirklich nur auf ihn zu konzentrieren und alle anderen Optionen erst einmal bewusst auszublenden oder abzuhaken? Denn mehr ist es ja nicht, was er im Moment vorschlägt. Und du kannst es natürlich jederzeit ändern.«

Als ich nicht antworte, mich in ihrem Monológ verliere und durch sie hindurchschaue hakt sie nach.

»Lina? Hast du mir zugehört?«

»Ich glaube, mir hat noch nie jemand in dreißig Sekunden so sehr die Augen zu einem Thema geöffnet, um das ich schon so lange gekreist bin.«

»Gern geschehen.«

»Terri, wie kann es sein, dass du es so klar, so einfach formulierst und damit das ganze Tauziehen um Nähe, um *commitment*, um Bindung, gefühlt die größte, verkorkste Diskussion einer ganzen Beziehung – einfach so auflöst? Denn ja, es ist so simpel: Willst du deine Zeit mit genau dem Menschen verbringen, der da gerade vor dir sitzt oder neben dir liegt – oder hast du noch jemanden im Hinterkopf?«

»Oder wünschst du dir vielleicht auch, obwohl es gerade niemanden sonst gibt, dass es anders wäre? Also dass du noch jemanden im Hinterkopf haben *könntest*. Das ist ja auch so ein Ding. Jemanden nur zu daten, weil du keine andere Option hast, ist nicht weniger falsch, als den einen zu treffen, während man eh weiß, dass man sich im Zweifel für einen anderen entscheidet.«

»In diesem Moment, in dem wir hier stehen und zwischen Coffeeshop und Parkplatz miteinander reden, kann ich kaum glauben, wie viel Zeit wir alle während unserer Dates mit der Frage verschwenden, was oder wie viel wir voneinander wollen oder erwarten dürfen, wenn es eigentlich so einfach ist.«

»Ich glaube, das hat viel damit zu tun, dass wir unsere Dates wie Warenkörbe behandeln. Wir haben gerne noch mindestens eine Option reserviert, für den Fall, dass die andere in unserer Größe ausverkauft ist oder nicht passt oder einfach doch nicht gut sitzt oder uns einfach nicht mehr genug begeistert, wenn wir sie ein paar Mal anhatten. Du kennst das. Du kaufst dann diese Hundertste weiße Bluse und denkst: ›Ok, die ist schön, zwar nicht perfekt, aber einen Sommer kann ich sie tragen, und mal gucken, ob ich noch eine bessere finde.‹«

»Ich habe so viele von diesen Blusen in meinem Schrank, du machst dir kein Bild. Und ja, die perfekte ist noch nicht dabei.«

»Zeit auszusortieren, oder?« Sie grinst mich an. »Fang frisch an. Du verlierst ja nichts.«

»Reden wir noch über Blusen?«

»Ich weiß nicht, wollen wir wieder über Chris reden?«

Ich atme tief durch.

»Es gibt gerade wirklich niemanden, mit dem ich mehr Spaß haben könnte, den ich lieber sehen wollen würde ...«

»Aber?«

»Aber ... was, wenn sich das in einer Woche ändert? Was, wenn sich das beim nächsten Date ändert?«

»Dann ist es okay. Dann sagst du es ihm.«

»Aber heißt das dann nicht, dass sich jedes Date wie eine Prüfung anfühlt? Wenn du nach jedem Date jemanden ab- oder wiederwählen sollst?«

»Du findest ihn doch nicht weniger interessant, nur weil ihr mal ein mieses Date habt, oder?«

»Nein, ich überlege nur gerade, wie fair diese temporäre Exklusivität ist. Ich meine, was ist, wenn ich ihm sage, dass es jetzt gerade nur uns gibt? Und dann in zwei Wochen doch noch einmal meine Meinung ändere? Dann komme ich mir vor, als hätte ich ... mit seinen Gefühlen gespielt, weißt du?«

»Es geht doch gar nicht darum, dass du ihm etwas versprechen und dann halten müsstest – es geht eigentlich nur darum, die Geschwindigkeit herauszunehmen ...«

»Ich weiß einfach, wie es sich anfühlt, wenn dir jemand ein Stück Sicherheit gibt – und es dann wieder entzieht. Hast du mal überlegt, wie viele Herzen gebrochen werden, nur weil ein Mensch sich unsicher ist? Tansy wusste nicht, ob sie Nathan wirklich will. Dann wusste sie nicht, ob sie ihren neuen Freund wirklich will. Nathan wusste nicht, ob er schon bereit war, über sie hinwegzukommen. Ich wusste nicht, ob ich Nathan vertrauen konnte – und habe es trotzdem getan. Am Ende wurden drei Herzen gebrochen. Ich will einfach nicht wie Tansy – oder wie Nathan sein.«

»Vielleicht will Chris ja gar keine Sicherheit von dir. Vielleicht will er einfach nur, dass ihr eine Chance habt, dass es für einen absehbaren Zeitraum – zwei Wochen, drei Wochen, wie lange auch immer es sich gut anfühlt – nur euch beide gibt.

Natürlich passiert das nicht ohne Risiko. Aber wann datest du je ohne die Gefahr, dass du verletzt wirst oder selbst andere verletzt? Hast du nicht gerade erst ein Manuskript abgegeben, das den Untertitel *Das Herz will wieder riskiert werden* trägt?«

Natürlich hatte Terri recht. Herzen wollen riskiert werden. Wir können uns nicht vor der Liebe verschließen, nur weil sie vielleicht bislang nicht immer funktioniert hat. Wir können nicht *nichts* riskieren und erwarten, dass etwas *Magisches* von ganz allein passiert.

Ich hatte ein ganzes Buch darüber geschrieben, dass Dating, ohne dass man dabei etwas von sich preisgibt, ohne dass man etwas wagt oder ein Muster oder eine Komfortzone durchbricht, manchmal aber auch Angst oder Wachstumsschmerz überwindet, nicht funktioniert.

Warum fiel es mir genau jetzt also so schwer, selbst zu springen? Eben hatte alles noch so viel Sinn gemacht, sah so leicht aus – von außen betrachtet. Was hielt mich zurück?

»Weißt du, was verrückt ist? Ich habe keine Angst davor, verletzt zu werden. Nicht die geringste. Es würde mir nicht schwerfallen, es jetzt und hier, einfach alles noch einmal zu riskieren. Aber zum ersten Mal seit wirklich langer Zeit habe ich das Gefühl, dass ich es bin, die jemanden verletzten könnte … macht das Sinn?«

»Sogar eine Menge. Chris ist nicht unerreichbar, er ist nicht auf der Flucht vor dir, er ist nicht mit dem Herzen eigentlich ganz woanders, so wie Nathan oder die anderen Männer vor ihm. Er ist da, er hat sich verletzlich gemacht, dir gesagt, dass er dich gern hat und mehr von dir will.«

»Weißt du, wenn es nur um mich ginge, wäre es anders.

Ich habe keine Angst vor einem Ende oder einem Abbruch. Ich möchte einfach nur nicht einen anderen Menschen durch meine Unsicherheit so verletzen.«

»Und wenn du ihm genau das sagst?«

***

Den Rest der Woche sehe ich Chris nicht. Ich bin viel unterwegs, die Vormittage, die ich am Strand verbringe, muss ich abends am Schreibtisch nachholen, und um ganz ehrlich zu sein: Ich erhoffe mir Aufschub. »Gibst du mir ein bisschen Zeit, um darüber nachzudenken?«, hatte ich ihn gefragt – und das Thema seitdem nicht mehr aufgegriffen. Ich wusste, dass ich spätestens nach dem ersten Drink beim nächsten Date meine Zeit aufgebraucht hatte, dass ich ihm antworten musste, *wollte*.

Aber selbst als er mich am Samstag zum Frühstück abholt, zögere ich noch.

Als wir unsere Flapjacks mit frischen Blaubeeren und dunklem Ahornsirup bekommen, traue ich mich.

»Ich hab über das nachgedacht, was du mich neulich gefragt hast.«

Chris antwortet nicht, nimmt einen Bissen von seiner Gabel und zieht nur fragend die Augenbrauen nach oben.

»Du wolltest wissen, ob wir – exklusiv sein können.«

Die letzten drei Worte fallen mir fast aus dem Mund, so schnell will ich sie loswerden. Ich halte mich an meiner Serviette fest, drehe sie zwischen Daumen und Zeigefinger fest zusammen.

»Hab ich?«

»Was?«

Er grinst, trinkt einen Schluck Kaffee.

»Ich weiß, was ich gefragt habe. Ich finde es nur süß, wie nervös du auf einmal bist.«

»Machst du dich über mich lustig?«

»Ein bisschen ... und auch nur, um diese Anspannung zwischen uns loszuwerden.«

»Hör zu: Ich hab dich auch gern. Und es gibt da gerade niemanden, den ich lieber zum Frühstück treffen oder mit dem ich lieber diesen Samstag verbringen oder mit dem ich heute Abend lieber zurück in mein Apartment kommen möchte, als dich. Ich mag dich – und ich mag es, dich kennenzulernen. Aber ich bin noch nicht bereit festzulegen, wohin das mit uns geht oder was daraus werden könnte. Und ich habe das Gefühl, in der Sekunde, in der ich einwillige, dass wir exklusiv sind – tue ich das. Ich will dir nichts vormachen. Im Moment weiß ich ja noch nicht einmal, wann ich zurück nach Deutschland fliege oder wann ich wieder hierher komme. Weißt du? Ich glaube, ich brauche kleinere Schritte.«

Chris nickt, dann greift er über den Tisch nach meiner Hand.

»Ich glaube, ich hab mich neulich falsch ausgedrückt oder das einfach verkehrt angefangen. Ich will nicht, dass wir festlegen, wohin das mit uns führt. Und ich will dich auch nicht drängen, irgendeine Entscheidung zu treffen. Ich will dir nur sagen, dass ich gerade kein Interesse daran habe, irgendeine andere Frau zu treffen als dich. Ich mag es, dass ich zwar nicht weiß, wann wir uns wiedersehen, aber dass mein nächstes Date mit dir sein wird. Ich finde es schön, dass ich abends nicht zwischen irgendwelchen austauschbaren Konversationen switche, sondern mit dir schreibe. Du und ich, das fühlt sich aufregend, aber auch einfach entschleunigt an. Und solange du hier bist, für die nächsten drei oder vier Wochen – will ich einfach genau das genießen.«

Drei oder vier Wochen. Alles, worum dieser Mann, mit dem ich Spaß habe, der mir gefällt, mit dem ich abends stundenlang in Restaurants knutsche oder schlagfertig diskutiere, mit dem ich Hand in Hand durch die Straßen nach Hause laufe und der mich fest umarmt, bevor ich einschlafe, mich bittet, ist, dass ich ihn und mich noch eine Weile genieße. Und zwar drei oder vier Wochen.

War ich wirklich doch so verunsichert, hatten all diese *schnelllebigen* Dates doch so viel Zweifel in mir hinterlassen, dass ich 21 Tage schon für ein *commitment* hielt?

Im Ernst? Die meiste Zeit hatte ich nicht einmal alle 21 Tage ein neues Date. Warum also machte ich mir Gedanken darüber, meine Geschwindigkeit herauszunehmen und für einen Moment mal nur Chris und nicht die ganze Strecke, auf der ich unterwegs war, zu sehen?

Ich genoss, dass Chris und ich weder ein Verfallsdatum noch ein bestimmtes Tempo hatten. Wir waren Date für Date, Abend für Abend unterwegs.

»Ich will die Zeit mit dir auch genießen. Ich will genau das, was wir gerade haben. Dates, du und ich und irgendein Ort hier in der Stadt.«

***

»Slow Dating«, schreibe ich abends, als er neben mir eingeschlafen ist, mit einem Bleistift in mein Notizbuch, das all meine Gedanken festhält, die irgendwann einmal Kapitel oder Kolumnen werden sollen.

Definition:

- Zwei Menschen daten einander, ohne weitere Optionen zu testen, genau so lange, wie es sich für beide gut anfühlt. Das ist alles.

– Slow Dating ist kein Versprechen, sondern eine neue, eigentlich so normale Geschwindigkeit, die wir fast verlernt haben.

***

Warum Slow Dating uns guttut:

Ganz minimalistisch gesehen bedeutet ein Date, dass wir einem anderen Menschen die Wahl darüber lassen, ob er uns spannend oder interessant findet. Gerade auf Dating-Apps bekommen wir die Rückmeldung auf diese Frage binnen weniger Sekunden. (Und außerdem wird hier aus »spannend« oder »interessant« oftmals »schön« oder »attraktiv«, wenn andere durch *swipen* über unsere Fotos entscheiden.) Wer viele Matches bekommt, fühlt sich bestätigt; wer trotz der vielen Matches nicht eine einzige gute Konversation findet, ins Leere schreibt, fühlt sich zurückgewiesen oder ernüchtert.

Ähnlich ist das bei Dates, die tatsächlich stattfinden. Wer schon einmal mehrere gute Dates mit einem Menschen hatte, nur um dann festzustellen, dass dieser Mensch weiterhin aktiv auf Tinder & Co. unterwegs ist, kennt das Gefühl von Ernüchterung, das sich breitmacht, wenn du beim gemeinsamen Samstagmorgen realisierst, dass dein Date schon seinen Samstagabend plant. Ohne dich.

(Ich habe mich mal von einem Mann verabschiedet, der gerade Frühstück für mich gemacht hatte und den ich schon ein paar Wochen traf. Nur eine halbe Stunde, nachdem er gefahren war, hatte er seinem Tinder-Profil ein Update verpasst und die Bilder aktualisiert. Ich sah das, als ich gerade meinen Freundinnen ein Foto von ihm schicken wollte.)

Slow Dating bremst diesen Kreislauf aus, entzerrt ihn.

Statt Dates gegeneinander aufzuwiegen oder auszuloten, nimmst du dir ganz offen Zeit für den Menschen, der dich interessiert.

Wann genau haben wir das überhaupt verlernt? Wann genau sind wir so verkrampft, dass wir einen Abbruch, einen Nachteil oder lähmenden Druck fürchten, wenn wir uns aufeinander konzentrieren, uns offen sagen, dass wir uns gernhaben?

Die vermeintliche Ziellosigkeit, mit der wir alle in Flirts oder Dates gehen, ist nicht der absolute Freiraum, in dem die Magie passiert, sondern der Grund dafür, warum wir in Unsummen von ungeklärten Beziehungen festhängen – manchmal auch noch Monate, nachdem sie endeten.

Wann sind ein paar Wochen, in denen wir uns nur auf einen Menschen konzentrieren, den wir längst interessant finden, zu einem Versprechen geworden, das wir uns erst einmal abringen müssen? Warum soll Dating nur dann ein Risiko sein, wenn wir Zeit an einen Menschen verlieren könnten, aber genau richtig, wenn wir sie mit vielen unbekannten Menschen verschwenden, zu denen wir nie eine richtige Verbindung aufbauen?

Und genau hier kommt mir der Gedanke: Vielleicht ist die Entschleunigung unseres Datingtempos sogar das, was uns am Ende Zeit spart.

Denn mal ehrlich: *Swipen, matchen,* Nachrichten lesen, antworten, die zwei Back-ups in unseren DMs nicht spüren lassen, dass wir sie nicht jetzt, aber vielleicht in zwei Wochen daten wollen, generell die Optionen zu jonglieren und in der eigenen Wahl(-losigkeit) nicht durcheinander zu kommen (*War Tom jetzt der mit den Locken oder der mit dem Hund? Moment, ich muss nachsehen ...*) – das ist nicht unbedingt nur Spaß, das ist Stress.

Und natürlich ist es absolut vorhersehbar, dass unter diesen Bedingungen ausschließlich oberflächliche Gespräche entstehen, die sich austauschbar anfühlen, die immer wieder abreißen, oder aber die einen Abend lang großartig und vielversprechend sind, nur um dann doch wieder auszulaufen, weil man das Zeitfenster, nach einem weiteren Date zu bitten, verpasst hat – oder aber selbst zum Back-up wird.

(Ich persönlich schaffe es ja nicht einmal, meinen Freunden auf WhatsApp regelmäßig zu antworten. Meine Antwortzeit schwankt je nach Stimmung zwischen zwei Sekunden und 28 Tagen. Bei Dates, die ich noch nie getroffen habe, bin ich oftmals sogar noch weniger engagiert.)

Ganz ehrlich: Dass Chris und ich uns wirklich trafen, war einfach Glück. Es lag an einem guten Gespräch und dann vor allem daran, dass wir uns im richtigen Moment – nämlich als wir beide nichts vor und auch keine anderen Dates im Kopf hatten – verbindlich verabredeten und zwischen Plan und Treffen nicht viel Zeit lag. Dass wir uns wirklich gesehen haben und nicht doch am Ende in den Matches des anderen untergegangen sind, ist der eigentliche Zauber.

Slow Dating heißt, das alles zu pausieren. Und nur dann nach einem neuen Date zu suchen, wenn du gerade auch wirklich Lust darauf – und kein anderes hast.

How will I know?

*»How will I know if he really loves me?
I say a prayer with every heartbeat (...)
How will I know if he's thinking of me
I try to phone but I'm too shy (can't speak)«*
– Whitney Houston

Am Anfang bin ich noch aufgeregt. Wenn ich ein bisschen zu spät Feierabend mache und nur Minuten vor ihm in meiner Wohnung ankomme, die zerstreute Kleidung noch schnell in den Schrank räume, den Wein aufmache, meine Haare bürste, nachdem ich für vielleicht neunzig Sekunden unter der Dusche gestanden habe, meine Zähne putze und dann schon die Tür öffne.

Am Anfang liege ich noch wach, wenn er neben mir einschläft. Oder stehe irgendwie im Weg, wenn ich ihn morgens verabschiede, er noch vor acht Uhr seine Tasche nimmt, mich im Flur küsst und »*See you soon!*« sagt.

Irgendwann weiß ich, dass *soon* immer in ein oder zwei Tagen ist. Dass er sich nicht erst für ein paar Absagen entschuldigt und wir uns dann irgendwann in Luft auflösen. Ich sehe ihn montags zum Dumpling-Dinner auf der Long Street, an Donnerstagen ruft er mich an, lädt mich zu Blueskonzerten ein, freitags will er meine Freunde treffen. Und an Samstagen ... an Samstagen beginne ich, nach dem Haken zu suchen, von dem ich überzeugt war, dass es ihn geben musste.

»Du willst eigentlich gar nicht hier sein, oder?«, frage ich ihn, während wir durch die Abendsonne am Glen Beach spazieren.

»Wie kommst du darauf?«

»Ich weiß nicht, du siehst nicht unbedingt begeistert aus ...«

»Na ja ...« Er zuckt mit den Schultern und lächelt schief.

»Hätte ich gewusst, dass du zum Strand willst, hätte ich keine lange Jeans und eine Jacke angezogen. Ich hätte ein kleines Picknick gepackt, vielleicht eine Flasche Wein mitgebracht. Aber du hast mir geschrieben, als ich schon vor deiner Wohnung geparkt hatte.«

»Also willst du damit sagen, dass du nicht gern spontan bist.«

»Ich bin doch hier, oder?«

»Ja, aber nur, weil du mir einen Gefallen tun willst ...«

»Und das ist etwas Schlechtes?«

»Ich mag keine Männer, die *push-over* sind.«

»Dass ich dir einen Gefallen tue, heißt ja nicht, dass ich mich für dich verbiege.«

Er bleibt stehen, küsst mich kurz auf den Mund und nimmt dann wieder meine Hand.

»Wo willst du dich hinsetzen?«

»Siehst du, du lässt mich schon wieder entscheiden ...«

»Ja, weil das hier dein Strand ist. Ich bin hier nur Tourist, vergessen? Du lebst länger in Kapstadt als ich.«

Ich antworte nicht, breite nur das Strandtuch aus und wir setzen uns schweigend nebeneinander.

»Was ist heute mit dir los?«, fragt er irgendwann in die Stille. Ich lege mich auf den Rücken, schließe die Augen, antworte nicht gleich, auch deshalb, weil mir die Antwort fehlt.

Ich weiß nicht, warum ich so angespannt bin, warum ich nach Fehlern suche, warum ich verkrampfe, warum ich auf einmal, tief in mir drin – Frust empfinde.

Ich bin plötzlich frustriert über die unbeeindruckte Ruhe, die er ausstrahlt. Ich bin frustriert darüber, dass ich ihn nicht verunsichern kann; darüber, dass er meine Provokation so ins Leere laufen lässt. Ich bin frustriert darüber, dass ich ihn nicht durchschauen kann. Ich bin frustriert darüber, wie selbstverständlich er mich datet, wie er einfach nur – *er selbst ist.*

Und wenn ich ehrlich bin, mich jetzt und hier von meinem Widerwillen mitreißen lasse, dann ist es nicht einmal Chris, gegen den ich gerade fast schon bitter *an*date.

Nicht er ist es, der meinen Frust so auslöst. Es sind all die Dates der letzten Jahre, in denen ich bis zur Perfektion *push and pull* trainiert hatte, wenn auch nur zu meiner eigenen Verteidigung, in denen ich spontan, stark und schlagfertig, aber auch anpassungsfähig, charmant oder liebevoll gewesen war. Ich hatte immer wieder meine eigene Aufrichtigkeit und Authentizität, aber genauso Faktoren wie Leichtigkeit, Offenheit und Verletzlichkeit hinterfragt. Ich hatte mich beschützt, ich hatte mich geöffnet, ich hatte gelernt, mit Abbrüchen umzugehen und doch immer wieder zu springen. Um ehrlich zu sein: Ich hatte mir den Arsch abgeschuftet, um die beste Version von mir selbst festzuhalten, in einem Datingalltag, der darauf basierte, dass wir uns nie sicher sein konnten, was noch weiter und wie lange hielt und was schon wieder abbrach.

Ich war es gewohnt, spätestens jetzt langsamere Schritte in seine Richtung zu machen, unseren Rahmen auszutesten, die Balance zwischen Nähe und Distanz auszureizen, Angst auszuhalten und Intimität zwischen den Zeilen voll auszukosten.

Und hier saß Chris – ohne Angst, ohne Entfernung – einfach neben mir. Und wenn ich es wollte, würde er es morgen wieder tun, einfach so. Und mir zwischen den Dates sogar noch schreiben, dass er sich auf mich freut.

Ich bin nicht einfach nur frustriert, ich bin neidisch.

Ich machte ihm zum Vorwurf, dass er sich so wohl fühlt, während ich es scheinbar nicht konnte. Dass er so klar macht, dass er mich will, dass er so entschlossen ist, während ich es noch nicht sein kann.

»Okay, das war eine lange, lange Pause ...«, sagt er.

»Es macht mir Angst, dass du keine Angst hast.«

»Wovor sollte ich Angst haben?«

»Du bist einfach – da. Du bleibst da. Die ganze Zeit.«

Und auf einmal brennen erst meine Gedanken und mit ihnen und ohne jede Verzögerung auch meine Worte mit mir durch. Sie bleiben nicht bei Chris und mir, nicht hier an diesem Strand und in meinen kleinen Unsicherheiten stecken: Sie schrauben sich immer tiefer.

»Du läufst nicht weg, du schubst mich nicht weg, mit dir gibt es kein Ultimatum, kein Ende in Sicht, nichts, woran ich mich festhalten könnte. Ich weiß überhaupt nicht, was ich hier mache. Das ist alles so ... fast schon beängstigend einfach. Ich hab die ganze Zeit das Gefühl, dass irgendetwas nicht stimmt oder ...«

»Oder fehlt?«

Er sieht verletzt aus. Und trotzdem kann ich nicht verneinen.

»Fehlt es dir, dass ich dich zurückweise? Soll ich mich weniger melden? Dich weniger sehen?«

»Du sollst mich nicht fragen, was du tun sollst.«

»Das, was ich tue, scheint ja gerade nicht das zu sein, was sich für dich gut anfühlt.«

Mehr sagt er nicht. Mehr sagt keiner von uns, bis die Sonne untergegangen ist und wir wieder in seinem Auto sitzen.

»Ich hab dich gern, Lina. Ich hab nicht geplant, dich gernzuhaben. Ich hab auch nicht geplant, dass das hier länger als ein paar Dates dauert. Aber ich mag, dass es gerade noch nicht aufhört. Aber wenn du das willst ...«

»Ich will nicht, dass es aufhört. Ich weiß nicht, was ich will, aber ich will nicht, dass es aufhört.«

***

Als ich am nächsten Morgen Maggs zum Frühstück treffe, spüre ich zum ersten Mal seit Wochen wieder das leichte Ziehen im Magen. Das Gefühl, einen Fehler, einen falschen Schritt gemacht zu haben. Und das Schlimmste: Es erleichtert mich.

»Weißt du, was am toxischsten ist? Dass ich fast dankbar bin, dass ich gerade nicht weiß, wann wir uns wiedersehen. Dass es wieder irgendeine Pause oder Distanz gibt, irgendeine Routine zwischen dem ganzen *commitment,* die ich kenne und die sich vertraut anfühlt.«

»Du bist dankbar, dass du unsicher sein kannst ...?«

»Ja – weil mir das ein Gefühl von Sicherheit gibt.«

»Okay. Was ist los mit dir?«

Ich stütze den Kopf in meine Handfläche und nippe an meinem Cappuccino.

»Das hat er mich auch gefragt. Aber ich weiß es nicht. Ich fühle mich, als hätte ich über acht Jahre geglaubt, dass ich diese ganzen toxischen, feigen Datingmuster von mir ferngehalten, sie wegreflektiert und ausradiert habe. Und auf einmal holen sie mich doch ein. Ich meine, ich hab ein ganzes Buch darüber geschrieben, mein Herz wieder zu riskieren. Und jetzt erdrückt mich schon der Fakt, dass Chris – mich nicht wegstößt?«

»Würdest du ihn mehr wollen, wenn er es täte?«

»Was meinst du?«

»Na ja. Sind das wirklich nur *commitment issues,* die du gerade fühlst – oder fehlt vielleicht wirklich irgendwas? Der Funke? Ist er vielleicht doch einfach nur ein *good guy* – aber eben nicht *the guy?*«

»Ich glaube, genau das ist das Problem. Ich meine, wird er erst zu *the guy*, wenn er nicht mehr der *good guy* ist? Will ich wirklich so oberflächlich sein? Der Funke. Oder – was wir darunter verstehen oder damit verbinden. Wenn du ehrlich bist, ist dieser Funke am Anfang doch nur die Angst, dass du den Typen nicht haben kannst. Und wenn er zu leicht zu haben ist, dann ...«

»... dann fehlt wieder etwas. Eine Hürde oder eine andere Frau oder irgendein anderes Problem, das es zu überwinden gilt. Ganz ehrlich, wenn er Drogen nehmen oder seine Ex noch lieben würde, dann könnte ich damit routinierter umgehen ...«

Wir müssen beide lachen – nicht zuletzt weil an meiner überspitzten Bemerkung trotzdem noch so viel Wahrheit hängt.

»Weißt du, auf dem Weg hierher lief *How will I know?* im Radio. Und ich habe kaum ausgehalten, wie bescheuert dieser Song ist. Diese ganz große Euphorie darüber, dass es da einen Typen gibt, in den du dich verknallt hast, der dich aber nicht wissen lässt, ob er das Gleiche für dich fühlt. Denn das ist ja eigentlich schon der ganze Song und gleichzeitig eine der Hymnen für Singlegirls. Und es kommt mir einfach so falsch vor. Wie wir als Singlefrauen am Ende trotzdem von Freitag zu Freitag leben, uns für stark und *empowered* halten, dabei eine überteuerte Flasche Champagner oder – als ironisches Zeichen – billiges Bier öffnen und anstoßen. Wir stoßen an, um unsere erfolgreiche Unabhängigkeit zu feiern, während wir auch noch laut mitsingend trotzdem einer Frau zustimmen, die vor fast dreißig Jahren mal behauptet hat: Sich zu verlieben bedeutet, keine Ahnung zu haben, ob er dich auch liebt, während du passiv und schüchtern um ein Telefon schleichst – und darauf wartest, dass er dir endlich ein Zeichen dafür gibt, dass du dich nicht vollkommen umsonst in die wunderbare Vorstellung dieser Romanze hineingesteigert hast.«

»Und du bist ganz sicher, dass du dich gerade nicht reinsteigerst?«

»Ich hasse einfach das Gefühl, dass ich selbst in diesem toxischen Kreislauf gefangen bin, es sogar weiß und trotzdem – trotzdem kann ich nicht ausbrechen.«

»Du kannst dir nun mal keine Gefühle befehlen.«

»Das nicht, aber irgendwie muss ich neu programmiert werden. Es ist, als müsste jede Verbindung von Neurotransmittern am besten einmal gekappt werden, damit ich ehrliches, aufrichtiges Dating neu verknüpfen kann und mich nicht die ganze Zeit selbst sabotiere.«

»Tust du das denn? Also, sabotierst du wirklich, was sich eigentlich gut anfühlen sollte? Willst du Chris oder willst du dich nur unbedingt endlich in einen anständigen Mann verlieben ...?«

Ich denke über ihre Frage nach, lasse sie wirken, lasse zu, dass sie sich festsetzt.

Wann genau haben wir gelernt, dass die Schmetterlinge in unserem Bauch, die uns signalisieren sollen, dass wir verliebt sind, am Ende nur das Flattern von tiefer Unsicherheit sind? Die aufkeimende, tickende Angst, jemanden doch nicht haben zu können, den wir gerade deshalb umso mehr wollen?

Wir haben uns schon so lange an das warme, kribbelnde Gefühl gewöhnt, das erleichterte Stolpern unseres eben noch im Vakuum krampfenden Herzens, das einsetzt, wenn der Sperrbildschirm eine Nachricht anzeigt; wenn wir doch wieder voneinander hören, uns doch wiedersehen, doch noch die nächste Chance bekommen, an der wir eben noch gezweifelt haben.

Wir lieben diesen kleinen, puren Rausch der erlösenden Endorphine.

Wir übersehen, womit wir uns gegenseitig füttern. Je größer die Angst, desto stärker das Gefühl.

Wir übersehen, wie stumpf wir werden, für alles, das nicht kickt, sondern wächst, das nicht aussetzt, sondern weitergeht.

»How will I know if I really love him?«
– Lina Mallon, 2020

Toxische Datingmuster,
die wir loslassen müssen

1. Rebound nach Rebound nach Rebound suchen, bis man
   gar nicht mehr weiß, über wen man da eigentlich
   gerade hinwegkommen wollte.

2. Datingmarathons. Wer zwischen neun Dates in sechs
   Wochen mit Klemmbrett, Punktetabelle und Tunnelblick den nächsten »Einen« sucht, der findet zumindest eins garantiert: »irgendwen«.

2a. Das Gegenteil: auf etwas »Magisches« warten,
   das von ganz allein zu uns kommt und uns findet. Das Magischste, was einfach so passiert,
   während du zu Hause sitzt und frustriert, aber
   sehnsüchtig auf die Kung-Pao-Chicken-Lieferung
   und den nächsten tollen Mann wartest – ist eine
   Glückskeksbotschaft.

3. Generell den Gedanken, dass es schöner, sinn-
   voller und einfacher ist, uns »finden zu lassen«, als zu wissen, was wir wollen. Die Angst
   davor, Erwartungen zu haben, wird uns quasi immer
   wieder von außen eingepflanzt, was darin resultiert, einfach nur auf jemanden zu warten, der
   uns mitreißt. Maximale Selbstbestimmung ist das
   Stichwort.

4. Digitale Deduktion. Du musst nicht seine In-
   sta-Story, seine neuen Follower, mögliche Verlinkungen, den letzten Onlinestatus oder sogar
   Entfernungsprofile (»Er ist gerade also nicht
   zu Hause, wenn Tinder sagt, er ist jetzt acht
   Kilometer von mir entfernt …«) detailliert unter-
   suchen, um herauszufinden, ob er an dich denkt,
   dich gernhat oder wiedersehen will. Du kannst
   ganz direkt fragen.

5. Sich nach 261 verpassten Chancen überlegen, ob
   er nicht doch noch eine zweite verdient haben
   könnte.

6. »Noch mal schreiben …« – du musst nicht ein paar
   Wochen nach dem letzten Streit noch einmal den
   Kontakt suchen, du musst auch nach dem letzten
   halben oder ganzen Ende nicht noch einmal nach
   dem vermeintlichen Funken zwischen euch suchen,
   und wenn jemand immer wieder still bleibt – dann
   ist das die Antwort, von der du glaubst, sie
   nicht zu bekommen.

7. Entgegen den eigenen Bedürfnissen daten. Machen
   dich deine Dates wirklich glücklich? Oder sorgen
   sie nur für einen gut gefüllten Terminkalender?
   Dafür, dass es weitergeht – und du dann vielleicht irgendwann mit diesem Menschen glücklich
   sein kannst?

8. Allgemeine Rettungsfantasien. Kein Mensch *kann*
   schlicht davor »gerettet« werden, sich wie ein

rücksichtsloses Arschloch zu verhalten. Und du musst einen Menschen auch nicht davor retten, dich mies zu behandeln. Nur dich selbst. Und zwar davor, genau das immer wieder zuzulassen.

9. Projekte daten. Wer verliebt sich in 2020 noch in einen Menschen, von dem er weiß, dass er ihn erst noch updaten, neu formatieren und überspeichern muss, damit es sich wirklich gut anfühlt?

10. Darauf warten, dass ein Mensch uns erst einmal verletzt und erst einmal weglaufen muss, damit er zurückkommen und seine endlich vertieften Gefühle beweisen kann. Liebe muss nicht erst einmal richtig wehtun, um groß genug zu werden.

11. Menschen nur haben wollen, wenn sie nicht zu haben sind. Der Wert eines Menschen wird nicht dann höher, besser und irgendwann perfekt, wenn er unerreichbar ist. Soll das ernsthaft alles sein, was einen Seelenverwandten auszeichnet, was einen anderen Menschen wirklich besonders macht? Dass er nie da, nie greifbar ist? Dass wir in der Theorie alles haben könnten, aber in der Realität nichts haben können? *Come on.* Das ist kein Schicksal, das ist nicht tragisch romantisch, sondern Bullshit.

12. Das eigene Leben vergessen, während man nach der Liebe sucht. Du bist mehr als ein Beziehungsstatus.

13. Noch immer daran glauben, dass wir einen anderen Menschen brauchen, um uns endlich komplett zu fühlen. Die Idee ist nicht, dass ein anderer Mensch unserem Leben endlich einen Sinn gibt, uns eine Richtung zeigt, uns mitreißt oder ausfüllt.

Die innere Bridget

Ich habe nie verstanden, warum eine notorisch un-
sichere Frau, die glaubt, dass drei Kilogramm Ge-
wichtsverlust und ein geänderter Beziehungsstatus
ein lebensveränderndes Jahresziel beschreiben –
unsere Heldin sein sollte.

Es ist ein Mittwochabend, ich sitze eigentlich über fälligen Ab-
rechnungsbelegen, die an seelenlose Excel-Dateien geknüpft sind.
Ursprünglich habe ich mir vorgenommen, nur zwei oder maximal
drei Stunden für diese unbequeme, zähe Aufgabe zu brauchen, sie
schnell abzuarbeiten, um mich danach, beflügelt von meiner ver-
nünftigen Produktivität, noch mit einer Gesichtsmaske, einem guten
Buch und einem Stück *salted caramel cheesecake* zu belohnen, das
ich vorhin unten im Deli gekauft habe.

In Wahrheit tue ich alles dafür, um meine Buchhaltung so auf-
wendig wie möglich zu machen, sie gnadenlos hinauszuzögern. Ich
sortiere meine E-Mails, lege mir eine neue Leseliste mit Büchern
an, lade endlich mal die Familienfotos vom letzten Weihnachtsfest
(heute ist der 4. März) unter korrekter Bezeichnung auf der externen
Festplatte ab – und wenn ich ehrlich bin, steht der Cheesecake halb
aufgegessen in seiner Pappschachtel neben mir. (Es hatte mit einem
Bissen zur Motivation begonnen.)

Als mir fast nichts mehr einfällt, das meine Prokrastination noch
vorantreiben könnte, google ich mich selbst – und lande nach einer
langen, langen Zeit wieder auf meinem eigenen Twitter-Account,

den ich vor allem in den Jahren 2014 und 2015 beinahe schon exzessiv nutzte, um in (vermeintlich) humorvollen Kurznachrichten meinen Datingalltag zu teilen.

Damals fand ich mich schlagfertig. Heute, 2020, bin ich mir peinlich.

Durch meine alten Tweets zu scrollen fühlt sich an, als würde ich einer wilderen, weniger skurrilen, aber trotzdem nicht minder oberflächlichen Millennial-Fassung von Bridget Jones dabei zuhören, wie sie sich mit viel Ironie und wenigen Zeichen durch ihre eigenen Datingdesaster tippt.

Natürlich gefällt das vielen Followern, natürlich lesen sich manche der Tweets sogar clever oder charismatisch. Aber im Großen und Ganzen und wenn man mich nur an meiner Timeline messen würde, könnte man glauben, dass ich einen nicht unerheblichen Teil meiner Zwanziger fast ausschließlich damit verbracht habe, meinen gesamten Kosmos um Männer, ihre Makel und meinen vermeintlich erhabenen, ironischen Umgang mit ihnen kreisen zu lassen.

Ironie und Spott sind die anerkannten, gewünschten Waffen und Währungen, wenn du dich auf Twitter bewegst. Das hatte ich früh erkannt, aber während ich eigentlich wie eine moderne, geschickt bissige Elizabeth Bennet klingen wollte, fiel jetzt, ein paar Jahre später, nur noch der verletzte Stolz und die Unsicherheit aus den meistens 140 Zeichen all meiner Nachrichten.

Auf den ersten Blick wirken viele der Tweets vielleicht witzig, aber auf den zweiten pendle ich, zumindest für ein paar intensive Monate, zwischen aufgeputschtem Dating im Akkord und gespielter Gleichgültigkeit. Die immer gleichen Männer, die ich mit diesem Verhalten anziehe, fühlen sich herausgefordert, die Follower, die mitlesen, fühlen sich unterhalten, und nur ich weiß damals schon, dass ich eigentlich – nicht glücklich bin.

Auf einmal muss ich an Johanna denken.

Für ein paar Monate gehörte sie zu meinem engsten Freundeskreis. Als ich sie über eine Freundin kennenlernte, steckten wir alle gerade in irgendeiner Form von Trennung.

Lena hatte ihre Verlobung über Nacht gelöst, ich hatte mit Gustav und seiner Leidenschaft für Chemikalien zu kämpfen, und Johanna hatte gerade ihre Scheidung gefeiert.

Das meine ich wörtlich. Ich lernte sie erst einige Wochen nach der eigentlichen Party kennen, aber offenbar gab es neben ihrer Unterschrift auf den Trennungspapieren auch Cupcakes, Kanapees und schlussendlich Tequila.

Während Lena sich mit potenziellen Tinder-Dates zum Acroyoga im Stadtpark trifft und ich meine aussichtslose Situation mit der eskapistischen Künstlerseele noch immer leugne, stürzt sich Johanna in eine *conscious melationship:* Sie besucht Single-Seminare, erlernt Atemtechniken, liest sich durch Traumdeutungen und Energiezyklen, sie experimentiert mit Fastenzeiten und geführten Meditationen, mit Akupunktur und Farbtherapien, sie schreibt Briefe an sich selbst, manifestiert ihre Glaubenssätze und lässt sich auf regelmäßige, stumme Reflexion vor ihrem Spiegel ein. Von Sonntag bis Donnerstag lebt Johanna für jegliche Form von erkennbarer Selfcare. An den Wochenenden zieht sie mit uns durch die Bars – und ihrer Meinung nach beinahe ausschließlich »Loser« an. Wer auch immer mit Johanna spricht, ihr einen Drink ausgeben oder sie einen Moment lang kennenlernen will, wird fast schon vorsorglich weggebissen. Was sich für Johanna wie lässige Schlagfertigkeit oder wiedergefundenes Selbstbewusstsein anfühlt, ist im Grunde genommen einfach nur eine unhöfliche Flucht nach vorn oder vor den eigenen Gefühlen. Die meisten Männer gehen nach einem kurzen Gespräch wieder auf Distanz. Jene, die sich nach einem Abend voller Matchbälle zu einer Revanche verabreden, fühlen sich meistens noch ein paar Dates lang von ihrem bissigen Tempo angezogen. Der Kreislauf schließt sich dann aber immer wieder mit langen, erkenntnisreichen und nicht weniger verweinten Sprachnachrichten an uns, die sie aus dem Bett heraus sendet, in dem sie sich für ein oder zwei Tage verschanzt, sich krankmeldet und ihr *mindset* auftankt. So geht das einen ganzen Sommer lang. Johanna ist entweder in einem Retreat, bei einem neuen, »aufregenden« Mann oder crasht Partys und Verabredungen, um sich in Lenas oder meinen Armen auszuweinen. Sie schwingt zwischen dogmatischer Selbstliebe, fast schon bitterer Arroganz und weicher, versöhnlicher Sehnsucht. Rastlos, pausenlos, ziellos.

Im September *spürt* sie, dass sie eine Pause braucht, müde ist; dass sie versuchen will, ohne Dates wieder zu sich zu finden.

Im Oktober fühlt sie, dass sie wieder bereit für eine richtige Beziehung ist.

Mitte November lernt sie Ole kennen.

Ende November verkündet sie bei einem Brunch, dass sie ihre Wohnung gekündigt hat und zu ihm zieht. Außerdem hat sie die Pille abgesetzt.

»Es sind vielleicht erst ein paar Wochen, aber ich weiß genau, dass er der eine ist.«

Als wir beginnen, Fragen zu stellen, reagiert sie verletzt.

»Bitte entschuldigt, dass ich von meinen Freundinnen ein einziges Mal vollen Support und pure Positivität für meine eigenen, selbstbestimmten Lebensentscheidungen erwarte ...«

Lena schluckt ihren Kommentar herunter, ich kann es nicht.

»Ein einziges Mal? Johanna, hörst du dir zu? Du hast einen ganzen Sommer lang nichts anderes bekommen als unser vollstes Verständnis, unsere gesamte Aufmerksamkeit. Ich habe mehr Zeit damit verbracht, dir zuzuhören oder dir Ratschläge zu geben oder dich nachts noch auf einen Drink für Problemgespräche zu treffen, als ich sie für jede andere Freundin gehabt hätte, okay? Aber jetzt und hier kann ich nicht so tun, als wäre es eine gute Idee, so achtlos in das nächste Lebensexperiment zu stolpern. Meinetwegen, sei impulsiv, heirate ihn noch, bevor das neue Jahr anfängt, verkauf deine Möbel, deine Kaffeemaschine, zieh mit einem Rucksack zu ihm, und fang von vorn an, wenn es nicht klappt. Es ist dein Leben. Aber – spiel nicht mit dem von ungeborenen, unschuldigen kleinen Menschen, die sich nicht aussuchen können, in was für eine unbeständige, überstürzte Beziehung sie da hineingeboren werden.«

»Ich kann nicht fassen, dass du so etwas zu mir sagst. Ich will nun einmal eine Familie, einen Mann und ein gemeinsames Leben. Nur weil das nicht deine Ziele sind ...«

»Du hast vor gerade mal einem Jahr noch eine Scheidungsparty gefeiert, du hast danach monatelang bitteren Zynismus an Männern wie eine Sportart trainiert. Du hast Hunderte neue *vision boards* und Wunschkarten in deiner Wohnung verteilt, *journaling* und Neumondrituale zelebriert und dann wieder tagelang deinen Schrank und deine Erkenntnisse entrümpelt. Hast du dich mal gefragt, warum das ständig nötig ist? Warum du dich die ganze Zeit entweder auf- oder entladen musst? Warum du kein einziges Wochenende allein verbringen kannst? Warum du so viele Ratgeber und Workshops und Stimmen von außen brauchst, ohne dass auch nur eines davon irgendetwas nachhaltig geändert hätte? Das Einzige, was du noch nicht versucht hast, ist, wirklich mal mit dir allein zu bleiben. Vielleicht wäre das ja mal ein neues Projekt, das du wagen könntest, bevor du dir eine beliebige Beziehung binnen Wochen bis zur Familienplanung hochzüchtest. Suchst du wirklich so wahllos nach irgendeinem Sinn oder Wert für dich? Bist du wirklich so verzweifelt?«

Ich sehe Johanna nach diesem Streit nur noch einmal wieder. Wir sprechen uns bei einem Kaffee aus, von dem wir beide ahnen, dass es der letzte sein wird. Kurz bevor ich im Januar nach Kapstadt fliege, telefonieren wir ein paar Mal. Da wohnt sie schon bei Ole.

Im März ist sie zum ersten Mal schwanger. Als ich jetzt, knapp zwei Jahre später, ihr Profilbild auf WhatsApp aufrufe – sehe ich sie einen Kinderwagen schieben.

Bis heute kann ich ihre Wahl nicht verstehen. Bis heute glaube ich nicht einmal, dass Johanna wirklich gewählt hat, sondern unter dem Druck ihrer eigenen Erwartungen an das Leben mit Anfang dreißig, der Sehnsucht nach Liebe und vermutlich auch einer gewissen Einsamkeit eskaliert ist – und ich würde immer noch genauso wiederholen, was ich bei jenem Brunch nicht mehr zurückhalten konnte. Aber trotzdem weiß ich nicht, ob ich sie zu schnell, zu sehr verurteilt habe. Ob ich ihr hätte vertrauen sollen, als sie mir sagte, dass er wirklich der *eine* für *alles*, was sie sich wünschte, sei – oder ob sie bis hierher einfach großes Glück hatte.

»Ich glaube, ihr ist im Herbst klar geworden, dass ihr eigentliches Ziel für dieses Jahr war: eine neue, größere Liebe finden, die die alte ersetzt. Und dann hat sie alles daran gesetzt, es noch vor Weihnachten und ihrem nächsten Geburtstag auch zu erreichen«, hatte Lena damals zu mir gesagt, als wir irgendwann bei einem Glas Wein zusammensaßen und nicht fassen konnten, dass unsere Freundin ein Baby sowie ein gemeinsames Leben mit einem Mann, den sie nicht einmal zwei Monate kannte, mit den gleichen Wünschen und der gleichen Sorgfalt buchte wie eine Ganzkörpermassage im Spa.

»Bridget Jones wäre stolz«, hatte ich geantwortet.

Ich habe nie verstanden, warum Millionen Frauen sie zu ihrer Seelenverwandten ernannten. Denn: Ich verurteile Bridget Jones oder zumindest das Narrativ, das ihr Charakter über Frauen erzählen soll.

Und trotzdem – wenn ich in die Vergangenheit klicke, wenn ich meine Tweets lese, mich zurück in die Frau versetze, die ich vor ein paar Jahren noch war, habe ich irgendwann vielleicht gar nicht mehr bemerkt, wie auch ich auf direktem Weg dahin war, zu einer weiteren Version von ihr zu werden.

Und damit meine ich nicht nur irgendwelche Kolumnen oder Gedanken, die ich mit dem Internet teilte. Ich glaube, dass wir alle, so stolz wir auch auf unsere Unabhängigkeit sind, so offen wir sie auch leben oder dafür kämpfen, immer wieder Gefahr laufen, von unserer inneren Bridget, von all den anerzogenen, antrainierten Datingklischees, die sich in uns festgesetzt haben, übermannt zu werden. Ein einziger Scroll durch Instagram an einem Sonntagabend kann reichen, um dich in kleinen Quadraten zwar beiläufig, aber trotzdem nur allzu klar daran zu erinnern, dass die *#goals*, die Frauen auf den sozialen Netzwerken wie eine Währung vorweisen, offenbar immer noch süße Kinder, schöne Männer und gemütlich eingerichtete Wohnzimmer sind. *Eins von drei ist gut, zwei von drei wären besser.*

Und selbst, wer sich gegen die Familienplanung und Beziehungsfindung wehrt und lediglich #netflixandchill *oder ein* #cuddlegoal *mit sich selbst porträtiert, tut das irgendwie ironisch.*

Bridget Jones ist nichts, was ich je verkörpern, je sein wollte. Und doch gab es viele Momente in den letzten Jahren (und einen davon erst vor ein paar Monaten), in denen ich wie sie war. Eine unglückliche, verheulte Frau mit ~~Schokolade~~ Döner im Arm, für die es nur eine einzige, wirklich wichtige Bestätigung gab: nicht den Erfolg im Job, nicht die eigene, wunderschöne Stadtwohnung, nicht die eigenen verwirklichten Träume, nicht einmal ein ausgelassener, schöner Abend mit Freunden (den ich gerade gehabt hatte) – sondern nur die eines Mannes.

Und lasst mich ganz ehrlich sein: Ich hasste es, mir das einzugestehen, jetzt noch und in der Sekunde schon. Ich hasste es, dass ich über Monate einem Mann hinterherlief, den ich für meine ganz persönliche Destination hielt, nur um schließlich mit einem lauwarmen Falafel-Feta-Dürüm im November von Eimsbüttel anzukommen, über ein regennasses Kopfsteinpflaster zu stolpern und mir auszumalen, dass doch einfach jemand vor meiner Tür stehen und mich retten sollte. Irgendjemand, der machte, dass ich mich wieder gut, wieder schön, wieder wertvoll fühlte.

Aber es war wichtig, an diesen Punkt zu kommen, erst meine Schlüssel vor der Haustür und schließlich mich auf die Treppenstufen fallen zu lassen und laut zu mir selbst zu sagen: »Ich habe alles. Alles außer der Bestätigung eines anderen Mannes, und gleichzeitig ist es das einzige, was fehlt, damit mir alles andere wieder irgendetwas wert sein könnte. Das darf einfach nicht mein Ernst sein.« Erst fühlte ich mich erbärmlich, dann unendlich befreit. Und wieder wie ich selbst.

Bridgets größte Stärke ist vermutlich ihr Humor, danach kommt ihre direkte, ungeschönte Ehrlichkeit. Und vielleicht ist es genau das, was wir für uns selbst, in uns selbst suchen müssen, wenn sich alles ein bisschen verloren und ein bisschen rettungsbedürftig anfühlt. Anstatt uns mit theoretischen Affirmationen, Dekorationsprojekten und Dankbarkeitsjournals über Wasser und zwangspositiv zu halten, anstatt unsere Unsicherheiten hinter beißendem Zynismus zu verstecken und unsere eigentlichen Gefühle nach Mitternacht in Form von Junkfood zu verdauen – haben wir die Chance, sie ehrlich anzuerkennen, sie auszusprechen, uns nicht mehr von ihnen bestimmen zu lassen.

Vielleicht trägt jeder von uns ein Stück Bridget in sich: ein Stück ihrer Sehnsüchte, ein Stück ihrer verkappten Glaubenssätze, ein Stück ihrer Frustration oder Bewältigungsstrategien. Vielleicht ist es das, was ihre Figur und ihre Geschichte so wahnsinnig erfolgreich gemacht hat.

Vielleicht ist es aber auch dringend an der Zeit, Frieden mit der inneren Anti-Heldin zu schließen.

Anzuerkennen, dass wir sie nie ganz loswerden – aber stets wählen können, wie viel Einfluss sie auf unsere Entscheidungen hat.

Es ist nicht nur *okay*, am Ende des Jahres noch Single zu sein. Es war nie die Frage.

Ein toller Mann, der dich nicht nur einmal, sondern immer küssen will. Eine Beziehung, geprägt von
Wochenendtrips und süßen *couple postings*. Ein Ring
am Finger. Das alles ist nicht die Destination,
nicht das ganz große Ding, was endlich all deinen
Entscheidungen oder Sackgassen einen Sinn gibt. Das
ist nicht das, was dein Leben auf einmal ausfüllt,
deinen eigenen Selbstwert umdreht und dich von ganz
allein umwerfend glücklich macht. Nicht alles ändert
sich, wenn sich nur endlich dein Beziehungsstatus
ändert.

Befreite Egos

»*We are never just one emotion. It's valid to be in love with life and still struggling at the same time. It's absolutely possible that you'll hurt in one piece of your body, while another piece is healing and some are already shining again.*«
– Lina Mallon, Nachricht an Nathan, Februar 2019

Ich habe erst vor ein paar Tagen irgendwo in einem Instagram-Feed den *#loveadvice* gelesen, dass man eine Beziehung oder ein simples Date, das in einem zweiten enden könnte, nur mit den Menschen eingehen sollte, die sich sowohl finanziell, rechtlich, räumlich als auch körperlich und vor allem emotional vollständig, zu hundert Prozent, von ihrem vorherigen Partner getrennt haben.

In den ersten fünf Sekunden macht der Gedanke Sinn. Wir alle wünschen uns mit jeder neuen Beziehung auch einen neuen Anfang: das weiße, perfekte Blatt Papier, auf dem wir den ersten Strich setzen, keine Knicke, keine Risse, keine Flecken. Und auch ich habe diese gewisse Vorstellung von einer guten, einer gesunden Trennung, in der wir als Singles erst wieder zu uns selbst – und erst dann einen Partner finden.

Denn das klammernde Schimpansen-Prinzip ist nur etwas für jene, die nicht allein sein können, die nicht mehr unabhängig wählen, weil sie irgendwann verlernt haben, sich allein mit sich selbst vollständig zu fühlen. Wer einen anderen Menschen braucht, um sich in eine neue Richtung oder überhaupt wieder zu bewegen, wer ein neues Date, eine neue Quelle für Nähe und Aufmerksamkeit nur sucht, um sich von einer anderen zu entfernen, kurzum:

Wer die neue Beziehung und ihre nahtlose Sicherheit braucht, um die alte überhaupt zu trennen, der liebt nicht – der hat Angst. Angst davor, allein zu sein. Angst davor, für unbestimmte Zeit nur sich selbst zu lieben. Angst davor, herauszufinden, wer er wirklich sein, was er fühlen, was ihn verändern könnte, wenn er sich mal nicht an einem anderen Menschen festhält, sondern frei schwingt.

Ich will keinen Menschen, der nur ersetzt, was er nicht mehr greifen kann oder festhalten will.

Ich will keinen Partner, der sich klammerartig an mir festhält, weil er müde oder schwach oder einsam ist.

Ich will niemanden, der sich durch mich selbst heilt.

Aber konnte ich das, was ich wollte, auch selbst sein? Konnte ich auch zurückgeben, was ich da forderte? War ich frei? Jetzt gerade? Nicht nur finanziell, nicht nur rechtlich, räumlich, körperlich? War das, was ich fühlte, wirklich wieder ungebunden, völlig losgelöst von allem, was war? Oder hingen ein paar meiner Emotionen doch noch an dem, was ich nicht haben konnte, aber so sehr gewollt hatte?

Die Wahrheit ist: Es gibt einen Unterschied zwischen einem schmerzhaften, bestimmten Ende, das du akzeptierst und eintreten lässt, und dem Prozess, all die abgerissenen, zertrennten Gefühle einzusammeln und sie vorsichtig so zusammenzufügen, bis sie wieder dir gehören.

Als ich Chris kennenlernte, war ich gerade dabei, meine letzten, verzweigten Emotionen vorsichtig dort abzulösen, wo ich sie hatte zurücklassen müssen: *Nathan*.

Ich dachte noch an ihn.

Ich war noch wütend auf ihn.

Ich hatte noch immer Worte für ihn.

Und ich suchte noch nach ihm, nachts, wenn ich nicht schlafen konnte, wenn ich mit dem Bildschirm meines Smartphones allein war. Dann wollte ich wissen, was er teilte und erlebte – und wer er jetzt war, wo er wieder Tansy liebte.

Ich wusste, dass ich es lassen und seinen Namen nicht mehr in die Suchleiste tippen sollte. Ich wusste, dass es unnötig, vielleicht sogar ungesund war. Vielleicht war es aber auch meine Art und Weise, mich langsam abzunabeln. Jedes Mal, wenn ich ihren Namen in seiner Story las, zwickte mein Herz ein bisschen weniger, jedes Mal, wenn ich sein Gesicht in einem Foto sah, fiel mir auf, wie viele Details davon ich schon längst vergessen hatte. Ich spürte keine Stiche mehr, wenn er dort sein Bier trank, wo wir uns früher getroffen hatten.

Und auf einmal wurde mir bewusst: Auch wenn ich Nathan nicht mehr zurückwünschte, war ich trotzdem nicht frei. Auch ich suchte nach Sicherheit; nicht nach einer Beziehung, nicht nach einer Bindung, sondern nach der wiederkehrenden Bestätigung, dass ich bereit war. Nicht nur bereit für Chris – sondern vor allem bereit für ein neues Gefühl. Eins, das ich nicht vergleichen musste, eins, dem ich wieder vertraute, auch wenn ich es gerade noch nicht konnte.

Es ist fast schon ironisch, dass ich die Worte, die ich vor einem Jahr in einer *text message* an Nathan schickte, jetzt selbst wieder zulassen und begreifen musste:

Wir sind nie nur eine Emotion. Es ist vollkommen okay, sich an manchen Tagen kopflos vor Freude, vor Glück, vor Leichtigkeit zu fühlen, während man an anderen kaum den eigenen Herzschlag spürt. Manchmal verliebst du dich, während du eigentlich noch davonläufst. Manchmal fühlen wir warme, aufregende Liebe in einem Teil unseres Herzens, während ein anderer noch langsam heilt, noch länger braucht – und vielleicht auch etwas ganz anderes als nur Zeit.

Für manche ist es die Absolution, nicht egal, nicht bedeutungslos gewesen zu sein.

Für andere ist es die Bestätigung, ohne den anderen glücklicher zu sein.
Für wieder andere lautet das einfache Stichwort: Distanz. Einen
räumlichen Abstand schaffen.
Für mich – war es all das. Und dann Wut: laute, losgelöste, gelebte,
gesunde Wut.
Nicht die, die ihn verletzte, sondern die, die mich befreite.

***

»Das Beste an Corona? Endlich mal einen Sommer in
Kapstadt ohne europäische Touristen, dafür mit lee-
ren Stränden und freien Parkplätzen genießen können.
Das Zweitbeste? Dass Introvertierte endlich keine
Ausreden mehr dafür erfinden müssen, warum sie lieber
zu Hause entspannen, als auf eure Partys zu kommen.«

So steht es in seiner Instagram-Story.

Es ist nicht der erste unnötige Kommentar, den Nathan zum Thema COVID-19 abgibt. Sein Profil nennt ihn einen *infectious disease scientist*, zeigt ihn mit Auszeichnungen und im Laborkittel, während die Welt zusehends nervöser wird:

Seit einer Woche haben die Bars und Klubs schon geschlossen, immer wieder ruft das Gesundheitsministerium dazu auf, sich freiwillig zu distanzieren. Seit gestern steht sogar im Raum, die Grenzen Europas zu schließen, auch wenn wir uns das alle noch nicht vorstellen können.

Erst scrolle ich darüber hinweg. Dann packt mich der Ärger.

Auf einmal wird dieser eine Story-*Slide* in meinem Kopf zu einem Sinnbild dessen, was er ausstrahlt, was mich sofort einnimmt, wenn ich nur an ihn denke. Dieses kurze Statement auf Instagram zeigt mir, wenn ich mich daran erinnere, wie er mich hingehalten und sich ausgeschwiegen hatte, nichts weiter als: pure, ignorante Arroganz.

13:41
»Wirklich? Die Welt bereitet sich auf einen Lock-down vor, ein unerforschtes Virus breitet sich rasend schnell aus, und du feierst freie Parkplätze und einen entspannten Sandstrand? Ausgerechnet du, der vermutlich mehr Kenntnis, mehr fachliches Verständnis und vor allem mehr Zugang zu Informationen hat als alle anderen? Dein *verdammter* Ernst?«

13:42
»Das nennt sich Humor, Lina, wir Südafrikaner benutzen ihn, gerne auch mal provokant, um mit unseren Problemen umzugehen. Deine Political Correctness ist überflüssig, also komm runter.«

13:44
»›Komm runter‹. Natürlich muss das deine erste Reaktion sein. Warum auch den ›riskanten Witz‹ möglicherweise überdenken, wenn man ihn als weißer, privilegierter Mann auch weiterhin als überflüssige Political Correctness verlachen kann.«

13:45
»Und du findest, deine aufklärenden Postings sind mehr als leere Sätze? Wirklich, Lina? Damit erreichst du die Menschen in den Townships trotzdem nicht. Deine lauten Worte bedeuten rein gar nichts, Madame.«

13:46
»Wenn das wirklich deine Meinung ist, wieso wählst du dann nicht lieber die Stille, statt dich selbst zu einem ignoranten Arschloch zu machen, das diese

Pandemie vermutlich entspannt und introvertiert im Strandhaus erleben wird und sich nicht weniger darüber sorgen könnte? Mit seinen Worten einfach fair und rücksichtsvoll umzugehen bedeutet *immer* etwas.«

13:47
»Wie gesagt, es war ein Witz, aber offenbar hat er dich nicht erreicht.«

13:48
»Weißt du, was tatsächlich fast schon lustig ist? Über Monate höre ich kein Wort, keine einzige Silbe, nicht einmal ein Lebenszeichen von dir, obwohl ich eine verdammte Antwort verdient hatte. Aber in der Sekunde, in der ich dein Ego auch nur leicht streife, finden deine Finger die Tasten wieder.«

13:50
»Was hast du erwartet? Ich versuche, mit meinem Leben weiterzumachen, und um ganz ehrlich zu sein: Das wird nicht funktionieren, wenn du weiterhin darin vorkommst, okay?

Das mit uns ist vorbei.«

13:51
»Ich wusste nicht, dass es überhaupt ein ›uns‹ gab? Dann hätte ich nämlich erst recht erwartet, dass du dieses ›uns‹ auch fair auflöst und ich nicht von Freunden und über Facebook erfahre, dass du endlich in dein altes Leben zurückkehren durftest (oder wie du es sagst: ›mit deinem Leben weitergemacht hast‹).

Aber da du jetzt tatsächlich deinen ganzen Mut zusammengenommen hast, mir doch noch diese paar herablassenden Zeilen zu tippen, lass mich kurz klarstellen: Ich brauche sie nicht mehr. Du hast nicht wirklich geglaubt, dass ich zu diesem Zeitpunkt noch irgendetwas von dir erwarte, oder?«

13:52
»Ganz so abgeklärt wie jetzt hast du vor ein paar Wochen tatsächlich noch nicht auf mich gewirkt.
Also ja, deine Gefühlskälte kommt durchaus überraschend für mich.«

13:54
»Und warum genau würden meine Gefühle noch irgendeine Rolle für dich spielen?«

13:58
Nathan schreibt ...

14:12
Nathan hat den Kontakt blockiert.

***

»Okay – unerwartet«, ist die erste Reaktion, die ich von Kate bekomme, als ich ihr später die Konversation zeige. »Was genau ist da passiert?«

»Ich weiß es nicht. Ich bin auf einmal so wütend geworden, so überfällig wütend. So wütend war ich das letzte Mal, als ich auf dem Constantia Glen auf der Damentoilette stand. Nur dass ich es da noch heruntergeschluckt habe. Und jetzt ...«

»Jetzt hast du ihm dafür den ganzen Eimer über den Kopf gekippt. Aber hey, wenn's guttat?«

»Tat es.«

Sie legt den Kopf schräg: »Was ist aus ›*being the bigger person*‹ geworden? Ich meine, über Monate hast du ihn verteidigt und entschuldigt und uns alle fast schon beschworen, dass er eigentlich ein guter Typ ist, aber ihr einfach ein mieses Timing hattet. Woher kommt der Umschwung?«

»Ich glaube, ich wollte, dass er ein *good guy* ist. Ich wollte, dass er für mich weiterhin ehrlich und aufrichtig ist. Und nicht der nächste miese Kerl, weißt du? Nathan war diese eine wirklich gute Geschichte nach all den ernüchternden oder – verletzenden. Er war der eine Mann, mit dem es sich anders angefühlt hat, auch wenn es trotzdem gleich endete. Und irgendwie wollte ich genau diese Erinnerung festhalten. Macht das Sinn?«

»Vielleicht hatte es ja auch noch einen anderen Grund ...«

»Was meinst du?«

Kate zögert. »Ich meine, dass wir manchmal ausblenden oder sogar herausschneiden, jede Wut vermeiden, wenn wir doch noch irgendwie hoffen, dass ...«

»... er sich umentscheidet?«, beende ich ihren Satz.

»Ja. Hast du manchmal gehofft, dass Tansy und er scheitern?«

»Oft sogar«, sage ich, bevor ich denke, bevor ich meine Antwort irgendwie verdrehen könnte.

»Ich hab oft gedacht, und ich bin nicht stolz darauf, dass die Dinge jetzt anders sein könnten, wenn Tansy nicht zurückgekommen wäre. Dass er diesen zweiten Versuch mit ihr vielleicht braucht, um sich selbst, dieses mal bewusst, gegen sie zu entscheiden. Dass er sich in ein paar Monaten daran erinnern wird, warum sie sich damals getrennt haben. Aber – das ist nicht passiert. Und als ich sie zum ersten Mal zusammen gesehen habe, hat es sich endlich in mir festgesetzt. Und auf einmal wieder Platz für ganz andere Gedanken gemacht:

Will ich einen Mann, von dem ich hoffen muss, dass eine andere ihn nicht will, damit ich eine Chance habe? Will ich wirklich abwarten und ausharren, bis Tansy sich gegen ihn entscheidet? Bis seine Beziehung noch einmal fremdbestimmt endet, damit unsere, von mir forciert, beginnen kann? Ich habe die ganze Zeit darauf gewartet, dass Nathan wieder Single sein würde, ich hatte wie automatisch angenommen, dass nach Tansy Lina folgen musste. Und dass genau das dann ... richtig und vielleicht sogar Liebe wäre. Glaub mir, heute schäme ich mich, das überhaupt laut vor dir zuzugeben.«

»Und das macht es umso stärker. Umso authentischer.«

Ich zucke mit den Schultern, dann ziehe ich die Ärmel meines Hoodies über meine Handgelenke. Auf einmal steckt ein Frösteln in meinen Gliedern und ich bin mir unsicher, ob das an dem offenen Fenster liegt, vor dem der kühle Ostwind fegt – oder an den Gefühlen, die vorhin noch kochend durch mich hindurchgetobt sind.

»Wie fühlst du dich denn jetzt ... damit?«, sie zeigt auf mein Handy, das auf der Tischplatte zwischen uns liegt.

»Ich fühle mich wie jemand, der ein unglaubliches High erlebt hat und von einem Adrenalinstoß wieder runterkommen muss. Über Monate hat er sich nicht geregt, keinen einzigen Laut von sich gegeben oder auch nur eine Reaktion gezeigt, wenn man von seinem getarnten Überfall auf Constantia Glen mal absieht. Aber jetzt auf einmal hat er wieder einen Puls. Er hätte meine Nachricht genauso aalglatt ignorieren können wie all die anderen, die ich in der Vergangenheit noch mit Verständnis und Zuneigung getippt hatte. Aber die erste, in der Wut hochkochte, war es dann, die ihn zu einer Antwort bewegt hatte. Und auch wenn es lächerlich klingt, aber vielleicht war das alles, was ich brauchte. Irgendeine Regung – um nicht einer leeren Konversation, sondern *Nathan* zu sagen, was ich noch an Worten übrig hatte. Weißt du, mit Nathan zu streiten, ihn so offen anzugreifen und seine Reaktion darauf zu fangen, laut zu werden und nicht einfach stumm an ihm abzuperlen – das war einfach nur befreiend.«

Es war diese eine Sache, die ich noch gebraucht hatte, um klarzusehen, *warum* und vor allem *welcher Teil von ihm* – sich noch immer in meinem Kopf festgesetzt hatte. Dass es nicht nur darum ging, die Verbindung zwischen uns mit Distanz und Zeit und seiner Stille zu kappen, abzubrechen – sondern selbstbestimmt zu lösen.

Ich hatte mich so sehr an einer guten, an einer positiven Erinnerung festgehalten, dass ich die Realität verzerrt hatte. Ich hatte mich von meinem eigenen Ego lenken lassen, anstatt meine Gefühle anzuerkennen, alle davon, jedes einzelne. Ich hatte versucht, die Enttäuschung und die Wut zu überspringen, ich hatte ein faires Ende für ihn und mich schreiben, formen, fühlen wollen, dass es so *nie* gegeben hatte.

»Warum kann ich ihn nicht einfach vergessen und hinter mir lassen? Ich bin so bereit dafür. Ich *will* niemanden, der mich nicht will – und trotzdem hänge ich fest, drifte immer wieder zurück zu diesem Stückchen von uns, das sich so gut anfühlte und messe mich und die Zukunft daran«, hatte ich schon vor einigen Monaten einer Freundin geschrieben.

»Weil du dich dagegen wehrst, deine Lektion zu lernen. Weil du wieder und wieder einen Kreis um sie ziehst. Du siehst die Dinge, wie sie hätten sein können, nicht, wie sie sind. Du siehst ihn, wie er hätte sein sollen, nicht, wie er war. Erst wenn du das aufgibst, wenn du annimmst, was es war und was es ist – wirst du dich freier fühlen.«

Erst jetzt verstand ich, was sie gemeint hatte.

Lockdown, 21 Tage

»Kommst du mit?«, hatte er gefragt, kurz nachdem Cyril Ramaphosa den Lockdown für Südafrika verkündet hatte.

Auf einem kleinen iPhone-Display hatten wir die Nachricht erhalten, sie nicht kommentiert, nur aufgenommen, dann jeder für sich verdaut, in Textnachrichten diskutiert, was wir fühlten, planten, wie wir reagierten – mit unseren Freunden, Familien. Nicht miteinander.

Ich fühlte mich schlecht. Mein erster Gedanke galt nicht der nationalen Situation, nicht der Sicherheit der Bevölkerung, nicht der Wirtschaft, nicht mal dem Virus, nicht irgendeinem Heimweh, das ich nicht spürte, weil ich sicher wusste, wie gut es allen ging, die ich oder die mich hätten vermissen können. Er galt auch nicht meinem Flugticket (dem dritten, das ich gebucht hatte, vorgestern erst). Keiner der drei Flüge würde noch rechtzeitig abheben. Ich dachte nicht daran, am Flughafen zu warten und zu drängeln oder zu streiten, vielleicht am Ende gegen all die zu gewinnen, die so viel dringender nach Hause fliegen mussten als ich.

Ich dachte an unsere eben verloren gegangenen Dates, während ich den Pizzakarton anstarrte, den ich auf meinem Schoß balancierte. Es würde keine mehr geben. Kein Bier, keine UNO-Battles mehr bis nach Mitternacht in der Bar neben meiner Wohnung, in der wir uns kennengelernt hatten. Kein Blueskonzert mehr, auf das er mich eingeladen hatte, kein Dinner mehr bei dem Vietnamesen, bei dem ich gestern noch einen Tisch reservierte. Er würde mich nicht in meinem Blumenkleid sehen, das ich hatte anziehen wollen, nicht das Parfum zum ersten Mal seit ein paar Tagen wieder in der Nase haben, das er so mochte. Mich nicht abholen, mir nicht mehr diesen ersten, vorsichtigen Kuss geben, wenn wir uns wiedersahen, umarmten, anlächelten. Diese Dynamik war vorbei. Einfach so. Seit fünf Minuten – hatten wir kein Tempo mehr. Ich dachte daran, dass wir jetzt nicht mehr anfangen konnten, nur noch auseinander-driften oder ineinanderknallen. Beides fand ich unfair, beides wollte ich noch weniger als einen Lockdown. Und ich schämte mich dafür.

»Kommst du mit?« Seine Frage hatte ich noch immer nicht beantwortet.

Die, ob ich ihn begleiten wollte, aufs Land, 1.800 Kilometer von Kapstadt entfernt. Chris würde in zwei Tagen aufbrechen.

***

48 hours to go

Zwei Twix, Oreos, Kokosöl, ein paar Bananen, die letzte Tüte voll frischer Passionsfrüchte, sechs Flaschen Wein (mehr kann ich nicht tragen), Rosmarin-Cracker, gesalzene Butter, Biltong, doch noch eine Flasche Wein, kurz vor der Kasse Ibuprofen und Kinder-schokolade. Neben mir packen Menschen Süßkartoffeln, Kohl, Kürbis, Fleisch, Butter, Brot, Milch und Eier ein. Ich schaue auf meinen Korb, auf die Sammlung, die Millennial schreit. Genuss-orientiert, ohne nachhaltige Versorgung. Beim Bäcker neben mei-ner Wohnung kaufe ich noch Croissants.

Ich trage die Tüten gerade noch bis in den Flur, stelle sie vor dem Fahrstuhl ab und fahre allein nach oben. Vierzig Quadratmeter hat mein kleines Apartment im sechsten Stock, eine offene Küche, eine lange Fensterfront, die ich gerne komplett öffne, meine Beine über die Brüstung lege, während ich den ersten Kaffee des Tages trinke und auf die Sonne warte. Gegen sieben Uhr zieht sie um die Ecke meines Hauses, um 07.12 Uhr hat sie die ersten Zentimeter meiner Haut erreicht.

Fast jeden Tag ging das so – in den letzten drei Monaten. Es fühlt sich nicht wie ein Abschied an, als ich den Stecker des Kühlschranks ziehe, die Bettlaken in den Bastkorb lege und schließlich die Haustür ins kaputte Schloss fallen lasse.

»Hast du alles?«

»Ja. Ich glaube schon.«

Was ich jetzt nicht in meinen zwei Koffern, den Stofftaschen oder meinem Rucksack trage, lasse ich zurück. Ich habe Bargeld auf den Tisch gelegt, dazu ein paar aussortierte Shirts und eine Jacke, die Kosmetikprodukte, die ich nicht aufgebraucht habe, Haarspray und Gummibärchen. Daneben lehnt ein kleiner, gefalteter Brief für Rubi, meine Putzfrau. Ich weiß nicht, ob und wann ich sie wiedersehe, ob sie noch da ist, wenn ich wiederkomme, ob ich wiederkomme, wann ich wiederkomme.

***

Der zweite Abschied fällt schwerer. Ich bringe Maggs die Kinderschokolade vorbei, noch ein paar Bücher, die sie während des Lockdowns lesen kann. *Conversations with Friends,* mein Lieblingsbuch in letzter Zeit, das ich sicher fünfmal gelesen habe. Und dann noch *Expectation,* ein Roman über drei Frauen, ihre Erwartungen an das Leben und was aus ihnen geworden ist.

Als ich wieder zum Pick-up gehe, die Tür aufziehe und auf den Fahrersitz steige, wische ich mir mit dem Ärmel durchs Gesicht. »Wir stellen uns einfach vor, dass das nur ein Wochenendtrip ist, für den du aufs Land fährst. Und in ein paar Tagen sehen wir uns quasi schon wieder – es fühlt sich eh nie länger als eine Woche an, auch wenn wir Monate voneinander getrennt sind ...«, hatten wir gerade noch beschlossen, als wir uns an der Tür lange umarmten. Aber wir überzeugen mich schon längst nicht mehr, als ich das Gebäude verlasse. In knapp dreißig Minuten würde ich zum letzten Mal auf das wunderschöne Panorama im Seitenspiegel schauen können, bis es hinter dem Asphalt der N1 verschwand. Tafelberg, Lion's Head, Signal Hill. Ich schaue so lange zurück, bis ich sie nicht mehr sehen kann, bis nur noch 16 Stunden Fahrt, 21 Tage Lockdown und diese beinahe jeden Teil meines Lebens umfassende Ungewissheit vor mir liegen.

Nicht zu wissen, wie sich morgen anfühlen wird – das kenne ich aus Beziehungen, aus Dates. Aber nicht von der Welt, nicht von mir selbst.

***

24 hours to go

Seit vier Stunden liegt meine Hand in seiner. Manchmal lockert sich unser Griff, wenn ich einschlafe, er einen Schluck Wasser trinkt oder den Gang wechselt. Die meiste Zeit streckt sich die N1 auf gerader Linie durch die immer gleiche Landschaft. Savanne, Gräser, Buschwerk, manchmal kleine Gesteinserhebungen und weite Farmgebiete. Wir passieren Maisplantagen, Getreidefläche, Buschwein und Unmengen von Kosmeen, eine kleine, widerstandsfähige Blume, die ihre Farbe viermal im Jahr wechselt: von Lila über Magenta zu einem hellen Pink, bis ihre Blüte ins Weiße verblasst und schließlich verschwindet. Für eine Weile. Niemand weiß so genau, wie sie nach Südafrika gekommen ist, aber seit sie sich hier verwurzelt hat, breitet sie sich aus, taucht ganze Hänge in den Ton, für den sie sich gerade entschieden hat.

Im Radio läuft Chuck Berry. Wir haben unsere Playlists gestern schon geleert, verglichen und ausgeschöpft. Zehn Stunden sind wir gefahren, bis zu dem kleinen Bed and Breakfast in Bloemfontein, in dem wir die einzigen Gäste waren, zum Abendessen Kartoffelbrei und Möhrengemüse mit Brathähnchen von einer älteren Dame serviert bekamen und noch vor neun Uhr einschliefen. Erleichtert, erschöpft, Arm in Arm.

»Ich hab mir unseren ersten Trip zusammen irgendwie anders vorgestellt«, hatte er müde in mein Ohr geflüstert und gelacht.

»Ich dachte, er würde vor allem vielleicht zwei Tage dauern ...«

»Ein Wochenende ...«

»Genau. Ein Wochenende, Brunch, ein bequemes Hotelzimmer, viel Wein.«

»Und Austern. Und Strand. Ich wollte unbedingt noch mal nach Paternoster«, sage ich leise, fast schon im Halbschlaf.

»Und stattdessen schleppe ich dich jetzt für Wochen auf diese Farm nach Mpumalanga ...«

Es sind die letzten Worte, die ich höre, bevor ich einschlafe. Sie begleiten mich in einen wilden Traum, in dem ich mich mit einem großen Jeep auf der Farm festfahre, im Schlamm einsinke und erst aufwache, als ich mich in dem Morast nicht mehr bewegen, nicht einmal mehr atmen kann. Auch beim Frühstück hängen sie mir noch immer nach, nehmen mir den Appetit. *Mindestens 21 Tage. Vielleicht länger. Tag 1 hatte noch nicht einmal begonnen.*

Er streicht mit dem Daumen über mein Handgelenk, schaut kurz zu mir herüber: »Du hast jetzt seit dreißig Kilometern nichts mehr gesagt – alles okay?«

Ich will sagen: Ich habe Angst, dass das zu viel wird. Ich habe Angst, dass das keine gute Idee ist. Ich habe Angst, dass wir uns entzaubern, dass wir uns jede Spannung nehmen, dass wir einander ersticken.

Oder auch nur mich. Ich habe Angst davor, dass ich mich nicht so euphorisch fühle, wie ich sollte. Das hier war eigentlich ein Traum. Zu zweit im Nirgendwo. Abhauen, in eine kleine Hütte am See, kein Wi-Fi, nur zwei Stunden am Tag Strom, ein Gasherd, ein Ofen, ein Boot, mitten in Südafrika. Sollte ich nicht eigentlich kribbeln vor Vorfreude? Kaum schlafen können vor Glück?

»Bereust du's schon? Dass du mitgekommen bist?«, fragt er mich.

»Nein ... du? Dass du mich eingeladen hast?«

»Nein.«

»Gut.«

Es ist 14.05 Uhr, als wir in Ermelo, der letzten größeren Stadt, bevor hier oben im Lake District nur noch Farmen beginnen, ankommen. Wir kaufen noch Fleisch ein, Brot, Eier und Butter, dann Kisten voller Milch, Obst und Gemüse. Wir müssen mehrere kleine Geschäfte anfahren, um noch zu bekommen, was Chris auf der Liste hat. Noch acht Stunden bis zum Lockdown. Während der Fahrt haben wir meine Schokolade aufgegessen, morgens die restlichen Croissants im Auto mit schwarzem Tankstellenkaffee heruntergespült und zwei der Bananen mit Phoebe geteilt, die die meiste Zeit hinter unseren Sitzen schläft, sich nur ab und zu streckt, ihren Kopf schräg auf meinen Schoß legt und so ein bisschen Aufmerksamkeit einfordert.

»Was hast du deinen Eltern eigentlich erzählt?«

»Was meinst du?«

»Darüber, wer ich bin – also, warum ich mitkomme. Denken sie ...«

»Meine Mutter weiß, dass du mitkommst, weil ich dich gern hab.«

»Okay. Aber ... ich will nicht, dass deine Eltern denken ...«

»Ich habe dich nicht meine Freundin genannt. Sie weiß, dass wir uns seit ein paar Wochen sehen, aber sie weiß auch, dass wir es beide langsam angehen – okay?«

Ich nicke.

»Meine Familie freut sich, dass du mitkommst. Vermutlich mögen sie dich nach einer halben Stunde sogar mehr als mich. Und was die Labels betrifft, ob wir uns daten oder nicht, stellen wir ja dann sicher in den nächsten drei Wochen fest ...«

***

»Wir bringen die Sachen erst mal zu meiner Mutter, das meiste davon kann sie kühlen oder einfrieren. Und dann fahren wir zusammen zum Bootshaus, du kannst auspacken und eine heiße Dusche nehmen und ein bisschen ankommen, okay?« Wir haben den Asphalt jetzt verlassen, um uns herum staubt es orange und blassgelb. Auf einem der letzten Holzschilder war die Farm mit noch fünf Meilen angekündigt. Seine Mutter und ihr Mann leben seit ein paar Jahren auf der Farm, seine jüngeren Schwestern kommen, genau wie wir, ebenfalls für den Lockdown zurück nach Hause. Die über hundert Hektar Land verteilen sich auf drei Häuser; die kleine *cabin*, in der wir wohnen werden, ist am weitesten vom eigentlichen Farm-Gate entfernt. »Wir werden vielleicht alle zwei Tage zum Haupthaus fahren, für Wi-Fi, frische Milch, Eier oder andere Zutaten. Ist das okay?«, hatte er schon vor zweihundert Kilometern angekündigt. Ich fühle mich wohl damit. 21 Tage mit einem Mann, den ich seit vier Wochen kenne, sind eine Herausforderung. Eine, die gut sein könnte. 21 Tage mitten in seiner Familie – wäre wahrscheinlich zu viel. Zu viel für unseren Anfang. Zu viel für die letzten sieben Jahre, in denen ich allein in meiner Wohnung gelebt, mich frei bewegt und sie nie geteilt habe.

Als wir das Auto parken, kommen uns sieben Hunde, zwei kleine Kinder, drei Frauen und zwei Männer entgegen. Einer trägt ein Baby, während der andere uns ein paar der Einkaufstaschen abnimmt.

»Willkommen, ihr beiden!«

»Hi …«, bringe ich heraus, mache einen kleinen Schritt auf die Gruppe zu, die mich anschaut, abwartet, anlächelt. Er räuspert sich.

»So, this is Lina – she is German and a writer and uhm … we don't know if we are dating yet.«

***

Über eine kleine Holztreppe gelangen wir auf das Sonnendeck des Bootshauses, lange, schlanke Balken reihen sich über gut zehn Meter aneinander, bilden eine breite Fläche und werden von einem Geländer gefasst, dessen einst dunkelrote Farbe langsam zu blättern beginnt. »Das Holz braucht mal wieder ein bisschen Liebe«, sagt er, als er meinem Blick folgt. »Ist lange her, dass ich hier was gemacht habe.« Er sucht nach dem richtigen Schlüssel, findet ihn und zieht dann mit einem kräftigen Ruck die lange, behäbige Glastür auf. Drei Zimmer gibt es im Inneren, die komplett mit warm lasiertem Holz verkleidet sind. Ein Schlafzimmer mit Blick auf den See, der nur zwanzig Meter vor uns liegt und noch an Fläche und Tiefe gewinnen wird, je näher wir den Wintermonaten kommen; ein großes Wohnzimmer mit offener Küche und ein zweites, kleineres Schlafzimmer, in dem wir unsere Koffer abstellen.

Die Betten sind mit weißer Baumwolle bezogen, die einen feinen, weichen Kontrast zur restlichen Einrichtung bildet.

Kohleskizzen in messingfarbenen Rahmen, Auszüge aus alten Botanikbüchern und einige Schwarz-Weiß-Fotografien hängen an den Wänden. Auf den abgezogenen Dielen liegen Ornament-Teppiche mit Fransen an den Enden, und jedes Möbelstück, wie die zwei großen Holzsessel im Eingangsbereich oder der kleine Tisch, auf dem allerlei Öllampen stehen, scheint eine Geschichte zu haben.

»Magst du es?«

Ich nicke, ziehe meine Jacke aus und lege sie über die Lehne eines Küchenstuhls.

»Ja, sehr... wer hat das hier gemacht?«

Er zuckt mit den Schultern und fasst in seine Hosentaschen. »Ich.«

»Du? Du hast das hier gebaut? Und eingerichtet?«

»Also vor ein paar Jahren. Jetzt hat meine Mum hier ein bisschen was verändert ... das da zum Beispiel«, er zeigt auf die geklebte Banderole an der Eingangstür, die mir bisher noch nicht aufgefallen war: Zwei Vögel tragen das Wort »Home« in ihren Schnäbeln.

Ich muss lachen, als er mit den Fingern über die feste schwarze Folie streicht und den Kopf schüttelt.

»Sie kommt eigentlich nur manchmal zum Lesen her – oder mit der Familie am Wochenende, wenn sie grillen oder fischen und die Sonne hier oben auf dem Deck genießen wollen. Und irgendwann hat sie dann angefangen zu dekorieren, und ich wollte ihr den Spaß nicht verderben.«

Chris zeigt auf zwei weiße Buchstützen in einem der Regale, die zwei gedrechselte Hundepos darstellen. »Das da ist auch neu ...«

»Dort hinten, wo der Sandstein anfängt, diese kleine Erhöhung, siehst du die?«, fragt er und deutet mit dem Finger auf eine Fläche, ungefähr vierhundert Meter vom Haus entfernt. »Dort solltest du immerhin ein bisschen Empfang haben.« Er zeigt auf die Gummistiefel, die aufgereiht am Hauseingang stehen. »Allerdings brauchst du die hier, denn direkt dort drüben, bei den zwei Trauerweiden, gibt es eine kleine Quelle, die gerade im Herbst durch das trockene Gras sickert und die Umgebung hier flutet.«

Der erste, gute Streit

Ich habe mich in eine Wolldecke eingewickelt, die ich in einem der Schränke fand. Als ich die Türen ein paar Tage zuvor öffnete, quietschten sie und wurden immer lauter, je vorsichtiger ich versuchte, den Widerstand des Scharniers zu überwinden. Als der Kessel leise zu pfeifen beginnt, nehme ich ihn vom Herd, ersticke die Flamme und gieße das siedende Wasser auf den Kaffee, verschließe dann die Kanne mit der Presse, die ich in ein paar Minuten langsam herunterdrücken werde.

Elektrizität gibt es hier nicht. Gekocht wird mit Gas, Licht machen wir uns durch kleine Öllampen, Kerzen und Solarlaternen. Den Generator starten wir nur, um den Kühlschrank auf Temperatur zu halten. Alle zwei Tagen können wir ins Haupthaus fahren, dort Akkus und Powerbanks aufladen. Der Bildschirm meines iPhones ist seit heute Morgen schwarz, vor zwei Stunden folgte ihm auch das MacBook.

Ich habe mich daran gewöhnt – oder zumindest versuche ich es. Ich nehme die Entschleunigung an, die mich hier seit gut einer Woche umgibt. Ich lese viel, skizziere neue Buchideen, und ich mag die kleinen Routinen, die wir zusammen entwickelt haben. Den Marmeladentoast, den es jeden Morgen zum Frühstück gibt, die langen Spaziergänge über die Farm, unsere Backgammon-Abende bei Rotwein und Pasta. Ich mag es, dass wir stundenlang nebeneinandersitzen, stumm tippen und uns nur unterbrechen lassen, wenn einer die Hand des anderen greift. Nur manchmal schleicht sich das Gefühl an, dass ich, trotz der Weite der Farm, trotzdem ich hier denken, schreiben und ganz für mich sein kann – feststecke. Ich bin mir manchmal nicht sicher: Kommen wir an oder bremsen wir uns aus? Warum machte mir dieses langsame Tempo, das unseren Lockdown-Alltag beherrschte und irgendwie auch Einzug in unsere Beziehung gehalten hatte, Angst? Warum hatte ich permanent das Gefühl, dass weniger Geschwindigkeit auch bedeutete, dass ich nicht weiter vorankam?

Als gestern Abend der Wind auffrischt und sich die großen, quellenden Kumuluswolken über dem See aufrichten und den Wetterwechsel ankündigen, laufen wir noch barfuß über das feuchtwarme Gras, um das Kanu sicherheitshalber aus dem Wasser zu ziehen. Stunden später fällt die Temperatur um fast 15 Grad.

Weil es zu regnerisch und windig ist, um zu Fuß zur Farm zu laufen, schlägt Chris vor, gemeinsam das Auto zu nehmen, mit der Familie zu essen und den Abend im Haus zu verbringen.

Während ich meinen Tee trinke und mir zumindest ein paar Notizen über die To-dos mache, die ich noch abarbeiten muss, sitzt er an technischen Zeichnungen für ein neues Barkonzept, radiert abwesend Linien weg, flucht manchmal, reibt sich immer wieder die Schläfen. Irgendwann wirft er den Stift weg. »Okay, ich komm nicht mehr weiter. Also – lass mich im Schlafzimmer kurz zehn Minuten Pause machen und an nichts denken. Dann können wir los.«

Als ich irgendwann zu ihm ins Zimmer komme, liegt er mit geschlossenen Augen auf dem Bett, hat die Hände hinter seinem Kopf verschränkt und die Beine lang ausgestreckt.

»Ich dachte, wir fahren zum Essen nach oben …«

»… in einer Sekunde, aber erst muss ich kurz runterkommen.«

»Das ist keine gute Idee.«

»Doch, die beste.«

»Es wird schon dunkel draußen. Und wenn du jetzt einschläfst, wachst du nicht mehr auf.«

»Auch gut ...«, er versucht, mich zu sich herunterzuziehen, aber schafft es nicht, weil ich mich sanft wehre.

»Nein, komm schon ...«, ich fasse nach seinem Gesicht, beuge mich zu ihm und küsse ihn.

»Ich hab wirklich, wirklich Hunger. Und ich muss im Farmhaus noch meine Akkus laden und ein paar Mails beantworten. Und ich will deine Familie auch nicht versetzen.«

Er umarmt das Kissen unter sich und nickt vage.

»Okay. Ich mache nur noch ein paar Minuten Pause.«

»Chris ...«, sage ich, vorsichtig, und spüre, wie ich mich anspanne.

»Ich schlafe nicht ein, versprochen.«

Als ich meine Jacke angezogen und meine Schuhe zugebunden habe, ist er eingeschlafen.

Eine halbe Stunde später höre ich den Alarm, den er sich gestellt hat. Dann noch einmal, noch einmal, noch einmal. Ich sitze mit einem Buch draußen und weiß nicht, wie spät es ist, denn mittlerweile hat weder mein iPhone noch mein MacBook genügend Akku. Die geringe Menge Solarenergie, die wir heute hatten speichern können, versorgt den Kühlschrank und das Gefrierfach. Keine der Steckdosen gibt noch Strom ab.

Als das letzte bisschen Tageslicht versiegt und er noch immer im Bett liegt, weiß ich, dass wir nicht mehr rechtzeitig zum Essen kommen.

Ich könnte reingehen, ich könnte ihn aufwecken. Aber irgendetwas hält mich zurück. Ich will nicht sein zweiter Wecker sein. Den ersten hat er dreimal ausgeschaltet. Ich will die Verantwortung dafür, dass er ein Essen, eine Verabredung, ein Versprechen einhält, einfach nicht übernehmen.

Also gebe ich den Abend verloren und zum ersten Mal dem Gefühl nach, dass ich noch nie für ihn empfunden habe. Oder nie zugelassen hatte. Vielleicht auch bislang noch gar nicht musste. Zum ersten Mal – bin ich wütend. Nicht irgendwie überrannt, wie heute Morgen, als seine Familie mit Frühstück vor unserer Tür stand, ohne dass ich davon schon gewusst oder Unterwäsche getragen hätte. Nicht frustriert wie eben noch, weil ich ohne Strom, ohne mögliche Selbstständigkeit und vor allem ohne einen konkreten Plan für diesen Tag im Sessel gesessen hatte.

Ich bin erst leise wütend. Dann bin ich aufgebracht. Denn auf einmal wird mir klar, wie sehr ich von ihm abhänge. Auf einmal ist es unübersehbar. Nicht nur hier, in diesem Lockdown, in diesem *district*, in dieser Sprache, in dieser *cabin*, sondern in jeder Minute. Ich kann nicht einfach die Schlüssel greifen und losfahren, nicht einfach in sein Auto steigen und mich darauf verlassen, dass ich schon den richtigen Weg nehmen würde. Ich kann nicht bei Sturm und Dunkelheit allein über die Farm laufen. Ich kann nicht arbeiten, ich kann keine Mails beantworten, ich kann nicht mal eine Freundin anrufen. Ich kann die Musik nicht einfach aufdrehen, nur die Öllampe, die in der Küche steht. Mein Bewegungsradius beschränkt sich auf 51 Quadratmeter. Mein Gehirn kann sich hier nur mit mir selbst beschäftigen oder an dem angefangenen Puzzle auf dem Küchentisch austoben. Zum Lesen ist es mittlerweile viel zu dunkel, zum Schreiben bin ich zu aufgebracht. Oder vielleicht doch nicht.

»Hey, was machst du hier drüben?«

Es ist das erste Mal, dass ich im zweiten Schlafzimmer sitze, dass ich mich überhaupt in diesem Raum aufhalte. Ich habe mein Tagebuch auf den Knien, die Lampe auf dem Nachtschrank neben mir wirft ihr diffuses Licht, sodass ich gerade gut genug meine Worte auf dem Papier erkennen kann. Fast zehn Seiten habe ich beschrieben. Mit so vielen Emotionen, die weder ihn noch diesen Tag betreffen, aber genauso unausgesprochen geblieben waren. Solche, die ich nicht hatte fühlen wollen, solche, an die ich nicht mehr gedacht hatte, solche, die untergegangen waren, aber jetzt ihre Chance nutzten, sich an meinen Ärger zu hängen und wieder an die Oberfläche ziehen zu lassen. Ich hatte in kürzester Zeit so viel gesagt – es fühlte sich nur natürlich an, dass ich jetzt kaum noch Worte übrig hatte.

»Schreiben.«

»Aber warum hier drüben?«

Ich antworte nicht. Er bleibt in der Tür stehen.

»Ich würde so in zehn Minuten nach oben fahren wollen.«

»Mach das.«

»Kommst du nicht mit?«

»Nein, ich bleibe hier.«

»Okay ...«

Er steht noch immer in der Tür. Kurz sieht es danach aus, als würde er gehen wollen.

»Bist du sicher? Du hattest doch Hunger.«

»Ja, aber der ist vorbei.«

Genau wie das Essen vor gut zwei Stunden, denke ich noch, aber behalte es für mich.

Ich höre, wie er ins Bad geht, sich eine Jacke anzieht, dann die Schuhe. Dann steht er wieder im Raum.

Dieses Mal kommt er einen Schritt näher.

»Willst du nicht doch mitkommen? Ich will dich hier unten nicht allein lassen.«

»Ich komme hier klar.«

»Ich weiß, dass du klarkommst. Das meine ich nicht. Aber ich hab das Gefühl, dass du sauer auf mich wirst, wenn ich jetzt ohne dich fahre.«

Bis eben hatte ich meinen Blick auf die geschriebenen Zeilen geheftet. Jetzt sehe ich Chris zum ersten Mal direkt an.

»Mach dir keine Sorgen. Ich bin längst wirklich wütend auf dich. Du kannst also fahren.«

Als er nicht antwortet, zucke ich mit den Schultern und deute in Richtung Tür. Kurz darauf höre ich, wie er den Motor startet. Ich war bereit zu streiten. Ich war bereit zu reden. Ich war bereit zu schweigen. Und ich entschied nicht einmal, welches Szenario mir am liebsten war. Ich fühlte mich – zumindest in meinen eigenen Emotionen – sicher. Ich war sicher, dass ich wütend war. Ich war sicher, dass er irgendwann zurückkommen musste. Und ich war sicher, dass wir irgendwann miteinander reden würden. Ich war nicht sicher, ob er mich verstehen würde, ob wir uns vertragen oder Abstand voneinander nehmen würden. Aber ich war sicher, dass ich damit klarkäme.

***

Ich dippe gerade einen Schokoladenkeks, der hier im Bootshaus bereits zwei Winter erlebt haben musste, in ein Glas Milch, als ich die Lichter über den Hügel zurückkehren sehe. Er parkt, steigt nicht sofort aus. Vielleicht raucht er, vielleicht nutzt er das Datennetz draußen noch eine Weile, bevor es hier drinnen wieder still werden würde. Ich sehe nicht nach. Ich nehme den Kessel von der Flamme und lasse das Wasser auf den Tee fallen. Rooibos braucht fünf, manchmal sogar zehn Minuten, um zu ziehen. Chris braucht nicht ganz so lange.

»Ich habe dir eine Powerbank mitgebracht. Und Abendessen, falls du etwas möchtest.«

»Dankeschön.«

Ich schließe das Kabel an, warte auf das Leuchtsignal meines Bildschirms. Das Essen decke ich zu und stelle es in den Kühlschrank. Er setzt sich an den Küchentisch, sortiert seine Skizzen. Ich nehme den freien Platz ihm gegenüber ein, schweige mit ihm, habe zwar nicht das Bedürfnis zu sprechen, aber will ihn oder mich auch nicht fernhalten. Als ginge das hier überhaupt.

»Hast du keinen Hunger?«

»Nicht mehr, nein.« Mein iPhone zeigt einundzwanzig Uhr an. Hätten wir noch Wein hier unten, ich würde ihn jetzt trinken.

»Willst du darüber reden, warum du so sauer auf mich bist?«, fragt er. Er stellt die Frage wie etwas, das er hinter sich bringen muss, wie eine Erwartung, die er nicht gerne erfüllt. Als wäre er Zuschauer und jetzt gegen seinen Willen im Fokus. 51 Quadratmeter sind nicht viel, wenn man ein Paar ist, und noch weniger, wenn man noch nicht weiß, ob man eins werden wird.

»Willst du?«

»Was meinst du?«

»Willst du gerade mit mir reden? Oder bist du gerade vielleicht genauso genervt wie ich und würdest lieber schweigen? Dann ist das nämlich auch okay.«

»Also willst du nicht reden.«

»Nicht zwingend jetzt, nicht in dieser Atmosphäre, während wir beide so angespannt und mechanisch sind, nein. Dann rede ich gerade lieber nicht.«

Ich weiche seiner Frage nicht aus, sondern beantworte sie, lasse diesen Satz so stehen. Erkläre ihn nicht weiter. Meine ihn genau so. Ich halte ihn und die Stille, die jetzt wieder folgt, aus. Und es fühlt sich ehrlich an.

Chris rollt sich eine Zigarette, nimmt sie mit nach draußen und bleibt dort auf dem Deck stehen. Ich sehe ihn nicht mehr, nur noch den Tabak, wenn er ab und zu aufglimmt. Ich hole meine Wolldecke und eines der Bücher aus dem Schlafzimmer, setze mich in einen der großen Holzsessel, ziehe die Öllampe näher zu mir und drehe den Hahn weiter auf, um ihr mehr Kraft und Sauerstoff zu geben. Dann beginne ich zu lesen.

»Du hast recht, ich bin auch genervt. Ich bin genervt, dass ich aufwache und du im anderen Zimmer sitzt und nicht mit mir sprichst, nur weil ich eingeschlafen bin. Und es ist auch nicht so, als hätten wir deswegen ein großes Dinner verpasst. Als ich oben angekommen bin, waren schon alle in ihren Zimmern. Es gab gar kein großes Braai.*«

»Das konntest du aber vorher nicht wissen.«

»Doch, meine Mum hatte es heute Nachmittag schon angedeutet: dass alle irgendwie müde von der Sonne und dem Wein sind und es darum sein kann, dass sie das Abendessen einfach verschieben.«

Ich zucke mit den Schultern, sage nichts, öffne meinen Zopf, fahre mit den Händen durch die Haare und binde sie dann wieder zusammen.

»Was ist denn daran das Problem?«

»Dass ich hier kein eigenständiger Mensch bin, dass ich nicht frei in meinen Entscheidungen bin. Ich kann nicht gehen, wann ich will. Ich kann nicht arbeiten, wie ich will. Ich kann nicht einkaufen, wann oder was ich will. Ich kann ja nicht einmal meine Haare föhnen, ohne dich zu fragen, ob wir noch genug Strom dafür haben. Wann immer ich etwas brauche, bin ich darauf angewiesen, es mit dir abzusprechen, darauf angewiesen, dass du mir zuhörst oder meine Bedürfnisse dir wichtig sind.«

»Das hier ist eine Pandemie, Lina. Tut mir leid, dass du nicht einfach ein Uber rufen und zum Woolworth fahren kannst.«

»Du erzählst mir, dass wir in zehn Minuten aufbrechen – das war vor Stunden. Und ich kann nur hier sitzen und abwarten. Und das fühlt sich verdammt fremdbestimmt an. Und das mag ich nicht. Ich saß hier, ohne Uhrzeit, ohne Strom, ohne Akkus, und habe darauf

---

* Mit Braai bezeichnet man die Variante des Grillens, die vor allem in Namibia und Südafrika gepflegt wird.

gewartet, dass du wach wirst. Dass ich mit dir ins Haupthaus fahren kann. Etwas essen, mein Handy oder den Laptop laden, meine Mails checken oder Freunden antworten kann. Es ist nicht so, als könnte ich irgendetwas davon allein entscheiden, als könnte ich einfach losspazieren und darauf hoffen, dass ich irgendwann die richtige Farm im Dunkeln finde. Ich kenne mich hier nicht aus. Ich habe hier kein Auto und erst recht kein Uber, und ich kann auch nicht ungefragt deine Schlüssel nehmen und einfach losfahren, ohne mich hier auszukennen. Ich muss mich darauf verlassen, dass du meine Bedürfnisse im Auge behältst, damit ich mich dann um sie kümmern kann und ...«

Dann bricht meine Stimme ab. Ich weiß nicht, ob ich gegen die Angst oder den Ärger kämpfe, ob ich außer Atem bin, weil ich zum ersten Mal offen mit ihm streite oder weil ich erst jetzt realisiere, wie ich mich wirklich fühle.

Er atmet lange aus, hockt sich zu mir, sodass wir auf Augenhöhe sind, und hält meinen Blick kurz fest, bevor ich wieder wegschaue.

»Es tut mir leid, dass ich das heute nicht gemacht hab. Du hast recht, du hast mir gesagt, was du brauchst, und ich hab's vergessen. Aber ...«, er richtet sich wieder auf, geht ein paar Schritte durch den Raum und zieht ein Schubfach auf, »... das hier ist der Zweitschlüssel für den Jeep. Du kannst ihn jederzeit benutzen. Du kannst damit fahren, wann immer du willst. Und wenn du zum Haupthaus willst, folgst du einfach immer den Schildern mit der Eins drauf. Wenn du dich verfährst und irgendwann nur noch einen Zaun siehst, bist du zu weit und drehst einfach wieder um.«

Ich muss lachen, fange den Schlüssel auf, den er mir zuwirft, und nicke.

»Das hier – ist wirklich neu für mich«, sage ich. »Ich mache immer alles allein, ich bestimme immer alles allein, ich bin immer für alles allein verantwortlich. Seit Jahren. Und ich wusste, dass die größte Herausforderung, mit dir hierherzukommen, sein wird, dass ich eben nicht mehr selbst entscheiden kann. Ich meine, ich wusste während der Fahrt noch nicht einmal ganz genau, wo wir wirklich enden, wie viele Leute hier sein würden und wo wir schlafen. Ich hab mich drauf eingelassen. Ich wusste, dass ich ein bisschen loslassen und zulassen muss, dass du derjenige bist, der sich kümmert, auch um mich. Aber jetzt gerade, vor allem ohne Empfang und Strom und das kleine bisschen Freiheit, das ich damit habe, die Verbindung nach außen ... ist es einfach zu viel geworden.«

Er hatte genickt, eine weitere Zigarette geraucht, und irgendwann hatten wir uns umarmt. Ich hatte doch noch ein paar Gabeln kalten Auflauf gegessen, einige Seiten gelesen und war dann ins Bett gegangen. Als er die Fenster schloss, die Decke über uns und mich zu sich heranzog, war ich schon fast eingeschlafen. Aber obwohl er so nah bei mir lag und ich seine Hand hielt, fühlte sich irgendetwas noch immer distanziert zwischen uns an. Ungewohnt sperrig.

**

Erst bleibe ich liegen, schlafe sogar noch einmal wieder ein.

Dann rege ich mich in seiner Umarmung, strecke meine Beine aus, drücke mein Gesicht erst kurz an seine Brust, dann doch wieder ins Kissen. Ich bin wach, aber bleibe still. Sonst würde ich einfach aufstehen, Wasser kochen, mir Kaffee machen. Gerade traue ich mich nicht. Gerade hätte es vielleicht etwas anderes zu bedeuten als sonst, als noch in der ganzen letzten Woche. Ich könnte ihn küssen, aber ich warte ab. Ich hoffe, dass er von allein, von meinen Bewegungen wach wird; dass er mich ansieht und ich dann weiß, welcher Tag heute werden kann. Ein neuer? Ein stiller? Ein Nachspiel?

»Guten Morgen«, sagt er leise, hat die Augen geschlossen, grinst. »Stehst du heute nicht vor mir auf und machst uns Kaffee? Ist das wirklich schon das Ende?«

Die richtige Distanz?

Matotoland ist noch heute der inoffizielle Name, den einst die Swazi für das Gebiet rund um den lang gezogenen See und die Graslandschaft prägten, durch das ich gerade gehe. Froschland, so heißt es übersetzt. Mehr als 250 verschiedene Seen gibt es hier, mehr als 20.000 Flamingos brüten während des Frühlings in der Nähe, von denen wir aber noch keinen einzigen gesehen haben. Die Frösche sind immer da. Und damit auch viele andere Vögel.

Im Bootshaus liegt ein altes, abgegriffenes Taschenbuch mit dem Titel *How to be a bad birdwatcher*. Ich habe es bisher nur durchgeblättert, aber im Grunde beschreibt der Autor Simon Barnes darin, dass Vögel zu beobachten kein Hobby für alte weiße Männer in beigefarbenen Westen sein sollte, die das Geld ihrer Pensionszahlungen in Teleobjektive investiert haben und Vögel nicht mehr sehen, sondern nur noch draufhalten, abhaken und in digitalen Ordnern ablegen – sondern, dass eine unerwartete, gute Beobachtung von so etwas Vergänglichem wie einem fliegenden Vogel am besten dann passiert, wenn man sowieso gerade mal wieder ein bisschen Zeit damit verbringen wollte, einfach still in den Himmel zu schauen.

Und genau das tue ich jetzt. Ich ziehe meine Strickjacke aus, lege sie mir unter den Kopf und strecke mich auf dem trockenen Sandstein aus. Der Hund läuft weiter, verschwindet im hohen Gras. Ich weiß, dass er in zehn Minuten zurückkommt, sich neben mich legt, sich mit mir sonnt und abwartet, dass wir gemeinsam wieder zurück nach Hause laufen. Ich bleibe so lange auf dem Rücken liegen, schaue so lange den ziehenden Vögeln zu, bis ich ihre Unterschiede erkenne. Bis sie nicht mehr nur zwei Flügel und ein kurzer Moment, sondern verschiedene Farben, Formen und Geräusche sind. So lange, bis ich manche von ihnen wiedererkenne, mir sogar manche ihrer Namen einfallen.

Ich bin es gewohnt, dass sich mein Interesse schlagartig zeigt, nicht langsam wächst. Und dabei ist es gleich, ob dieses Interesse einem Look oder Trend, einer neuen App oder Funktion, einem Hashtag oder Hype – oder einem Date, einem Mann gilt.

Interesse braucht in meiner Welt, in meinem Alltag, nur Sekunden, um augenblicklich auszuschlagen. Ich investiere meine Zeit nur selten in Dinge, von denen ich nicht sofort weiß, ob sie mich begeistern könnten. Ich suche nach Funken, dann entzünde ich sie. Und mich. Ich koste Begeisterung aus, tauche ein in (manchmal große) Euphorie und verliere mich gern in ihr, aber ich pausiere nicht. Nicht für das kleinere, leisere Interesse.

Aber hier, in diesem Lockdown, auf dieser Farm, haben mein schnelles Tempo, mein Rausch oder meine Hast keinen Wert – und damit vielleicht einen unschätzbaren. Ich habe zum ersten Mal seit Jahren Zeit *übrig*. Ohne dass ich mich dabei fühle, als würde ich sie verschwenden oder als hätte ich sie besser nutzen müssen, ohne dass ich mehr Bücher hätte lesen, an dem Redesign meines Portfolios hätte arbeiten, diese eine Dokumentation, die schon ewig in meiner Liste hängt, hätte schauen sollen. Ich fühle mich nicht gehetzt, meine kostbare, rare freie Zeit zu optimieren, um endlich einfach mal meinen Schrank zu sortieren, sticken oder stricken zu lernen, Yoga zu machen oder eigenes Kimchi einzukochen. Selbst wenn ich freie Zeit habe, steckt in mir der Drang, sie zu füllen und zu nutzen. Und es ist fast schon ironisch, dass wir genau das als *#selfcare* empfinden. Ich weiß gar nicht, an wie vielen Sonntagen ich eigentlich so viel Zeit für so vieles hatte, das nicht einmal genoss und sie letzten Endes für gar nichts nutzte.

Aber in einer Umgebung, in der ich gerade gar nichts tun konnte, in der es keinen Strom, kein Netflix, kein Wi-Fi, dafür nur drei Bücher, ein Backgammon und mein Tagebuch gab, war gar nichts zu tun – gerade leicht. Ich mache gar nichts – und währenddessen ergibt sich der Rest. Während ich gar nichts tue, außer dem natürlichen Rhythmus eines Tages zu folgen, kommt so viel Vergessenes zurück: die Ruhe, in der ich meine eigenen Gedanken wieder wahrnehmen, verstehen kann. Die Gelassenheit, mit der ich ihnen zuhöre. Und zum ersten Mal seit langer Zeit sind da auch wieder kleine, zaghafte Routinen. Ein Morgen, der ohne Musik, ohne Podcasts, aber mit meinem eigenen Atmen beginnt. Ein ausgefülltes Kreuzworträtsel, in das ich mich vertiefen kann. Ein Nachmittag voller handgeschriebener Notizen, ein selbstgekochtes Abendessen – mit einem Mann, den ich nicht einfach nur durch meine Wohnung und dann bis ins Schlafzimmer und aufs Bett schubse, sondern für den ich emotional Platz mache, der jeden Tag ein bisschen mehr über mich erfährt und sich die Zeit nimmt, noch tiefer zu gehen.

Während ich die Wolken verfolge, die sich zusammenziehen und immer mehr von dem Blau verschlucken, in dem ich mich eben noch mit den Augen verloren habe, frischt auch der Wind auf und erinnert mich daran, dass jede noch so tief gefühlte, natürliche Ruhe hier in Mpumalanga immer dann endet, wenn sich das Wetter dreht. Der Blick auf mein iPhone verrät mir, dass ich schon zwei Stunden unterwegs bin – und außerdem zwei neue E-Mails sowie einen verpassten Anruf von einer unbekannten südafrikanischen Nummer habe. Ich rufe direkt zurück, aber bekomme nur ein Besetztzeichen. »Na komm ...«, ich kraule Phoebes Ohren, dann stehe ich auf und laufe los, um vor dem Regen wieder im Bootshaus anzukommen. Auf den letzten fünfhundert Metern werden wir nass. Der Spaniel läuft dicht neben mir, will nach Hause, aber hält trotzdem mein Tempo. Erst als Phoebe Chris mit einer Kapuze auf dem Deck stehen sieht und seinen Pfiff hört, rennt sie los, ohne sich noch einmal nach mir umzudrehen.

»Ihr wart aber lange weg«, er umarmt mich, meinen klammen Pullover, meine nassen Haare, und fühlt sich warm an. Er riecht nach NIVEA-Creme, nach Rosmarin und Orange. Auf dem Tisch liegen seine Zeichensachen zerstreut, daneben steht Eistee. Chris hat seine Haare zusammengebunden, steht aber noch barfuß und in seiner Pyjamahose vor mir. »Ich bin eingeschlafen, es war erst so schön in der Sonne ...«

Ich ziehe den Pullover aus, hole mir ein Handtuch aus dem Badezimmer, binde es um meinen Kopf und setze mich zurück an den Tisch, blättere durch seine Skizzen. Er grinst und schenkt mir auch ein Glas ein. »Wenn du magst, könnten wir heute Nachmittag, wenn das Wetter sich wieder bessert, ja mit dem Boot noch mal rausrudern? Zur anderen Seite des Sees? Vielleicht noch mal nach Pilzen suchen? Dann können wir die heute Abend mit zum Braai nach oben nehmen?« »Hm ...«, mache ich, während ich die zwei E-Mails öffne, die ich vorhin empfangen habe. Ich höre ihn kaum noch, ich lese, bin mir nicht sicher, ob ich richtig verstehe, lese noch einmal.

»Alles okay?«

»Ich hab eine Mail vom Konsulat bekommen. Ich bin auf einer Liste.«

»Für die Rückholflüge? Wann denn?«

»Morgen ...«

***

Der Pick-up arbeitet sich über die unebenen Stellen der Farm, durch die vielen Regenschauer der letzten Tage ist der Boden rutschig, unsere Fahrt zurück zum Bootshaus langsam, fast ein bisschen mühselig. Ich halte mich mit einer Hand am Fenstergriff fest, sehe kurz zu ihm herüber, für ein Lächeln, für einen kurzen Augenblick zwischen uns. Gesprochen haben wir in den letzten Stunden kaum. Nachdem wir die Papiere, die ich benötigen würde, sortiert und ausgedruckt hatten und ich noch einmal mit dem Konsulat in Pretoria telefonierte, um alle Informationen über meine Rückreise einzuholen, saßen wir noch eine Weile mit der Familie zusammen, verdauten die Neuigkeiten gemeinsam – oder taten füreinander so.

Jetzt waren wir nach fast vier Stunden das erste Mal wieder allein, eben hatte er kurz meine Hand gehalten, aber dann sofort wieder beide am Lenkrad gebraucht. In einer halben Stunde werden wir zum Abendessen zurückerwartet. Damit bleiben uns zehn Minuten, um uns umzuziehen, und dann noch fünf für eine Umarmung. Eine lange, in der ich ausatmen und die Muskeln loslassen kann, die ich in zu viel unbestimmter Stille immer anspanne. Ich ziehe mir gerade einen gemütlichen Pullover über mein kurzes Top und suche nach einem Zopfgummi, um mir die Haare zusammenzubinden, als ich Chris über den Holzfußboden zu mir ins Schlafzimmer laufen höre.

»Lass uns doch lieber hierbleiben ... damit wir heute noch einmal nur zu zweit sind?«

»Okay ... ich könnte uns Pasta machen?«

Er nickt, küsst mich, zieht ein frisches Handtuch neben mir aus dem Schrank und geht wortlos ins Badezimmer.

Meine Bolognese braucht gut neunzig Minuten, eigentlich zwei Stunden, aber wir haben Hunger und schon eine halbe Flasche Rotwein getrunken. Während ich die Pasta auf zwei Teller verteile, zündet er Kerzen und Öllampen um uns an, und als ich mich setze, mich in dem kleinen Raum umschaue, der nur durch ein paar warme

Lichter noch Umrisse zeigt, denke ich: Es fehlt vielleicht Parmesan, aber sonst gar nichts.

Es ist egal, dass wir hier keinen Strom, keinen Empfang, nur uns und nur noch wenig Zeit haben. Dieser Moment zählt. Nicht was auch immer noch kommen oder was vielleicht sein könnte. Das habe ich schon vor Jahren in Afrika gelernt, mich in den letzten zwei Wochen aber erst wieder daran erinnert: Momente zählen zu lassen, nur sie, nicht das, was danach kommt. Denn das kommt von allein. Und zeigt sich erst dann, wenn es so weit ist.

Nach dem Abendessen rollt er sich eine Zigarette und raucht sie im Türrahmen, während ich den Tisch abräume und uns noch einmal Wein nachschenke. Ich reiche ihm sein Glas, lehne mich an seinen Rücken und frage, vielleicht endlich: »Woran denkst du?«

***

Er denkt darüber nach, dass wir uns nicht ineinander verlieben sollten, nicht jetzt, obwohl es vielleicht zu spät ist. Vielleicht für ihn. Er denkt darüber nach, dass er sich vielleicht immer weniger und dann gar nicht mehr bei mir melden wird, sobald ich zurück in Deutschland bin. Dass er deswegen aber trotzdem nicht immer weniger und dann gar nicht mehr an mich denken wird. Er denkt darüber nach, dass er nie eine Beziehung über sein Telefon haben wollte. Er denkt darüber nach, dass wir vielleicht eine Pause machen sollten, bis ich wieder in Südafrika bin. Er denkt darüber nach, ob es richtig war, mich so früh seiner Familie vorzustellen, die mich längst so gernhat. Er denkt darüber nach, ob wir dabei sind, uns unglücklich zu machen. Und dann will er gar nicht darüber nachdenken, wie das ist, wenn er mich auf einmal nicht mehr sehen, nicht mehr festhalten, nicht mehr bei sich haben kann.

Und ich denke, dass er spät anfängt, über all das nachzudenken. Viel später als ich.

»Ich will nicht, dass wir kaputtgehen, weil wir zu früh so nah und dann zu lange zu weit voneinander entfernt sind. Ich will nicht, dass wir uns an zwei Bildschirmen auserzählen. Ich will, dass wir eine echte Chance haben, wenn du wieder in Kapstadt bist. Ich will dich wiedersehen, ich will das hier nicht enden lassen. Aber wenn du noch kannst, sieh mich vielleicht lieber als einen Freund, dem du viel bedeutest«, sagt er leise in den Nachthimmel. Ein Teil von mir ist erleichtert, ein anderer fühlt sich weggestoßen. Er sieht mich nicht an, fixiert einen blinden Fleck weit vor uns. »Das macht viel Sinn ...«, antworte ich – und meine es so.

Ich zuckte schon vor Wochen zusammen, als er mich vorm Clarke's küsste, meine Hand hielt und dabei fragte, wie lange ich eigentlich immer in Deutschland bliebe, bis ich wieder nach Südafrika käme. »Sechs oder acht Wochen?«

»Eher sechs Monate ...«, hatte ich geantwortet und wir dann einfach nicht weiter darüber gesprochen. Ich lag schon lange immer mal wieder mit dem Gedanken wach, dass wir uns gerade einmal sechs Wochen kannten, unsere Dates noch abzählen und uns an jedes einzelne erinnern konnten – aber bald auf unbestimmte Zeit voneinander getrennt sein würden. Aber erst jetzt, während die Nachricht über meine Abreise gerade einmal ein paar Stunden alt war, konnte ich das Gefühl zulassen, dass eine Fernbeziehung nach so kurzer Zeit, mit einem Mann, der nicht gern redete, der Nähe brauchte, um sich überhaupt zu öffnen – vielleicht nur ein weiterer Anfang war, um mich unglücklich zu machen. Und das, nachdem ich gerade erst Monate gebraucht hatte, um zu mir selbst zurückzufinden.

»Kennst du diese Zeile in Filmen? In denen die Menschen einander sagen, dass es schwer wird, hart wird, aber es das alles wert ist? Ich denke dann immer, wie unfair das ist. Sich eine Sicherheit für alles Kommende zu versprechen, die man in einem Moment gefühlt hat, in dem alles leicht und überschaubar war. Ich glaube, du kannst dir nicht versprechen, dass du meistern wirst, was auch immer kommt. Oder zumindest ist dieses Versprechen nicht viel wert. Glauben kannst du es erst, wenn beide es wiederholen – und zwar in dem Moment, in dem eintritt, was schwer, was hart, was auszehrend sein wird.«

Chris nickt, ich hoffe, dass er versteht, was ich sagen will. Ich wusste genau, dass wir nicht einfach enden würden, sobald ich diese *cabin* verlassen musste; ich fühlte es, ich war mir sicher, wie gern er mich hatte, ich war mir sicher, dass ich ihm glauben konnte. Aber ich war mir nicht sicher, ob wir beide wussten, ja überhaupt begriffen, was wir hier angefangen hatten und wohin es uns tragen könnte.

***

Meine Koffer wirft er auf die Ladefläche, auf dem Beifahrersitz liegen unsere Masken und Papiere. Wir sind früh dran, auch weil wir sie beide nicht mehr ausgehalten hatten, die aneinandergereihten letzten Male: das letzte Frühstück, der letzte Schluck Kaffee, der kurze, letzte Spaziergang bis zu den Trauerweiden. Die Zeit, die immer schneller ablief und dabei immer zäher wurde. Es ist so ein ganz bestimmtes Gefühl, das sich in deinen Magen zwängt, wenn du nicht willst, dass etwas aufhört und du deswegen willst, dass es einfach nur schnell vorbei ist. Also kontrollieren wir noch einmal alle Schränke, schließen die Hütte ab und fahren los. Als wir von der Farm rollen, winkt seine Familie uns noch lange hinterher: Sie steht genau dort aufgereiht, wo ich sie vor zwei Wochen kennengelernt und mich noch so scheu gefühlt, wo ich sie vor wenigen Minuten noch fest in den Arm genommen hatte.

Auf dem leeren Highway, der uns für zwei Stunden Richtung Nordwesten leitet, nimmt er meine Hand, verschränkt meine

Finger mit seinen. Das ist es, woran ich mich am meisten erinnere. An meine Hand in seiner, während die Kilometer vor uns abliefen. Nicht an die Straßensperren, nicht an die Kontrollen, nicht an das Militär, nicht an die vielen Stempel auf meinen Unterlagen, nicht an die Schlagbäume vor den Zufahrten.

***

Auf dem Schotterplatz der deutschen Schule in Pretoria ist es vorbei. Ich fühle es sofort. Es ist, als würde man mir die vergangenen Wochen, den Lockdown, jedes behütete Gefühl, wie einen zu großen Rucksack am Eingang abnehmen. Ab hier, ab jetzt, gibt es nur noch Platz für Wasserflaschen mit hundert Millilitern, für Schilder, für Anweisungen, für abgetrennte Bereiche und Passagierlisten. Wir werden zur Seite gebeten, von einem Tisch zum nächsten, bis man meinen Namen findet – und uns gerade noch einen letzten gemeinsamen Moment lässt. Wir stehen unter einem weißen Pavillon, hinter uns warten weitere Passagiere, vor uns das Gebäude, in das nur ich hineindarf. Neben mir weint eine junge Frau und schlingt die Arme um die Hüfte ihres Freundes; ein älteres Ehepaar, das seinem Sohn Auf Wiedersehen sagt, schweigt beklommen, blättert noch einmal durch die Tickets. Der Vater fragt, ob es in Ordnung sei, sich hier noch einmal zu umarmen, mehr als ein Achselzucken der Ordner bekommt er nicht als Antwort. Man will uns nicht hetzen, aber man will, dass wir uns beeilen, dass wir nicht zu lange zögern, uns nicht aufhalten, sondern verabschieden.

»Okay ...«, sagt er. Atmet tief aus und zieht mich zu sich. »Pass auf dich auf, ja? Schreib mir, wenn du am Flughafen bist. Oder wenn irgendwas ist. Ich hab mein Handy bei mir.« Ich nicke, küsse ihn kurz, will, dass mir die Blicke aller anderen egal sind, aber kann sie nicht abschütteln, meinen Kopf nicht für diesen letzten Moment nur

zwischen uns zwei holen. Wir fühlen uns sperrig an, beide verunsichert, vielleicht in der Situation, vielleicht aber auch voreinander.

»Ich werde dich vermissen ...«, sage ich, versuche, irgendwelche
Worte zu finden, und spüre, wie sie nicht weiter herauswollen, die
Silben stecken bleiben und leiser werden. Ich will nicht weinen, will
es ihm (oder mir) nicht schwerer machen. »Ich dich auch. Das weißt
du, oder?« Er küsst mich noch einmal, kurz, warm, aber nicht länger als ein paar Sekunden, dann nehme ich meinen Koffer aus seiner
Hand und laufe los, drehe mich noch einmal um, noch einmal, dann
schließt sich die Schiebetür hinter mir – und er ist weg.

**

Ich ziehe mein Gepäck in die Ecke, krieche unter der Absperrung
durch und setze mich in die leere Aula. Auf meinem Schoß liegt
das Lunchpaket, das mir seine Mutter noch gepackt hatte, in meiner
Hand habe ich mein iPhone. Ich schreibe ein paar Freunden und
meiner Familie, dass ich gut an der ersten Station angekommen bin.
Ich scrolle, zum ersten Mal seit Wochen, wieder durch Instagram,
öffne irgendwann mein Postfach, aber kann mich nicht wirklich auf
irgendeine der Nachrichten konzentrieren. Ich hänge noch fest, ich
stecke noch in unserem Abschied, der sich so falsch angefühlt hat,
eigentlich schon den ganzen Tag, viel zu schnell, viel zu schal. Ich
hatte mir nicht einmal mehr einen Moment allein mit dem Bootshaus genommen und schließlich eben so steif in dieser Umarmung
gestanden, die doch eigentlich viel länger hätte dauern sollen.

Ich schließe die Tabs und will das Handy weglegen, den Kopf
freikriegen oder zumindest anhalten, aber es klappt nicht.

»Hey ...«, sage ich, als die Verbindung hergestellt ist und ich seine
Stimme höre.

»Alles okay?«

»Ja ... oder nein. Ich weiß nicht. Ich fühle mich komisch. Ich fühle mich nicht gut, ich fühle mich überfordert und – irgendwie so, als hätten wir das vorhin falsch angestellt. Es wäre so unnatürlich, wenn wir jetzt irgendetwas versprechen oder überhaupt schon entscheiden, aber dich wie einen Freund zu behandeln, den ich hier auf unbestimmte Zeit zurücklasse, das – kann ich nicht. Ich weiß, es ist das, was du dir gestern Abend gewünscht hast und ich weiß, dass es so einfacher wäre, aber ...«

Erst sagt er nichts, lässt nur den Fahrtlärm zwischen uns rauschen. Ich will gerade nachfragen, ob er noch da ist, als er antwortet: »Ich weiß, was du meinst. Ich wollte dir noch so viel sagen, Lina. Ich hatte das alles in meinem Kopf. Ich wollte dir sagen, wie sehr ich dich vermissen werde. Und dass ich ... dass ich weiß, was ich gestern Abend gesagt habe, aber die Wahrheit ist: Dafür ist es zu spät. Es wäre gelogen, wenn ich behaupten würde, dass ich nur ein Freund für dich sein will. Ich weiß nicht, ob ich gerade schon zu viel sage oder du das vielleicht alles noch gar nicht hören willst, aber ich warte auf dich, okay? Ich warte einfach diesen Winter ab, bis du zurückkommst – wenn du das willst.«

Ich atme tief ein. Was will ich? Ihn nicht verletzen. Was will ich? Mich nicht entscheiden. Was will ich? Mich nicht verletzen. Was will ich? Nicht, dass es aufhört. Was will ich? Uns nicht gegenseitig festfahren oder aufhalten. Was will ich? Nicht zurück in die Realität. Was will ich? Ich will die Zeit verschieben, vorspulen. WAS WILL ICH? Was will ich? Was will ich, wenn ich jetzt nicht denke, nicht kalkuliere, mich nicht an die Vergangenheit erinnere, nicht schon eine Zukunft plane, was will ich, wenn ich jetzt antworte ...? Verdammt, jetzt antworte.

Es gibt einen Grund dafür, dass Fernbeziehungen öfter scheitern, als dass sie die ersten drei Monate überstehen; warum wir sie vermeiden wollen, warum wir lieber vor ihnen flüchten, als sie eingehen. Distanz und Sehnsucht werden erst zu zermürbenden und dann zu ermüdenden Faktoren, wenn du dich in jemanden verliebst, aber jedes Gefühl erst abtippen musst, bevor du es teilen könntest. Es ist kräfteraubend, wenn Nähe durch eine Nachricht ersetzt wird, wenn du an jemanden gebunden bist, den du trotzdem nicht festhalten, nicht anfassen kannst.

Es gibt einen Grund dafür, dass niemand eine Fernbeziehung will – und trotzdem so viele eine haben: Es ist Hoffnung. Die Hoffnung, dass dieses Mal die Ausnahme sein könnte, die Hoffnung, dass man in schwankender Unsicherheit auch immer Platz für das Unerwartete macht. Es ist die gleiche Hoffnung, die wir fühlen, wann immer wir unser Herz wirklich riskieren, wann immer wir bereit sind, uns für jemanden zu öffnen, der von nun an die Fähigkeit hat, uns nicht nur Glück, sondern auch Schmerz zuzufügen. Und da begreife ich: Es ist nicht die Distanz, die uns Angst macht. Sie ist nur einer der Risikofaktoren dafür, dass wir verlieren könnten, was wir gerade vorsichtig beginnen zuzulassen: Liebe.

Ich weiß, was ich will. Ich schließe die Augen, damit ich es sagen kann. »Okay ... warte auf mich und ich warte auf dich. Lass uns sehen, wo wir landen.«

Tinder, gelöscht

Vor einer Woche bin ich wieder in Hamburg gelandet. Im Gegensatz zu den gemeinsamen letzten Malen auf der Farm, an die ich mich erinnern will, kämpfe ich mich auf einmal durch eine Menge erster.

Das erste Mal einschlafen, allein. Das erste Mal aufwachen, allein. Den ersten Sonntag mit gelieferter Pizza im Bett verschlafen, den wir sonst mit einem Braai, in der Sonne und mit dem Rest seiner Familie verbracht hätten. Das erste Mal in einer Schlange vor dem Supermarkt anstehen, fast eine Stunde lang, nur um hastig ein paar Lebensmittel einzukaufen. Das erste Mal mit meinem Hund durch das kalte, nasse Hamburg spazieren, statt barfuß über die Farm zu laufen, und realisieren: Ich bin zurück in Deutschland. Ich bin mitten in der Pandemie – und wieder 9.985 Kilometer von Südafrika entfernt.

Es dauert länger als gedacht, um zurückzukehren, hier wieder anzukommen, meine alten Routinen wiederzufinden – jetzt, wo die Stadt still bleibt, wo der Osterstraße das Klappern von Geschirr, das Rascheln von Zeitungen, die in der Frühlingssonne gelesen werden, die Gespräche, die Schritte fehlen. Draußen vor den Cafés stehen keine Bänke, drinnen sitzen keine Menschen. Statt die erste Weißweinschorle des Aprils mit all den anderen Hamburgern vor dem Aurel zu trinken, sitzen wir in sicherem Abstand zueinander, maximal zu zweit. Und schämen uns fast dafür, dass wir uns treffen, dass wir ein bisschen Sonne genießen und die Nachrichten so gut es geht ausblenden, die sich über unseren Köpfen, in unseren Smartphones, in jedem Tweet und beinahe minütlich überschlagen.

Eine Konstante, die sich mit keiner Pandemie, mit keinem Jahr, seit sieben Jahren nicht ändert, ist diese hier:

```
»Hey, hey - was machst du so?«
```

Er fragt das immer. Immer genau so und immer im Frühling, kurz bevor die Festivals losgehen, wenn die Vorfreude auf das Hurricane steigt, den Ort, an dem wir uns kennengelernt haben.

Seit Jahren passiert nichts zwischen uns. Wir sind wie eine gute Erinnerung, die kurz auflebt und dann zurück in ihr Polaroid kriecht, bevor sie zu nah kommen und in der Realität verblassen könnte. Was ich damit meine, ist: Einmal im Jahr sehe ich Heath wieder. Ich treffe ihn auf einen Drink in meiner Wohnung, wir erzählen uns nie genug voneinander, um uns wirklich näherzukommen, aber immer genug, um uns kurz zu fühlen, als würden wir uns tatsächlich seit Jahren kennen. Wir schlafen miteinander, einmal, zweimal – und am nächsten Morgen verabschiedet er sich. Wir reichen nie, um wirklich anzufangen. Aber wir sind immer genug, um uns ein paar Wochen in die Vorstellung von einem gemeinsamen Wir zu stürzen. Bis er vergisst zu antworten oder ich vergesse, mich wieder zu melden. Bis zum nächsten Jahr.

»Und, was machst du so?«, fragt sie mich grinsend, als ich ihr die Nachricht noch auf meinem Sperrbildschirm zeige. Ich treffe Nori zum ersten Mal seit Monaten wieder auf ein Glas Wein. Eingewickelt in Decken sitzen wir auf dem Altonaer Balkon, dippen Baguette in frischen Hummus und setzen genau dort an, wo wir im letzten Winter aufgehört haben: Wir reden über Fernweh, über Zukunftspläne in Südafrika, über das nächste Buch, das ich schreibe – und über Dates. Nori steht da, wo *schnell.liebig* angefangen hat. Sie ist Single, sie datet, sie löst sich wieder, sie bewegt sich weiter. Und zum ersten

Mal in unserer Freundschaft – bleibe ich stehen statt mitzuziehen, oder schwebe zumindest auf der Stelle.

»Was meinst du?«

»Na, antwortest du ihm?«

»Mal ganz davon abgesehen, dass ein One-Night-Stand während eines nationalen Lockdowns kaum angebracht ist – weiß ich irgendwie nicht, ob ich ihn wirklich sehen will.«

»Weil es jetzt Chris gibt?«

Sie lächelt mich über den Rand ihres Weinglases hinweg an. Ich lächle zurück, unsicher, drücke mich um eine Antwort herum.

»Chris und ich ... wir haben noch nicht richtig darüber gesprochen, ob wir exklusiv sind. Also nein, es ist nicht er, wegen dem ich zögere. Ich weiß einfach nicht, ob ich noch Lust habe, Heath wiederzusehen. Ich meine, das mit ihm und mir, das führt nirgends hin ...«

»Nicht mal mehr zu gutem Sex?«

Ich schüttle den Kopf. »Ich hab das Interesse verloren. Zumindest an ihm, oder eher gesagt an diesen Geschichten, von denen ich schon vorher weiß, dass sie nicht mal 24 Stunden anhalten. Irgendwie – langweilt es mich. Es gibt mir nichts mehr.«

»Okay, hast du Tinder schon gelöscht?«

Ich nicke. Als ich vor ein paar Tagen im Bett lag und mich durch mein Smartphone scrollte, war ich über die App gestolpert. Ich hatte wissen wollen, wie es sich anfühlen würde, sie einfach zu löschen; nicht weil ich frustriert war, weil ich sie loswerden wollte, sondern *vielleicht* nicht mehr brauchte. Ich klickte auf *delete app*. Nach vier Stunden installierte ich sie wieder, öffnete sie, *swipte* mich durch ein paar Optionen, nur um sie dann noch einmal zu löschen. Seitdem hatte sie mir nicht mehr gefehlt.

»Lina Mallon, ich kann kaum glauben, was ich da höre. Du bist doch wohl nicht in einer Beziehung?«, sie zieht mit einem Grinsen die Augenbraue hoch.

»Nein, nicht in einer Beziehung – aber, wer weiß, vielleicht bin ich bereit dafür. Ich wollte die ganze Zeit, immer wieder, dass etwas tiefer geht.«

»Also … bist du auch bereit, dich dafür von den Dates zu verabschieden?«

Auf dem Weg zurück in meine Wohnung denke ich über Noris Frage nach.

Es stimmte: Wenn ich mich dafür entschied, eine Beziehung, eine intensivere Bindung zu Chris einzugehen, bedeutete das das Ende der Dates. Ich würde zumindest in den nächsten Monaten keine mit Chris haben können – und auch mit sonst niemandem.

Dates, Verabredungen zu einem Bier, ein Treffen auf einen Kaffee oder ein Flirt an der Bar, mit der Absicht, ihn vielleicht länger als ein paar Minuten dauern zu lassen – all das hatte fast acht Jahre lang zu meinem Leben gehört, war so etwas wie mein Alltag gewesen. Ich traf Männer nicht nur aus reiner Beziehungsabsicht: Ich *matchte* sie, um eine gute Zeit zu haben, um neue Menschen in neuen Städten kennenzulernen, um neue Erfahrungen zu machen, um mich unterhalten, manchmal auch inspiriert zu fühlen. Dates machten mir Spaß. Die Geschichten, die ich auf Dates erzählte oder hörte, stimulierten mich, von Zeit zu Zeit erweiterten sie sogar meinen persönlichen Horizont. Dating – das war für mich nicht nur eine Quelle für Bestätigung, möglichen Sex oder ein Stückchen Liebe. Es war ein Teil meines Lebens. Und vielleicht sogar ein Teil meiner Identität?

Ich bin nicht die Frau, die nach romantischen Urlaubszielen für eine Woche *zu zweit* sucht, die mittwochs, donnerstags und sogar freitags auf dem Sofa kuschelt, einen Film heraussucht und dabei einschläft. Und ich plane meine Abende generell nie im gemeinsamen Kompromiss, sondern ausschließlich für mich selbst. Ich habe keine organisierten Wochenenden, die mit gemeinsamen Einkäufen, mit Besuchen bei jeweiligen Familien oder den Geburtstagen *seiner* Freunde gefüllt sind. Und ich habe auch noch nie, wie so viele meiner Freundinnen, mit Liebeskummer auf der Couch gelegen, weil ich in eine größere, gemeinsame Wohnung mit einer tollen Küche und glänzenden Armaturen hätte ziehen wollen, aber sie dann doch nicht bekommen habe. Ich mag meine Singlewohnung. Ich mag es, dass ich an mindestens drei Tagen der Woche Essen bestelle und die restliche Zeit *leftovers* esse oder mich spontan verabrede. Ich mag es, dass meine Haustür hinter mir zufällt und mir damit versichert, dass mich gleich nur mein Dackel begrüßen wird. Ich bin an Sonntagen nicht einsam – ich bin ungestört. Und: Ich liebe es, an einem Donnerstag noch nicht zu wissen, wen ich am Samstag vielleicht treffen könnte.

Sicher, nicht immer ist es nur die freie Spontaneität oder die süße Spannung, die meinen Singlealltag ausmacht. Es gibt genauso oft auch Unsicherheit und Abbruchsfrust, es ist nicht selten Zweifel (und manchmal auch Einsamkeit) im Spiel. Vor allem an Abenden, an denen ich mir wünschte, dass da jemand auffängt, was ich nicht mehr tragen oder einfach nur loswerden möchte – oder aber in Situationen, die jemand mit mir teilt und später gemeinsam erinnert, was mich gerade so sprudelnd glücklich macht.

Aber Single zu sein, das ist nicht nur ein Beziehungsstatus, den ich für ein paar Monate auskosten und dann wieder ändern möchte; das ist nichts, worauf ich mich einlasse oder was ich mal ausprobiere, unverbindlich anprobiere. Es ist ein Teil von mir.

Und auf einmal begreife ich, dass ich nicht nur eine App löschen, nicht nur keine neuen Dates vereinbaren – sondern tatsächlich Schluss machen musste: mit meinem Single-Ich.

***

Drei zähle ich, bis ich mit dem Hund am Weiher ankomme, vielleicht sogar vier, wenn ich einen Moment länger hingesehen hätte. Dreieinhalb schöne Männer, die mich allein an diesem Morgen während eines simplen Spaziergangs angelächelt haben. Ausgerechnet jetzt tauchten sie wieder auf? In einem Viertel, in dem ich über Monate nur Kleinfamilien, Bugaboo-Kinderwagen, Fjällräven-Rucksäcke und hochschwangere PR-Beraterinnen getroffen hatte? In einer Stadt, in der wir sonst grundsätzlich auf die Hilfe von Apps angewiesen sind, um Funken zu finden? War das ein zynischer Gruß von meinem Karma? War das *Murphy's law, the love edition?* Warum fand ich die schönen Männer ausgerechnet jetzt wieder, zwei Wochen, nachdem ich dem einen schönen Mann versprochen hatte, auf ihn zu warten?

Warum hatten sie vorher mich oder ich sie übersehen?

Die Antwort konnte ich mir selbst geben: Es war meine selektive Wahrnehmung, vermutlich kombiniert mit meiner inneren, positiven Ausstrahlung.

Ich war frei von jeglichem Datingfrust, ich vermutete hinter einem lächelnden Mann nicht sofort einen *fuckboy*. Ich fühlte mich im Moment weder zurückgewiesen, noch war ich dabei, ein frisches Ende zu verarbeiten. Man könnte auch sagen: Ich war das vermeintliche Abbild einer Frau, die nichts suchte und alles haben oder finden konnte.

Dabei ist es doch eigentlich viel selbstbestimmter: Dein Blick findet immer das, was du wahrnehmen willst, was du gerade in deinen Fokus rücken lässt. Was willst du sehen? Mögliche Anfänge – oder potenzielle Abgründe? Du bist deine eigene Perspektive.

Und genau das war es, was mich auf einmal mit einem Gefühl von Rastlosigkeit, mit einem Kribbeln im Bauch, auf dieser Bank sitzen ließ.

Wenn mein Blick jetzt auf einmal wieder offen und wie von allein auf die Optionen fiel, woher wusste ich dann, dass ich mich für Chris entscheiden wollte? Sah ich sie, weil ich sie nicht mehr wollte, nicht mehr brauchte – oder weil ich sie vermeintlich nicht mehr *haben konnte?*

Ich muss an Finn denken, daran, wie sehr ich ihn an ausgerechnet dem Abend gewollt hatte, an dem er nicht mehr zu haben war. Reaktanzverhalten – der innere Widerstand gegen jegliche Einschränkung. Es ist jener psychologische Effekt, der unsere Entscheidungen beeinflusst. Wenn wir Reaktanz spüren, erscheinen jene Wahlmöglichkeiten attraktiver, die bereits weggefallen sind, oder aber in absehbarer Zeit unerreichbar werden könnten. Die bedrohte Alternative, Finn, verpasste Dates, schöne, unbekannte Männer auf ihrer Runde um den Weiher werden dadurch aufgewertet, indem sich unsere persönliche, innere Wahlfreiheit eingeschränkt anfühlt.

Woher wusste ich, ob mein Kopf mir einen Streich spielte oder ob mein Bauchgefühl und dieses nervöse Zwicken vielleicht doch echter Zweifel war, der da gerade in mir wuchs?

***

22:45
»Hey du, ich bin gerade wieder in Hamburg angekommen.«

23:10
»Wo warst du denn?«

23:11

»In Südafrika, ich hab ein paar Monate in Kapstadt verbracht.«

23:15

»Hast du mir dieses Mal wenigstens was mitgebracht?«

23:18

»Ich wusste nicht, dass du dir etwas wünschst?«

23:21

»Ich wünsche mir eigentlich nur, dich mal wiederzusehen.«

23:46

»Ich bin nächste Woche wieder in der Stadt, falls du Lust hast, dass ich dich auf einen Wein besuchen komme?«

***

Ich zögere meine Antwort hinaus, schlafe darüber, trinke am nächsten Morgen zwei Tassen Kaffee, öffne immer wieder die Konversation, ohne dass ich auch nur ein Zeichen tippen würde. Wenn ich ehrlich war, wollte ich Heath überhaupt nicht wiedersehen. Ich hatte kein Interesse mehr, aber warum fiel es mir dann so unglaublich schwer, ihm abzusagen? Es stimmte, was ich Nori gesagt hatte: Ich fand ihn – uns – nicht mehr aufregend oder anziehend; alles, was Heath noch für mich ausmachte, war der geringe Aufwand für eine Bestätigung, von der ich nicht einmal genau wusste, was sie eigentlich beweisen sollte. Dass ich einen anderen Mann noch haben konnte? Oder dass ich ihn noch *wollte?* Dass ich noch Single, noch ich war? Wirklich?

Während ich auf den Bildschirm in meiner Hand starre, mich vom wiederkehrenden Aufleuchten der Mails und Pushbenachrichtigungen hypnotisieren lasse, unterbricht mich ein eingehender Videoanruf. Chris.

Er hat seine Gitarre vor sich und lächelt in die Kamera. »Ich muss dir was zeigen«, sagt er. »Ich hab gestern Abend viel an dich gedacht – und dann das hier geschrieben. Wehe, du lachst ...«

Dann beginnt er zu spielen, zu summen – und ich beginne, endlich wieder klar zu sehen. Vor mir saß ein Mann, der einen Kontinent entfernt einen Song für mich geschrieben hatte. Und ich grübelte darüber, was ich einem Mann antworten sollte, der einmal im Jahr für ein paar Minuten Sex mit mir hatte, bevor sich unsere Konversation wieder verlor.

Um herauszufinden, was ich wirklich wollte, brauchte ich keine detaillierte Analyse meiner selektiven Wahrnehmung oder meines verankerten Reaktanzverhaltens. Ich wusste es längst, ich wusste es wieder.

Ich musste mich trennen. Ja, ich musste mit dem Teil von mir Schluss machen, der seine Bestätigung noch immer aus der Identität eines Singles zog. Aber ich musste mich nicht aufgeben, ich musste nicht weniger von *mir* sein. Im Gegenteil: Ich musste mich öffnen, mich hineinfinden in diese Beziehung, sie zulassen, damit sie in mir wachsen und den Raum einnehmen konnte, den ich für sie freimachen würde.

Seltsame Single-Selfcare*

Eine Liste mit Dingen, die zu meiner Single-Selfcare geworden sind; die Hälfte davon mag absurd klingen, aber für mich fühlt sich jeder einzelne Punkt großartig an:

- sich ein Bier oder eine Limonade öffnen und den Kronkorken mit dem Flaschenöffner ins Schubfach fallen lassen (es klingt seltsam, aber es fühlt sich großartig an)

- das Essen vom Lieferservice nur dann wirklich genießen zu können, wenn nebenbei die Serien auf Netflix laufen, die man im Schlaf mitsprechen könnte

- drei der sechs gelieferten Frühlingsrollen schon im Stehen über der Küchenspüle essen

- nach einer langen, heißen Dusche stumm und noch tropfend auf dem Bett sitzen, minutenlang, ohne Gesichtsausdruck

---

* Das »Single« in Selfcare bezieht sich dabei gar nicht so sehr auf den jeweiligen Beziehungsstatus, sondern eher darauf, dass wir die meisten dieser Momente am allerliebsten ganz allein genießen und sie nur ungern teilen – oder gar loslassen. Carrie Bradshaw formulierte es in *Sex and the City* damals so: »Während du Single bist, sind diese Gewohnheiten normal, ein guter, positiver Teil deines Alltags; aber wenn du in einer Beziehung bist, werden dir manche von ihnen heilig.«

- die Make-up-Tasche auf dem Fußboden vor dem großen Wandspiegel stehen lassen, darüber stolpern, sie trotzdem nie wegräumen <3

- die Schuhe, die Tasche und die Jacke an Samstagen um 02.15 Uhr achtlos im Flur liegen lassen, den Döner in der sicheren Dunkelheit des eigenen Schlafzimmers essen, ein Sherlock-Holmes-Hörbuch hören, zufrieden einschlafen

- nach langen Arbeitstagen oder Fahrten noch eine Weile im Auto sitzen bleiben und in völliger Stille durch das eigene Smartphone scrollen

- die leeren Kaffeetassen in der Spüle sammeln (es wäre so einfach, sie in den Geschirrspüler zu räumen, aber es schenkt mir seltsame Befriedigung, sie einfach draußen stehen zu lassen)

- einen Twix nie ganz essen (und ihn später im Kühlschrank wiederfinden und echte Euphorie fühlen)

- eine Schwarzwälder Kirschtorte von Coppenrath & Wiese immer ganz essen (allein, mit nur einer Gabel, zum Abendessen)

- den Koffer (der Bruder der Make-up-Tasche) nach einer langen Reise im Flur stehen lassen und ganz ungestraft mindestens eine Woche lang ignorieren

- generell Probleme ausführlich und ernsthaft mit dem eigenen Hund besprechen und sich verstanden fühlen

Was wir haben, was wir wollen

Er gibt mir einen Kuss auf die Fingerkuppen, legt dann meine Hand auf seinem Oberschenkel ab und greift wieder nach seinem Glas. Die Unterhaltungen um mich herum sind laut, aber unverständlich; die Sprache ist mir fremd, die meisten Menschen sind es auch, sie ziehen nur an mir vorbei, bleiben nicht hängen.

Ich lehne meinen Kopf an seine Schulter, sauge seinen Geruch ein und schließe meine Augen, gebe mich der angenehmen Wärme hin, die mich einnimmt, solange ich ihm nahe bin. In mir steigt Glück auf. Echtes, pures Glück. Auf einmal spüre ich, wie sehr ich ihn vermisst habe. Und bin so erleichtert, dass er zurück ist, dass wir zusammen sind.

Der Ort kommt mir bekannt vor: In der Bar bin ich schon einmal gewesen, auch wenn ich sie gerade nur schemenhaft erkennen kann.

Er steht auf, entzieht sich mir abrupt. Als ich aufstehen und ihm folgen, ihn nur nicht wieder loslassen will, schaffe ich es nicht. Egal wie viel Mühe ich mir gebe, wie sehr ich mich anstrenge – ich mache nur zähe Schritte, bin viel zu langsam. Ich will ihn rufen, aber kann seinen Namen nicht sagen. Wieso kann ich mich nicht an seinen Namen erinnern, wer …

Ich wache auf, als der Ton meines Weckers sich erst behutsam, dann steigernd in mein Bewusstsein schiebt. Langsam schlage ich die Augen auf, warte darauf, dass die Kontraste und Kanten sich schärfen und ich meine eigene Bewegung wieder spüren kann. Neben meinem Schlafzimmerfenster geht gerade die Sonne auf. Es ist ein Mittwochmorgen, ich bin allein, steige gleich in die Dusche, drehe das Wasser auf, wickle mich in ein Handtuch. Dann mache ich mir einen Kaffee, nehme einen Schluck, lasse ihn wirken und kehre hoffentlich zurück – nicht nur mit meinem Körper, sondern auch mit meinem Kopf. Zurück in die Gegenwart.

Es ist das dritte Mal, dass ich von ihm träume. Das dritte Mal in vielleicht zwei Wochen. Früher hatte ich es mir gewünscht, hatte beim Einschlafen all die Momente ausgemalt, in die ich noch einmal zurückkehren oder die ich überhaupt je mit ihm hatte erleben wollen. Ich hatte ihn fast schon in meinen Schlaf zwingen wollen. Immer ohne Erfolg. Und jetzt – jetzt! –, wo er in meiner Realität verblasst war, immer unbedeutender wurde … kam er von allein zurück. Er blieb die ganze Nacht und ließ mich manchmal auch den halben Tag über nicht ganz los. *Nathan.*

***

»Es ist nur ein Traum, dein Unterbewusstsein, das irgendetwas zu verarbeiten hat. Mach dir doch darum keine Gedanken!«, höre ich sie durch den Lautsprecher sagen. Eine Dekade lang hatte ich jedes noch so kleine oder große, versteckte oder euphorische, aufgewärmte oder erkaltete Gefühl mit ihr geteilt. Sie kannte meine Unsicherheiten und meine Träume, sie kannte mich – ohne dass ich mich je völlig aussprechen musste. Wenn ich mich selbst nicht mehr verstand, war Anika der eine Mensch, der mich noch erklären konnte. In unserer Freundschaft war ich zwar diejenige mit den vielen

Worten, aber sie diejenige, die meinen Satz beendete, wenn er mir im Hals stecken blieb. Ich sage nicht, dass sie nie falschliegt: Nicht jede Vermutung, die sie anstellte, traf genau – aber doch immer einen Nerv.

»Mein Unterbewusstsein wünscht sich offenbar meinen Ex zurück.«
»Ich glaube eher, es beschäftigt sich gerade damit, ihn wirklich loszulassen.«

Ich atme aus, reibe mir die Stirn und denke auf meiner Antwort herum. Ich will ihr widersprechen:
»Das mit Nathan und mir ist seit einem Jahr vorbei. Seitdem habe ich ihn bereits wiedergesehen, zuletzt sogar angeschrien. Ich habe einen neuen Mann kennengelernt, ich habe ihn gedatet, ich habe ihn sogar auf eine Farm mit seiner ganzen Familie begleitet. Ich glaube, mein Unterbewusstsein könnte das Memo so langsam mal bekommen haben.«

»Aber dass du das Ende akzeptiert hast, dass du nicht mehr nach einem Weg zurück suchst, wie umständlich der auch sein könnte, oder ihn zumindest noch für möglich hältst – das ist neu. Das ist es, was dein Unterbewusstsein gerade verarbeitet. Und das ist vielleicht auch der Grund, warum es dich gerade so intensiv an ihn und die Gefühle, die du mal für ihn hattest, erinnert.«

»Ich fühle mich nicht erinnert, ich fühle mich heimgesucht. *Ugh*.« Ich lehne den Kopf zurück, starre an die Decke und bereue bereits, was ich sage, während ich noch dabei bin, es auszusprechen.

»Vielleicht will ich auch einfach nur nicht zugeben, dass bei mir und Chris irgendetwas nicht stimmt oder nicht gut genug ist. Vielleicht will ich diese neue, gesunde, erwachsene Beziehung so sehr, dass ich ignoriere, dass ihr diese ganz – signifikanten Gefühle fehlen. Dieses warme, weiche Etwas, diese rosarote Brille, diese Scheuklappen in den ersten Monaten gegen jeden möglichen Fehler. *Das* fehlt mir.«

»Gut! Gott sei Dank. Ich bin froh, dass du hinsiehst. Jetzt schon.«

»Aber ... irgendetwas stimmt nicht. Als ich Nathan datete – und selbst, als ich *ihn* nicht mehr datete – ich wollte nur ihn. Nur ihn. In meinem Kopf gab es nur ihn, niemanden sonst. Ich wusste immer, dass ich beim nächsten Date noch mehr für ihn fühlen würde als beim letzten. Ich wusste genau, dass ich mich ausschließlich für ihn interessierte. Und wenn ich gewagt hatte, an eine Zukunft zu denken oder sie mir irgendwie auszumalen, dann sah ich nichts, das *nicht* passte.

Mit Chris ist das anders. Auf einmal sehe ich so viele Fehler an ihm. Auf einmal ziehe ich Vergleiche, und ich fühle mich mit meinen eigenen Entscheidungen unsicherer denn je. Ich sitze hier und pausiere auf unbestimmte Zeit, ich sollte sehnsüchtig sein, ich sollte nicht aufhören können, an ihn zu denken, aber ... ich denke auf einmal an alle anderen. *Irgendetwas stimmt nicht.* Anika, so wie ich mich jetzt fühle ... diese Zweifel, diese komische Bindungsangst, die ich auf einmal in mir spüre und die noch nie vorher da war, diese intensiven Träume von einem Ex – das hatte ich noch nie, in keiner einzigen Bezie...«

»Du hattest keine *Beziehungen*, Lina. Du hattest Männer. Und du hattest Gefühle für sie. Und sie für dich. Und einen, vielleicht zwei davon, hast du sogar geliebt. Aber ihr hattet nie – eine Beziehung. Nicht so.«

»Nur weil wir kein Label draufgesetzt haben, heißt das nicht ...«

»Ich sage das nicht, um diesen Kapiteln in deinem Leben irgendetwas abzusprechen oder dich vorzuführen. Sondern weil genau das der Punkt ist, an dem du gerade stolperst. Du hast dich in all die Möglichkeiten verliebt. Aber du hattest nie die Chance auf ein *commitment* mit Nathan. Und ich glaube, genau deshalb hast du es vielleicht so schwer gefunden, ihn richtig gehen zu lassen. Vielleicht hast du deshalb noch so viel länger an ihm festgehalten, als du es eigentlich wolltest.«

»Warum? Warum wollen wir immer das, was wir nicht haben können? Warum wollen wir es immer erst dann am meisten, wenn wir es nicht mehr haben können?«

»Vielleicht weil es einfacher ist.«

***

»Wenn wir emotional hamstern, wenn wir unseren Ballast nicht als solchen erkennen, wenn wir unsere Expartner nicht loslassen, sondern immer wieder zur Erinnerung, zum Vergleich oder einfach nur aus Einsamkeit an uns heranziehen – geht es nicht selten darum, dass wir unsere Ängste und Unsicherheiten leugnen und jede Trauer vermeiden wollen.«

– tippe ich ein paar Tage später. Ich nehme mir Zeit dafür, das zu tun, was mir schon immer am meisten Klarheit verschafft hat: schreiben.

Es fühlt sich für uns manchmal besser an, an etwas festzuhalten, was mal da, mal vertraut war, als es loszulassen. Als auch nur *einen weiteren* Verlust zuzulassen. Je länger wir an einem Ex, einer zerbrochenen Beziehung oder einem alten Konjunktiv (was wäre, wenn …) festhalten, desto größer wird unsere Angst davor, genau das *auch noch* aufzugeben.

Manchmal stecken wir fest, um noch irgendeine Form von Halt zu spüren. Weil wir uns sonst verloren fühlen. Noch mehr als zuvor. Und nicht selten trauen wir uns nur dann erst wirklich loszulassen, wenn wir unsere abgelehnten Gefühle und unsere Sehnsüchte und uns selbst – einfach auf einen anderen, neuen Menschen werfen können.

Meine gesamte Zeit als Teenager, sogar einen Teil meiner frühen Zwanziger, hatte ich mit leidenschaftlichen Schwärmereien und dem Gedanken verbracht, dass sich alles ändern und meine Zweifel auflösen würden, dass ich meine Richtung, meine Zufriedenheit von ganz allein finden könnte – wenn ich *ihn* endlich fände. Auf jede meiner Unsicherheiten hätte er eine Antwort gehabt und auf meine Fehler würden seine Stärken folgen.

Und ich glaube, ich bin nicht die Einzige, die ihn schon einmal gedacht hat, diesen magischen Satz: »Wenn ich ihn bekomme, wenn ich ihn haben kann – dann wird alles gut, dann wird es endlich perfekt.«
Die Wahrheit ist: Wir müssen uns selbst bekommen.

Wir müssen herausfinden, welche Bedürfnisse es sind, welche Sehnsüchte, Schwächen und Ängste, für die ein anderer Mensch bei uns aufkommen soll. Nur dann können wir sie selbst erfüllen, eigenständig heilen, uns selbst das Rückgrat und die Liebe geben, die wir an Orten oder mit Menschen suchen, die wir jetzt noch gar nicht kennen können.

Es ist eine der größten Herausforderungen an uns selbst, diese vollkommenere, glücklichere Version, die ein anderer Mensch aus uns machen soll, aufzugeben – und zu unserem eigenen Ich zu werden. Diesen Schritt machen wir nicht irgendwann einmal und haken ihn dann als erledigt ab. Es ist ein dauerhafter Prozess, etwas, an das du dich immer wieder aufs Neue erinnern musst.

Mit 16 hatte ich mich an einen unrealistischen *crush* geklammert. Und jetzt – obwohl ich es besser wusste, obwohl ich mich doch eigentlich längst durchschaut hatte, obwohl ich gelernt hatte, für mich selbst zu sorgen – tat ich es wieder. Ich klammerte mich offenbar an meinen Ex, vielleicht unbewusst, vielleicht ohne es zu wollen, aber ich tat es.

In meinem Leben gab es nur sehr wenige Bedürfnisse, die ich nicht allein erfüllen konnte, aber doch ein großes, das in den letzten Jahren nicht gestillt worden war: romantische, große, umwerfende Liebe zu einem anderen Menschen. Sie war diese eine Sache, die ich nicht allein entscheiden, erarbeiten, kontrollieren, die ich mir nicht allein gönnen konnte. So wie alles andere. Und mit jedem Mal, mit jedem Mann, an dem ich scheiterte, wurde sie unerreichbarer und ich glorifizierte sie noch ein bisschen mehr, so wie alles, was nicht echt ist und nur in einer Vorstellung existiert.

Ich projizierte meine eigenen Unsicherheiten und unerfüllten Bedürfnisse auf eine unerreichbare Liebe, auf einen unerreichbaren Mann. Der reale Nathan – liebte Tansy. Aber der andere Nathan, der sich irgendwann von ihr trennte, konnte noch immer die Zukunft sein, die noch keine Risse, Fehler oder Enttäuschung in sich trug, die noch luftdicht und sicher verpackt war – und unbenutzt blieb.

An Chris konnte ich die Fehler und die Ecken und Kanten, an denen ich mich stoßen würde, längst sehen und aufzählen. Während ich das Leben in Kapstadt liebte, mochte er die Stadt nicht, zog lieber in ihre Vororte. Ich konnte Stunden am Strand verbringen, ich liebte gemeinsame Essen mit Freunden und war am liebsten ständig unterwegs; er blieb gern für sich. Ich fuhr an Sonntagen auf Weinfarmen, er zum Angeln. Während ich ein Gespräch, emotionale Stimulation oder irgendwie andersartig Nähe zu ihm suchte, am liebsten die ganze Nacht mit ihm telefoniert oder philosophiert hätte, fielen ihm um einundzwanzig Uhr die Augen zu. Ich fand einen Stau nicht schlimm und überspielte ihn mit Popsongs, er ertrug ihn nur launisch.

Von Nathan nahm ich das Gegenteil an, von ihm glaubte ich – und er hatte mir nie beweisen können, dass ich falschlag – all das bekommen zu können. *So weit waren wir nie gekommen.*

Und in diesem Moment begreife ich:

Was ich nicht haben konnte, konnte alles sein. Was ich nicht haben konnte, würde mich nie enttäuschen. Solange ich noch darauf wartete, konnte es noch wahr werden, noch eintreten, noch irgendwann passieren. Es war ein bisschen so, als würde man sich einen Hefter mit seinen Notizen unter das Kopfkissen legen: Solange es noch nicht Montag war und man noch nicht in der Prüfung saß, gab es noch eine kleine Chance, dass man sie irgendwie bestehen würde – auch wenn man genau wusste, dass man nie dafür gelernt hatte.

Wie oft hatte ich als Teenager isoliert auf meinem Zimmer gelegen und von einem Mann geträumt, der mich in ein Leben ziehen würde, das ich jetzt gerade noch nicht haben konnte, von dem ich aber ganz sicher war, dass ich es haben wollen würde.

Wie oft hatte ich in den letzten Monaten allein in meiner eigenen Wohnung in Hamburg, mit zugezogenen Vorhängen, auf meinem Bett gelegen und von diesem Mann geträumt, mit dem das Leben in Kapstadt, die Zukunft in Südafrika, die ich gerade noch nicht hatte – möglich wäre.

Die Zukunft, die ich mit Nathan erträumt hatte, war perfekt gewesen, weil sie nie angefangen hatte. Die Zukunft, die ich mit Chris hatte, war real. Er war echt. Er war ein Mensch aus Fleisch und Blut und Emotionen, mit Fehlern, Launen und Unsicherheiten. Er war ein Mensch mit Zielen, mit Hoffnungen, jemand, mit dem ich wachsen konnte. Und mit so vielen Eigenschaften, die ich noch lange nicht alle kannte.

Das Gegenteil von ...

Wir suchen das, was wir vermisst haben, woran es uns in jenem Moment am meisten mangelt – aber ist das auch das, was wir wirklich brauchen und was uns länger ausfüllt als ein Bedürfnis lang?

Als wir uns kennenlernten, war sie mit Anton zusammen, dem Jahrgangsbesten, dem Fakultätssprecher; einem Mann, der an den Wochenenden tatsächlich golfen ging, der an Samstagen gerne Dinnerpartys gab und Zwiesel-Gläser besaß, aus denen wir an solchen Abenden ausschließlich seinen Wein tranken. Anton hatte mit 24 Jahren schon ein fundiertes Weinwissen, die meisten seiner Gäste hingegen lediglich das Budget für einen Pinot Grigio aus dem EDEKA-Sortiment. Mit Schraubverschluss. Während die meisten von uns in Studenten-WGs oder in den Randbezirken wie Hamburg-Hamm den günstigen Wohnraum suchten, lebten sie zusammen in Winterhude: zwei Zimmer, großer Südbalkon (natürlich), Garagenstellplatz. Anton und Lena schienen so mühelos angekommen, während die meisten von uns noch dabei waren herauszufinden, wo oder wer sie überhaupt waren.

Das Ganze hielt drei Jahre, in denen sich seine beruflichen Erfolge schematisch steigerten, während Lena begann, nach Freiheit und Alternativen, vielleicht auch nach sich selbst zu suchen und immer öfter gegen seinen Plan vom Glück zu rebellieren. Sie begann mit ihrem Äußeren: Sie färbte sich die blonden, langen Haare dunkel, verzichtete gänzlich auf das Make-up, das ihr früher so wichtig gewesen war, dass sie limitierte Editionen aus den USA zollpflichtig einführte, und in einer *spontanen Woche* ließ sie sich erst den Knöchel, dann den Unterarm tätowieren. Als Anton ihr einen Mantel von Tommy Hilfiger, den sie zuvor unbedingt gewollt hatte, zu Weihnachten schenkte, brachte sie ihn am 27. Dezember zurück. Sie sortierte ihren Schrank aus, verschenkte fast alles – und als sie im neuen Jahr nur noch einen Koffer und zwei Reisetaschen besaß, zog sie ohne ein einziges Wort, ohne jede Erklärung aus.

Lena fand ein Zimmer in der Schanze – und ich später heraus, dass Jonas, mit dem sie sich die Küche, das Bad und neuerdings auch die Zigaretten teilte, nicht nur ihr Vermieter oder Mitbewohner, sondern ihr Freund war. »Seit einiger Zeit.«

Er fuhr Fahrrad statt Passat, sein Ziel war nicht die nächste Beförderung oder Sylt, sondern meistens der Elbstrand oder das Molotow, und sein Geld investierte er nicht: Er gab es für Gras und Jägermeister aus. Er war heiß, er war ungezwungen, er weckte sie auf, machte ihr Spaß, tat ihr gut. Sie hatten einen fantastischen Sommer – und dann nur noch Streit. Lena wollte den Trip nach Indonesien, über den sie nächtelang gesprochen hatten, wahr machen, Jonas wollte lieber nur weiter davon träumen. Sie liebte Reisen, er hatte Hamburg seit Jahren nur mit der Regionalbahn verlassen. Lena wollte eine Beziehung, Jonas wollte keine Versprechen einhalten. Lena begann, Drogen zu hassen, Jonas fand sie bewusstseinserweiternd. Als sie sich trennten, färbte Lena sich die Haare blond, fand eine eigene Wohnung in Uhlenhorst, ihren ersten festen Job in einer Agentur und – nur ein paar Monate später – eine neue Beziehung.

Stefan war Offizier, geradlinig, großzügig und vor allem: nicht impulsiv.
Dass er Lena auf Tinder kennengelernt hatte, gehörte vermutlich zu den unkonventionellsten Entscheidungen, die er in den letzten Jahren getroffen hatte.

Jonas wurde für Lena zu einer Anekdote über die Fehler, die man in den Zwanzigern machen musste, um zu sich selbst zu finden; Stefan hingegen wurde zur Metapher für erwachsene Entscheidungen. Er war der Mann, mit dem du Pläne machst, mit dem du Urlaube für den August schon im Februar buchst. Ein Mann, mit dem du binnen kürzester Zeit in eine größere, gemeinsame Wohnung mit neunzig Quadratmetern und drei Zimmern ziehst. Eine sichere Bank eben. Ein Jahr später riss sie aus.

Der Letzte in der Reihe war Max gewesen. Tagsüber Produktmanager, abends Sänger in einer mittelmäßig erfolgreichen Band, die allmonatlich in lokalen Bars ihre überschaubaren Auftritte feierte. Die Hälfte der Zeit wollte er keine Beziehung, in der anderen Hälfte suchte er Lenas Nähe. Mal stand ihm ihr Wunsch nach Aufmerksamkeit im Weg, aber immer öfter auch sein Ego. Die Beziehung der beiden war intensiv, laut, oft glücklich, oft vorbei. Und jetzt doch endgültig. Spätestens mit seiner Affäre, die schließlich aufgeflogen war.

Sie hatte es anfangs sehr schwergenommen, nur langsam überwunden und seitdem für ein paar Monate – und das war neu – mal niemanden gedatet. Und ich fand: Es tat ihr gut. Statt sich von einem Mann zum anderen fallen zu lassen, ihre eigenen Bedürfnisse zu ignorieren und sich einfach in eine neue Beziehung zu lehnen, hatte ich das Gefühl, dass sie zum ersten Mal ein bisschen Zeit mit der Frage verbrachte, was sie eigentlich wollte, wenn sie sich gerade in niemanden verlieben oder von niemandem trennen musste. Oder zumindest fühlte es sich für mich so an, wenn ich in ihrer kleinen Küche saß, wir gemeinsam kochten und sie mir davon erzählte, dass sie in ein paar Monaten, wenn die Welt es wieder zulassen würde, allein nach Indonesien reisen wollte, ohne einen Jonas, ohne Ausbruchsstimmung, dieses Mal nur für sich.

Als ich sie im Juni auf einen Drink in Altona treffe, mich zu ihr setze, fallen mir zuerst die kurzen, wieder dunklen Haare auf, die sie zu einem Bob geföhnt hat.

»Magst du es?«, fragt sie und greift sich in die frischen Spitzen. »Ich wollte diese kaputten, blonden Längen loswerden und dachte, das ist mal was anderes.«

»Du siehst toll aus«, sage ich und fange ihr Lächeln auf.

»Ich muss dir was zeigen.«

»Okay ...«

Dann erzählt sie mir von Phillip. Er arbeitet im gleichen Bürokomplex, stand manchmal in den Raucherpausen neben ihr und hatte ihr vor zwei Wochen, ganz altmodisch, gemailt, dass er das Homeoffice zwar genoss, aber es vermisste, sie zu treffen.

Seitdem waren sie zweimal essen und danach miteinander nach Hause gegangen, beim letzten Dinner hatten sie ein gemeinsames Selfie gemacht. Und genau das schien für Lena gerade der eigentliche Reiz an diesem neuen Date zu sein.

»Ich brauche nur noch eine gute *caption* ...«

»Du willst das posten?«

»Klar, mindestens in meiner Story ...«

»Aber – ist das mit euch jetzt schon offiziell? Ich komme nicht ganz mit ...«

»Nein, ich glaub auch nicht, dass wir was Offizielles werden. Phillip ist süß und so, aber er ist irgendwie nur – Durchschnitt? Ich will eigentlich nur, dass Max es sieht ...«

»Max?«

»Er soll einfach mal denken, ich hätte einen neuen Mann kennengelernt. Einen, der es sich tatsächlich mal leisten kann, mit mir essen zu gehen und der mich auf Dates einlädt und nicht nur nachts vor meiner Tür steht.«

»Aha …«

»Was hast du?«

»Ich glaube, ich frage mich gerade, ob du einfach nur noch verletzt oder wirklich so oberflächlich bist, wie du gerade wirkst. Ein Selfie mit einem Typen, nur um Max zu übertrumpfen? Im Ernst? Lena, was zur Hölle ist das immer mit dir? Mit diesen Extremen? Warum muss der Typ nach Max jetzt unbedingt wieder das Gegenteil von ihm sein? Merkst du eigentlich, wie absurd das ist? Was ist das für ein Raster, das du da fährst? Ich meine, willst du ne gute Zeit mit jemandem haben, um etwas für dein Ego zu tun? Oder willst du diesen Menschen wirklich kennenlernen? Oder ist es eigentlich Max, den du doch noch willst?«

»Nein! Ich will Max nicht! Und warum greifst du mich eigentlich gerade dermaßen an?«

Ich wusste selbst nicht, warum ich so hart reagierte; aber es war, als würden die letzten Jahre, in denen ich ihre Beziehungen, Trennungen, Umzüge, neuen Männer, Wohnungen, die ständig wechselnden Haarfarben oder Lebensgewohnheiten unkommentiert gelassen hatte, auf einmal aus mir herausplatzen. Auch wenn das bedeuten konnte, dass ich nach Johanna eine weitere Freundschaft auf die Probe stellte.

Ich war so lange um Lena herumgeschlichen, aus Angst, dass ich sie verlieren könnte, dass aus meiner vermeintlichen Toleranz gegenüber ihren Sprüngen und Entscheidungen mittlerweile eine Lüge geworden war.

Wenn du 15 bist, glaubst du, dass deine Freundinnen und dich niemals etwas trennen könnte. Wenn du 25 bist, hoffst du es, obwohl du es längst besser weißt. Aber wenn du dreißig wirst, musst du es riskieren. (Auch wenn ich wünschte, dass ich es in Ruhe und nicht in Rage riskiert hätte.)

»Es tut mir leid, aber ich finde es ehrlich gesagt armselig, dass sich in den letzten sechs Jahren alles ausschließlich um den letzten oder nächsten Mann in deinem Leben gedreht hat. Du musstest immer entweder jemanden vergessen oder mit ihm zusammenziehen. Du bist von einem Gegenteil ins andere gestolpert: vom BWLer zum Rebellen, zum Versorger, zum *fuckboy*. Mit dem einen Mann willst du nach Bali ziehen und mit dem nächsten ein Haus in Othmarschen kaufen. Und das alles immer innerhalb weniger Monate. Und ich soll hier sitzen und dir dabei zusehen, wie du gefühlt keinerlei Ahnung hast, wer du eigentlich bist und dir nicht einmal die Mühe machst, es herauszufinden? Ich dachte, du machst endlich mal eigene Schritte, mit deiner eigenen Wohnung und deinen eigenen Plänen, die endlich mal nicht für oder gegen eine Beziehung gemacht werden. Aber jetzt sitze ich hier und höre dir zu, wie du schon wieder dabei bist, dich an den einen Typen zu hängen, damit du bei dem anderen noch eine Reaktion hervorrufen könntest. Meinst du, es ist leicht, dir dabei zuzugucken, wie du einfach immer nur die Version Frau bist, die zu deinem aktuellen Freund entweder am besten passt oder – wenn du mal wieder kurz davor bist, auszubrechen – das Gegenteil von dem ist, was er wollen würde? Merkst du das selbst gar nicht? Dass dein ganzes Leben fremdbestimmt ist? Ferngesteuert?«

»Du bist so eine Heuchlerin, Lina!«, wirft sie mir wütend entgegen, nimmt ihre Jacke und reißt die Tür zum Ausgang auf.

»Ich bin keine Heuchlerin!«

Natürlich laufe ich ihr hinterher. »Hey! Jetzt bleib stehen«, rufe ich noch auf drei Schritte Entfernung, als sie umdreht und wütend auf mich zurauscht. »Tu doch noch so, als seist du so anders! So viel reflektierter und besser und als würde es dir nicht darum gehen, was Gustav oder Nathan über den nächsten Typen denken, den du mal datest. Oder als würdest du nicht selbst nach dem Gegenteil von ihm suchen«, ihre Stimme überschlägt sich fast. »Wobei, vielleicht liege ich auch falsch. Wenn ich mir Chris so anschaue, bin ich nicht ganz sicher, ob du wirklich nach einem Gegenteil – oder einfach nur nach einem Ersatz für Nathan gesucht hast.«

Ich merke erst jetzt, wie sehr ich sie getroffen habe, dass meine Worte sie wirklich verletzt haben. Aber ich bin zu wütend, um sie zu relativieren, fühle mich selbst zu getroffen, zu angegriffen, und hole nur noch mehr aus. »Oh mein Gott, Lena! Ich erlebe *rebounds* an dir jetzt seit sechs Jahren! Meinst du nicht, dass das Abschreckung genug ist? Ich kann dir sozusagen dabei zusehen, wie du der Zuneigung der Männer und der Erfüllung deiner jeweils leeren und ausgehungerten Bedürfnisse hinterherrennst und dich dabei vollkommen verlierst. Und es bist ja nicht nur du! Du schwankst einfach so lange hin und her, bis dir irgendwann der Schwung ausgeht und du kleben bleibst! Es liegt in der Natur des Menschen, sich das zu suchen, was er vermisst, das zu wollen, was er nicht haben kann. Und genau in diese Falle will ich nicht tappen. Darum lasse ich mir Zeit, darum stolpere ich nicht von Beziehung zu Beziehung, ich taumle nicht in die eine oder andere Richtung. Ich will nicht das Gegenteil. Ich will mich gar nicht – nicht schon wieder – verlieben, bis mein Kopf nicht klar ist. Bis ich mir selber vertraue, dass ich nicht nur irgendein Gegenteil suche, sondern bereit bin, das zu finden, was ich wirklich will. Ich suche nicht jeweils abwechselnd nach dem *good or bad guy*. Ich will nicht einfach *irgendwen* in mein Leben zerren, der *irgendein* Bedürfnis befriedigt, das ein anderer nicht gesehen hat. Ich will nicht irgendeinen, der gerade nur irgendeine Insel sichert, die sich untergegangen angefühlt hat. Ich will bestimmt nicht so sein wie …«

»Wie ich? Ja?«, fällt sie mir ins Wort und ich verstumme.

»Du magst mich vielleicht gerade armselig finden. Aber weißt du was? Dann bist du es auch. Denn du bist nicht erhaben oder so viel weiter als alle anderen. Ich bin vielleicht sprunghaft, aber du? Du bist kleben geblieben. Seit Jahren trittst du ins Nichts, fragst nicht

nach *commitment*, weil du genau weißt, dass du dir die Männer aus-
suchst, von denen du keins erwarten kannst. Du bist seit Dominik
keine einzige Beziehung mehr eingegangen, hast dich an *flings* und
Flirts entlanggehangelt und dir und der Welt erzählt, dass es eben
nicht geklappt hat, dass da niemand dabei war. Aber eigentlich hast
du nur so viel Angst vorm Scheitern, dass du lieber von Anfang an
keine Chancen suchst. Deshalb willst du immer noch monatelang,
was du nicht haben kannst, und lässt niemanden wirklich nahe-
kommen. So wie du jetzt Chris nicht an dich heranlässt ...«

Mit diesem Satz lässt sie mich stehen und verschwindet zwischen
zwei Querstraßen. Als ich sie ein paar Stunden später anrufen will,
ist ihr Handy aus, aber ihre Stimme noch immer in meinem Ohr.

Hatte sie trotz all der Wut und den hochgekochten Emotionen recht?
Verwechselte ich meine eigene Unabhängigkeit, mein Zögern, meinen vermeintlich entschleunigten Weg in eine Beziehung – eigentlich nur mit Angst?

Ich hatte Lena vorgeworfen, im freien Fall zu lieben. Wenn ihr jewei-
liger Partner eines ihrer Bedürfnisse vernachlässigte, suchte sie nach
einem anderen, der sie sofort erfüllte. Nach einer aufreibenden, lauten Beziehung voller Streit und aufgewühlten Emotionen heilte sie
sich in einer, die mühelos dahinsegelte. Sie blieb immer so lange, bis
sie sich an Nähe und Sicherheit aufgeladen hatte, nur um wieder bereit für jemanden zu sein, der sie mitreißen und herausfordern, der sie
lebendig machen sollte. Lena stand nie still, sie glich sich nie allein,
sondern immer nur mit anderen aus. Sie kam nie auf ein Level, in dem
sie nichts brauchte, nichts suchte – eines, in dem sie einfach nur *war*.

Und ich konnte nicht verstehen, dass sie immer wieder einen anderen Menschen dafür verantwortlich machte, ihrem Leben, ihrer

ganzen Persönlichkeit eine Richtung zu geben. Wie sollte sie je herausfinden, was sie wirklich und nachhaltig glücklich machen konnte, wenn sie immer nur dem Gegenteil nachgab?

Ich hatte in den letzten Jahren wenige Momente zugelassen, in denen mein eigenes Wohlbefinden, meine innere Balance und meine Pläne oder Ziele von einem anderen Menschen bestimmt worden wären. Mein Vertrauen in mich selbst, mein Rückgrat, ja auch mein Mut: Das alles beruhte vor allem darauf, dass ich für mich selbst sorgte, dass ich wusste, dass ich es konnte. Wenn ich ein Abenteuer brauchte, ging ich eines ein, wenn ich Sicherheit spüren wollte, gab ich sie mir, wenn ich eine Herausforderung fand, wusste ich, dass ich sie selbst annehmen und für mich gewinnen musste. Nähe suchte ich nicht nur bei einem Mann, sondern bei meinen Freunden, meiner Familie, bei mir selbst. Der einzige Mensch, der über mich entscheiden durfte, war ich. Ich allein.

Und bis jetzt ... hatte ich das für meine große Stärke gehalten. Aber was, wenn Lena recht hatte? Was, wenn ich nicht nur mir selbst nah sein wollte – sondern vor Beziehungen regelrecht flüchtete? War ich dabei, Chris wegzustoßen, nur damit er gar nicht die Chance dazu bekam, mich oder meine Bedürfnisse zu enttäuschen? Gab ich mir überhaupt selbst die Chance, mich auf ihn einzulassen?

***

Rote Flaggen

Wenn wir über sie sprechen, wenn wir sie wahrnehmen, dann passiert dies meistens erst im Nachhinein: rote Flaggen, diese purpurnen Warnzeichen, die uns beim zweiten, dritten Date, manchmal auf Social Media, manchmal in Gesprächen oder auf dem Weg in eine neue Beziehung oftmals ins Gesicht wehen. Die wir wegwischen und ignorieren, wenn wir nur genügend Endorphine fühlen, und dafür umso ungläubiger anstarren und für unübersehbar halten, wenn wir (auf dem Rückweg) wieder an ihnen vorbeikommen. Die bekanntesten vier wären: Lügen, Eifersucht, Respektlosigkeit und Kontrolle. Aber das sind nicht alle.

Nicht selten, ich glaube sogar in *fast jeder* der chaotischen, unübersichtlichen Geschichten, die ich während meiner Dates erlebt hatte, hätte ich wissen können – wissen *müssen* –, worauf ich mich einließ. Ich hatte Justins *love bombing* gespürt, aber meine Bedenken zur Seite gewischt, ich hatte Gustavs Verschwinden zwar nicht kommen sehen, aber immer wieder zugelassen. Und ich hatte Nathans Zögern ignoriert. Konsequent.

Ich will damit nicht sagen, dass wir die Schuld für das schlechte Verhalten anderer Menschen auf uns nehmen sollten und dass wir allein die Verantwortung dafür tragen, wie wir behandelt werden. Aber wir tragen die Verantwortung dafür, *wie wir uns behandeln lassen*.

1. Offensichtliches Leugnen

Manchmal sagen unsere Dates ganz offen und vollkommen ehrlich, was uns erwartet. Eine Freundin von mir datete mal einen Mann, der ihr bereits beim ersten Date sagte, dass er ein egoistisches Arschloch sei und einfach nicht anders könnte. Aber weil sie ihn spannend und attraktiv und – vielleicht gerade deshalb – besonders anziehend fand, beschloss sie, dass das nicht wahr sein konnte. Sie datete ihn immer wieder und wieder, bis er irgendwann auf der Agentur-Weihnachtsfeier mit ihrer Kollegin schlief. Sie war überrascht, geschockt, dass er sich nie auch nur entschuldigte. Ich nicht.

Und trotzdem war ich selbst schon in diese Falle gerannt. Ein aktuelles Beispiel?

Nathans Tinder-Bio verrät: »*tall, curious guy in a leather jacket, always little lost*«

Und genau das war er. Groß, neugierig, interessant. Er trug fast immer eine Lederjacke und die Last mit sich herum, dass er nicht bereit war, ein neues Leben ohne seine Ex-Freundin zu beginnen.

2. *love bombs* verbannen

Wenn man ein gebrochenes Herz hat, sich gerade mehr denn je nach Zuneigung sehnt oder »einfach nur gefunden werden will«, können sich *love bombs* verdammt großartig anfühlen. Jemand, der dir schon beim zweiten Date sagt, dass er dich bezaubernd findet? Der kein Problem damit hat, offen zuzugeben, dass er gerade dabei ist, sich Hals über Kopf in dich zu verlieben? Der dich jeden Tag sehen will, ungeplant vor deiner Tür steht, eine Flasche Wein und Einkäufe dabei hat, um für dich zu kochen, um endlich mit dir zu schlafen und dir danach ins Ohr flüstert, dass er noch nie so für jemanden gefühlt hat wie für dich? Was soll daran eine rote Flagge sein?

Nun, vielleicht der Fakt, dass es der Lieblingstrick eines Narzissten ist: Du lässt dich zuerst vollständig auf ihn ein, während er noch dabei ist zu entscheiden, was er eigentlich mit dir oder euch vorhat. Und so wie er noch nie gefühlt hat, hat er vermutlich zuletzt vor zwei Wochen empfunden: mit einer anderen, die gerade zu Hause sitzt und sich fragt, warum er sie einfach so *geghostet* hat.

3. Die verrückte Ex

Wenn dein Date ohne dass man überhaupt danach gefragt hätte, und immer wieder und wieder, von seiner Ex spricht, ist das eine rote Flagge, die wenig weitere Erklärungen braucht. Wenn er allerdings von seiner »verrückten Ex-Freundin« spricht, sie vor dir schlechtmacht oder sogar als wahnsinnig bezeichnet, ist es sehr wahrscheinlich, dass er es war, der sie dazu gebracht hat. Eine ehemalige Beziehung, das, was zwischen zwei Menschen passiert ist und wie es endete, ist selten bis nie nur *die Ex,* sondern immer eine Dynamik.

Vor ein paar Wochen saßen Maggs und ich in einem Restaurant in Kapstadt neben einem knutschenden Paar, das gerade eine zweite Flasche Wein beim Kellner orderte, als eine Frau auf den Tisch zugestürmt kam. Sie baute sich vor dem Mann auf und wies ihn lautstark darauf hin, dass sie bis vor ein paar Sekunden noch geglaubt hatte, seine Freundin zu sein.

Während sie vom Sicherheitspersonal entfernt wurde und alle anderen Gäste stumm die Szene auf sich wirken ließen, sagte er nur zu ihr:

»Sorry, dass du das miterleben musstest. Ich hab dir ja schon mal von meiner irren Ex erzählt ...«

»Was war denn bitte ihr Problem?«

»Sie ist einfach irre ... ignorier sie.«

Uh-uh! Frag nach Details! Produziert sie hier wirklich ihr eigenes Netflix-Drama oder ist sie vielleicht einfach nur eine Frau, die emotional und verletzt auf sein mieses Verhalten reagiert? Es ist 2020, wenn eine andere Frau dir sagt, dass der Typ, den du da datest, ein Problem ist, glaub ihr. Versuch es zumindest.

4. »Ich weiß einfach noch nicht, was ich will.«

Tatsache ist, dass wir im Allgemeinen nicht wissen, was wir wollen. Das ist die Krankheit einer ganzen Generation. Unserer Generation. Aber wenn es um Dates geht? Und die Frage, wann und ob wir uns wiedersehen? Da wissen wir, was wir wollen. Wir wollen es manchmal nur nicht sagen.

Wenn jemand dich immer wieder versetzt: will er dich nicht oder nicht genug.

Wenn jemand von dir hören, mit dir schreiben, aber dich nicht treffen will: will er generell Aufmerksamkeit, aber nicht dich.

Wenn jemand jetzt gerade nicht mit dir zusammen sein will, obwohl du ihm wirklich viel bedeutest: will er nicht mit dir zusammen sein.

Ja, vielleicht ist er wirklich einfach noch nicht wieder bereit für eine feste Bindung. Vielleicht will er wirklich nur noch ein paar andere Optionen testen, noch mehr Sex oder noch mehr *flings* mit anderen Menschen haben. Ja, okay, vielleicht hält er dich nicht nur als

Back-up warm, vielleicht bist du wirklich das Beste, was er finden kann; vielleicht realisiert er das nach ein paar Monaten und kommt zu dir zurück, aber jetzt gerade, in diesem Moment: will er nicht mit dir zusammen sein.

Tatsächlich ist es meistens so (und im Grunde genommen einfach): Wenn jemand einfach noch nicht bereit für eine Beziehung ist, dann ist er nicht bereit für eine Beziehung mit dir. Auch nicht in zwei oder drei Monaten. Auch nicht, wenn du solange in der *friendzone* und damit trotzdem in seiner Nähe ausharrst. In zwei oder drei Monaten bringt er nämlich vermutlich eine neue Frau mit in die Bar, in der ihr euch mit ein paar anderen Leuten treffen wolltet, und stellt dich als seine »gute Freundin« vor. *Cheers.*

5. Bye Bae!

Vor einiger Zeit veröffentlichte eine Münchener Influencerin, die ich vor ein paar Jahren mal flüchtig kennenlernen musste, einen Instagram-Post, in dem sie nach der großen Liebe suchte. Vieles daran war unangenehm, aber das befremdlichste für mich blieb dieses übergeordnete Gefühl, dass sich alles um *sie* und um *ihr* Leben drehte. Der potenzielle Kandidat musste alles mögen, was sie mochte, würde alles tun, was sie wollte, würde ihr jeden Wunsch erfüllen, den sie hatte.

Er sollte perfekt in die Welt passen, die sie für sich kreiert hatte, und darin nur ein paar ihm zugeschriebene Rollen erfüllen. Nämlich die des Nebendarstellers – die Hauptrolle gebührte ja bereits ihr: *before anyone else.* Ich meine: Ja, es ist schön, wenn man in einer Beziehung auch Dinge gemeinsam hat. Aber den anderen vorrangig zu bewundern – ist keine Gemeinsamkeit. Jemanden zu daten, der sich nur für seine eigenen Bedürfnisse interessiert, das ist keine gleichberechtigte, respektvolle Beziehung. Das ist eine

Dienstleistung für jemanden, der denkt, er sei die einzig wichtige Person in dieser Paarkonstellation.

6. Chamäleons

Es gibt Menschen, die werden in einer Beziehung zu ihrem Partner. Das beginnt mit: »Ich gehe eigentlich nicht gern indisch essen, aber für dich mag ich es.«

Das ist noch irgendwie süß, ein Kompromiss, ein Zugeständnis an den anderen. Aber es kann weiterführen zu: »Ich wollte eigentlich gerne für eine Weile ins Ausland, aber ich weiß, dass du nicht so gern reist. Ich will eigentlich nicht heiraten, aber wenn es dir so wichtig ist ... Ich will eigentlich noch keine Kinder, aber ...«

Du willst nicht mit einem Menschen zusammen sein, der sein Leben für dich verbiegt. Oder noch schlimmer: der nur will, was du willst, weil er sich nie die Mühe gemacht hat, selbst seinen eigenen Weg zu finden.

Zufriedenheit resultiert aus Augenhöhe, aus Gleichberechtigung; aus zwei Ideen, die sich vereinen lassen – nicht davon, dass eine fallen gelassen und vergessen wird. Die ultimative Selbstaufgabe ist nicht sexy, in keine Richtung. (Lena ist ein gutes Beispiel dafür, was passiert, wenn du nicht weißt, wer du bist und immer nur jemanden suchst, der es für dich festlegt.)

PS: Weil wir gerade dabei sind: Ich will wirklich keine einzige Netflix-Produktion sehen, in der Frauen Mitte vierzig feststellen, dass sie ihre eigenen Träume nie gelebt haben, dann schockiert aufwachen, ihr Hab und Gut verkaufen und schließlich Elefanten im afrikanischen Busch retten wollen, um sich wieder selbst zu fühlen. Wie wäre es, wenn du deine Träume lebst, sie beschützt, sie respektierst und auf sie aufpasst, während du dich verliebst? Sie müssen nicht zwanzig Jahre brach liegen, um wichtig zu werden. Sie sind es schon jetzt.

7. Gesunde Grenzen

»»Du wusstest es noch nicht, als wir uns kennenlernten, aber ich habe schon in der ersten Sekunde erkannt, dass ich dich um jeden Preis haben musste, alles von dir‹. Das waren seine Worte, als er mir den Antrag machte – und ich Ja sagte. Ja zu einem Leben mit dem Mann, der bereit war, um mich zu kämpfen!«, steht als *caption* unter der Verlobungsverkündung einer Bekannten auf ihrem Instagram-Account.

»Oh wow, wie romantisch«, schreiben die meisten, *ewww creeeepy*, denke ich.

Lasst es mich ganz klar sagen: Wenn ein Mann dich haben muss, wenn er beschließt, dich um jeden Preis (also auch gegen deinen Willen?) zu erobern – dann ist das nicht romantisch, es ist übergriffig. Und vermutlich eine Vorschau auf die Art und Weise, wie er generell mit den Bedürfnissen oder Grenzen anderer umgeht. Ja, auch mit deinen.

Wenn du einem Mann sagst, dass du kein Interesse an ihm hast, und er beschließt, das zu ignorieren – ist das nicht sexy. Der Unterschied zwischen einem Stalker und einem Mann, der um dich kämpft, ist manchmal wirklich nur die kleine, aber umso gewichtigere Frage, ob du ihn attraktiv findest. Also: Wäre sein Verhalten auch okay, auch dann noch romantisch, wenn du ihn nicht anziehend fändest?

***

Das Problem mit Listen, Stichpunkten oder Merkmalen, an denen man vermeintliche Fehler, Fallen – eben jene roten Flaggen – erkennen sollte, ist, dass wir sie einseitig lesen. Dass wir oftmals nur andere an ihnen messen und prüfen. Und uns selbst dabei vergessen und völlig außer Acht lassen.

Seit unserem ersten Date hatte ich Chris beinahe fast schon auf rote Flaggen untersucht. Seine geplatzte Verlobung? Sein Handy, das abends nicht erreichbar war, generell die viele Zeit, die er vermeintlich offline verbrachte? Sein Wunsch, nicht in der Stadt zu leben, in der ich meine eigene Zukunft plante? Dieses Mal ignorierte ich die roten Flaggen nicht: Ich suchte nach ihnen, wollte ihnen einen Schritt voraus sein und vor allem stark, selbstbestimmt und auf keinen Fall verklärt mit ihnen umgehen. Ich weigerte mich gegen jede verfärbte, rosarote Brille, die man zu schnell mit Verleugnung verwechseln konnte – nur um sie dann zu vermissen. Der Lockdown hatte mich meiner weiteren Dates mit Chris beraubt – war ich jetzt diejenige, die uns jede Leichtigkeit raubte? Die so verbissen auf der Hut war, dass sie sich nicht fallen lassen konnte?

Ich muss an Lena denken. An unseren Streit. An ihren Vorwurf, dass ich Chris nicht an mich heranließ, dass ich ihn abtastete, ihn immer wieder durch die Sicherheitskontrolle schickte, während ich selbst nicht frei von toxischen Verhaltensmustern war.

Ich wollte nicht, dass er mich glücklich machte. Dafür wollte ich selbst verantwortlich sein und verantwortlich bleiben. Denn, so meine Überlegung, wenn ich ihm die Chance gab, mich glücklich zu machen, gab ich ihm gleichzeitig auch die Macht, mich unglücklich zu machen – oder zumindest zu enttäuschen.

In der Theorie reichte ich mir selbst aus, das fühlte ich. Alles, was Chris mir gab, war ein Bonus. Alles, was er mir vielleicht wieder wegnehmen würde, könnte mir also nie fehlen. Es ist nur so: Wir gewöhnen uns schnell an all die Dinge und an Menschen, die sich gut anfühlen. Wir stellen uns schnell darauf ein, dass sie um uns sind, wir gewöhnen uns an ihre Nähe. Und dann, wenn wir sie irgendwann nicht mehr haben können, vermissen wir sie so sehr, so sehnsüchtig, dass uns der Schmerz fast vollständig um den Verstand bringt. Ob wir das, was wir vermissen, eigentlich wirklich brauchen – spielt dann keine Rolle mehr.

Lena hatte recht. Ich hatte Angst. Ein Teil von mir wollte Chris nicht tiefer gehen lassen, aus Angst, dass er sich vielleicht entzaubern oder mich enttäuschen könnte. Aber ein noch größerer Teil hatte Angst, dass er es nicht tat. Dieser größere Teil fürchtete, dass ich mich in ihn verlieben würde, dass wir die Entfernung vielleicht nicht aushielten, dass wir unser ›Wir‹ nicht halten könnten und dass sich alles (die letzten zwei Jahre, die letzten zwei Versuche) nur schon wieder – wiederholen würde.

***

Zuerst geht sie nicht ran. Als ich auflege und ein zweites Mal anrufe, höre ich ihre Stimme.

»Ja?«
　　»Es tut mir leid, Lena. Ich war ein Miststück.«

Sie antwortet nicht. Und weil ich die unbequeme, fast schon fremde Stille zwischen uns nicht ertrage, rede ich direkt weiter.

»Ich hatte kein Recht, dich so anzugreifen. Nicht wenn ich selbst bis zum Hals in meinen eigenen Problemen stecke. Ich meine, es stimmt, alles, was du gesagt hast. Ich habe mich so sehr an das Gegenteil von einer Beziehung gewöhnt, an undefinierte Geflechte und unterdrückte, unausgesprochene Gefühle, dass ich wie paralysiert bin, wenn jemand vor mir steht und mir ganz offen sagt, dass er mich wirklich will. Ich habe dir vorgeworfen, dass du zwischen den Extremen schwankst, dabei bin ich diejenige, die vollkommen übersehen hat, dass sie festhängt.«

Ich höre, wie sie durchatmet und kann beinahe durchs Telefon spüren, wie sehr sie sich überwinden muss, mir zu antworten.

»Es ist ja nicht so, als würdest du falschliegen mit allem, was du über mich gesagt hast. Es stimmt: Ich habe keine Ahnung, wer ich bin, und jedes Mal, wenn ich es herausfinden will, weiß ich nicht einmal, wo ich eigentlich mit der Suche anfangen soll. Und dann werde ich müde und fühle mich ziellos und aufgeschmissen und frustriert mit meinem eigenen Mangel an Identität. Und wenn dann ein Mann kommt, der mich mitzieht, mit dem ich mich gut fühle, dann denke ich: Wenn ich schon nicht weiß, was ich will, aber das, was er mit mir teilen will, mir so viel Spaß macht – was ist dann so schlimm daran, einfach mitzulaufen? Warum soll das falsch sein?«

Jetzt war ich es, die schwieg, die sich nicht traute, zu antworten.

»Komm, sag schon ...«

»Vielleicht ... weil du so nie bei dir selbst ankommst? Weil du dich dann doch jedes Mal fremd, irgendwie *falsch* fühlst, wenn die Geschwindigkeit nachlässt.«

»Ja ...«, sagt sie leise.

»Und ich weiß es auch. Nur deswegen hast du mich so getroffen, nur deswegen habe ich so verletzt reagiert. Es fühlt sich an, als würde man einen Entzug machen, weißt du? Wenn du wirklich, endlich lernen willst, dich selbst um deine Bedürfnisse zu kümmern. Es ist nicht so, als würdest du es kurz lernen und dann einfach anwenden. Für mich ist es harte Arbeit. Es macht keinen Spaß und – am Ende des Tages fühlst du dich, als würdest du in einer langatmigen Hausarbeit feststecken, in der du keinen Sinn mehr siehst und alles, was du denkst, ist: ›Scheiß drauf, ich lass das jetzt so. Ich lass mich jetzt so.‹«

»Lena – es ist es wert. Es gibt kein tieferes, wärmeres Gefühl, als sich selbst glücklich zu machen; als zu wissen, wer man ist oder wenigstens, wer man überhaupt sein will.«

Ich höre, wie sie sich räuspert, wie ihre Stimme schwerer wird, dass es ihr schwerfällt, jetzt nicht zu weinen. Vielleicht tut sie es auch schon.

»Ich weiß. Und ich will wissen, wer ich bin. Allein schon, weil ich nie wieder einen Menschen so verletzen will, wie ich Anton verletzt habe. Und Stefan auch. Ich will nicht mit noch mehr Herzen spielen, nur weil ich nicht weiß, wer ich bin. Ich will nicht dreißig werden und auf ein Meer aus abgerissenen Brücken zurückschauen. Und ich will, um Gottes Willen, nicht irgendwann in eine Situation rutschen, die ich nicht mehr einfach so hinter mir lassen kann. Ich will nicht die Frau sein, die im neunten Monat begreift, dass sie das Kind und die Hochzeit eigentlich nie wollte – aber für die es dann zu spät ist. Allein, dass ich das sage ...«

Jetzt weint sie doch, laut, schluchzt ins Telefon, und ich wünschte, ich wäre zu ihr gefahren, wünschte, ich könnte meine Freundin umarmen und uns einen Tee machen oder einen Wein einschenken. Und einfach ihre Hand halten.

»Allein, dass du das sagst, macht dich so viel stärker, so viel ehrlicher, als die meisten Menschen es sich je trauen zu sein. Du könntest genauso gut einfach weitermachen. Dich an den nächsten toxischen Max hängen oder den nächsten unaufgeregten Kerl heiraten, der sich finden lässt. Und dann könntest du schwanger werden und deine Zweifel ignorieren und aufs Land ziehen und es ›jetzt einfach so lassen‹. Und du könntest hoffen, dass es zumindest solange gut geht, bis euer Kind wenigstens schon in der Vorschule ist, wenn du nicht als alleinerziehende Mutter ausreißen und mit einem Kleinkind auf dem Arm wieder neu anfangen musst. Du könntest so weitermachen. Aber du musst es nicht. Du hast die Wahl.

Lena, du bist so mutig. Und du hast es doch auch schon längst bewiesen, dass du immer wieder springen kannst. Du hast gezeigt, dass du keine Angst vor Veränderungen hast, dass du dich traust, auch nur mit einer Reisetasche irgendwo neu anzufangen. Dieses Mal – musst du einfach nur dir selbst trauen.«

»Den *pep talk* solltest du vielleicht auch noch mal für dich selbst halten«, sie schnäuzt sich, und wir müssen beide lachen.

»Im Ernst, Lina. Ja, ich kann mich nicht selbst finden, wenn ich nicht aufhöre, zwischen Beziehungen und Extremen zu schwanken. Aber *du* verlierst dich nicht, nur weil du dich auf jemanden einlässt. Du verlierst nicht deinen Fokus, nur weil du dich auch – zusätzlich – auf seinen einlässt. Du sagst doch immer, dass Liebe das ist, wonach wir greifen, wenn wir unterwegs sind, um unser eigenes Leben zu leben. Also los, greif zu. Und flipp nicht gleich aus, nur weil deine Richtung sich vielleicht stärker ändert, als du eigentlich gedacht hattest. Das heißt nicht, dass du deine eigenen Ziele nicht erreichst.«

»Ich weiß. Ich will einfach nur… Ich will wissen, dass es gut genug ist, um dafür einen Teil von mir zu riskieren, ich brauche nämlich keine Beziehung, ich bin glücklich wie ich bin. Aber wenn ich mich für ihn öffne, dann könnte ich Gefahr laufen unglücklich zu werden, verstehst du? Ich will einfach eine Garantie, dass wenn ich es tue – wenn ich ihn zulasse – es das auch wirklich wert und nicht wieder nur irgendein Umweg ist, den ich schon einmal genommen habe.«

»Die gibt es nicht. Tut mir leid, dir das so hart sagen zu müssen, aber du kannst nur springen. So wie sonst auch.«

Zwei Geister, Teil 2

Ich stelle gerade eine Tasse Kaffee neben meinem Bett ab, schlüpfe mit den Füßen zurück unter die Decke und lege das offene Buch auf meinen Knien ab, als es zum ersten Mal klingelt.

Es ist sieben Uhr dreißig an einem Samstagmorgen im Juli. Viel zu spät für angetrunkene Freunde, die noch einen Absacker trinken wollen, viel zu früh für den Lieferdienst, Hermes oder DHL. Nicht einmal jene Männer in Latzhosen, die immer unangekündigt und überraschend deine Rauchmelder testen oder ersetzen, sind um diese Zeit unterwegs.

Ich werfe einen Blick über meinen Balkon hinunter auf den Hinterhof, auf dem ich gestern Abend das Auto auf meinem Stellplatz geparkt hatte (kein Abschleppdienst, bitte kein Abschleppdienst!), aber auch dort wirkt alles ruhig. Wütende Anwohner sind nicht in Sicht. Ein zweites Klingeln bleibt aus, das Treppenhaus und auch der schlafende Hund neben mir still, sodass ich mich wieder in die Kissen lehne, den Roman bis zur zuletzt gelesenen Stelle blättere und in die Worte von Benedict Wells einsinke.

Ich schaffe eine halbe Seite, dann klopft es. Erst kurz leise, dann noch einmal lauter, bestimmter.

Ich ziehe mir den Morgenmantel über, knote ihn im Flur noch hastig zu, und als ich die Tür öffne, erwarte ich vielleicht eine Nachbarin, die sich ausgeschlossen hat.

Aber da steht nur Gustav.

»Hi«, sagt er – mehr nicht.

Ich hatte mir diesen Moment so viele Monate lang ausgemalt, immer wieder, wenn ich von einem frühen Spaziergang durch das stille Eimsbüttel oder spät nachts, nach ein paar Drinks, nach Hause kam, und mir vorgestellt, dass er eines Tages vor meiner Tür sitzen und auf mich warten würde. Und in meiner Fantasie hatte er manchmal nicht nur vier Bahnstationen, sondern sogar 9.855 Kilometer auf sich genommen, um mich zu finden und mir zu sagen, was ich damals so unbedingt hatte hören wollen.

Ich hatte mir vorgestellt, dass er in seinem Jeanshemd und mit offenen Locken vor mir stehen, lächeln und irgendeinen Satz sagen würde, der so nonchalant, aber geladen mit Subtext, der Titel unseres eigenen zweiten Kapitels sein sollte. Ein Satz, der mich an unseren Anfang erinnern würde, daran, dass er sich noch erinnerte. Ein Satz, der so klang, als wüsste er längst, dass ich ihm vergeben würde. Oder zumindest so, als würde er es hoffen.

»Hast du vielleicht Pommes da?«

Ich konnte mich nie entscheiden, welche Reaktion darauf ich mir für mich selbst vorgestellt hatte: Dafür gab es zu viele verschiedene Versionen dieser Szene. Aber jedes Mal endete sie damit, dass ich ihn endlich wieder küssen, endlich wieder zu mir ziehen konnte, dass es das alles wert gewesen war. Ich würde keine Fragen stellen, ich würde keine Erklärung fordern; denn er würde von alleine zu reden beginnen. Nein, ich würde ihn nicht mit Wut und Vorwürfen erschrecken – ich würde verstehen. (another tragic inner Bridget moment)

Statt je wirklich bei mir zu klingeln, war er allerdings verschwunden, untergetaucht. Gustav hatte wochenlang geschwiegen und mir nur irgendwann mal ein paar betrunkene Nachrichten nach Südafrika geschickt, die nie länger gültig gewesen waren als für die Dauer seines Rausches. Statt ihn auf meiner Vortreppe zu finden, ihm in die Augen zu sehen und sofort ohne viele Worte zu wissen, dass wir noch eine Chance hatten, weil er das auch endlich erkannt hatte – hatte ich ihn im letzten Sommer in einer Parkanlage in Ottensen getroffen und während des überstürzten Sex jeden Blickkontakt vermieden.

Das hier – und das wusste ich – war nicht die große Szene, die den ganzen Plot verändern würde. Es waren die zerknüllten, unfertigen Entwürfe vier, fünf und sechs, über die vor Kurzem noch eine Flasche Rotwein gekippt war.

»Was zum Teufel machst du hier?«

»Ich wollte wissen, ob es dir gut geht.«

In seiner Hand schwappt ein halb volles Glas. Es könnte Wasser sein, wahrscheinlicher ist Wodka.

Mit einer Zigarette zwischen den Fingern und seinem glasigen Blick hängt er mehr in meinem Türrahmen, als dass er wirklich vor mir stehen würde.

»Ich hab dein Buch gelesen.«

»Oh.«

Shit. Shit, Shit, Shit.

Hier stand ich nun, ohne Gesichtsausdruck und barfuß in meinem Flur, und realisierte, dass Gustav neben meinen erdachten oder erinnerten Vorstellungen sehr wohl auch noch einen realeren, naheliegenderen Grund dafür hatte, vor meiner Tür aufzutauchen. Erst vor ein paar Wochen hatte ich einen Teil unserer Geschichte veröffentlicht, und während ich mich wohl dabei fühlte, so offen, so ungeschönt und ehrlich über das zu schreiben, was ich mit ihm erlebt und für ihn empfunden hatte, gab es trotzdem mehr als nur zwei Sätze, die sich für ihn, nun ... ungemütlicher anfühlten, jetzt, wo er sie las und offenbar erkannt hatte, dass ich über ihn schrieb.

In zwei Sekunden wird er vermutlich ausflippen, wird mich vielleicht sogar anbrüllen und mich fragen, warum zur Hölle ich nicht wenigstens die Geschichte mit der Parkbank für mich behalten konnte. Und ich würde antworten, dass noch einmal zu lesen, was sich zwischen uns abgespielt hatte, kaum unangenehmer, kaum schwerer sein würde, als es wirklich zu durchleben, so wie ich es getan hatte. Ich hatte ihn nicht vorher gefragt, ob ich unter einem Pseudonym über uns schreiben dürfte. Ich tat es. Er hatte mich nicht gefragt, ob er mich ohne falsche Identität, sondern aus Fleisch und Blut, durch so viele Momente hatte zerren dürfen. Er tat es.

»Dieser Mann, über den du da schreibst, das bin ich, oder?«

»Mh-hm ...«, ich presse die Lippen zusammen, nicke und halte mich mit einer Hand am Kragen meines Morgenmantels fest, straffe meine Schultern, um mich vor dem zu wappnen, was nun folgen muss.

»Und was du da über mich sagst – hast du das wirklich so gefühlt?«

Moment, was?

»Es liest sich schon schön«, sagt er, lächelt schief, lehnt seinen Kopf gegen die Wand und sieht mich abwartend an.

Es liest sich schon schön. Die ersten zwei Seiten, ja. Die ersten fünfhundert Worte, in denen wir die Nächte zusammen in meinem Bett verbrachten, über unsere Träume philosophierten und aus ihnen Pläne schmiedeten. Die *vor* den Drogen, *vor* dem Ende, *vor* dem Schmerz. Die, bevor er mich *ghostete*, einfach verschwand, bevor ich einen Kontinent und Monate zwischen uns schieben musste, um wieder zu mir selbst zu finden. Gustav hatte schon immer einfach entschieden, welche Realität er erlebte oder erinnern wollte. Die wahre – oder die chemische. Ich hatte den Rest, dem er meistens nur knapp entkam, allein aufgefangen, allein getragen, allein ausgehalten.

»Bist du deswegen hier?«

»Soll ich gehen?«

Sag ja, sag ihm, dass er gehen soll.

»Also, soll ich gehen?«

Ja. Geh. Geh zurück nach Hause, geh zurück zu deiner Freundin, geh zurück in meine Vergangenheit.

»Okay, ich gehe dann mal.«

Als er auf der dritten Stufe steht, dreht er sich noch einmal um, als würde er erwarten, dass ich ihn aufhalte, dass ich irgendetwas sage. Aber zum ersten Mal bin ich es, die stumm bleibt und wie ein Geist vor ihm steht.

***

Ich weiß nicht, wie lange ich in meinem Flur verharre, bis ich schließlich doch zu meinem Schrank gehe, mechanisch einen Pullover, eine Hose, eine Jacke herausziehe, den Schlüssel greife, in die Schuhe steige, die erste, die zweite, die dritte Treppe nehme, die Tür aufziehe und auf dem Bürgersteig stehe. Fünf Minuten? Zehn? Länger?

Habe ich erwartet, ihn hier noch oder nicht mehr zu treffen? Habe ich ihm folgen oder nur sicher sein wollen, dass er nicht mehr da ist? War ich erleichtert? Oder zu spät? *Zu spät für was?*

Ich schaue mich um, sehe ihn nicht mehr – und laufe los. Ich setze mich in Bewegung, um an der frischen Luft zu verstehen, was ich gerade fühle.

Es war bei Weitem nicht das erste Mal, dass Gustav ohne Vorwarnung auf- und wieder abgetaucht war, dass er keine Erklärungen brauchte oder brachte. Dass ich nie wusste, ob ich ihn nie oder bald wiedersehen würde, war Teil dessen, was ich viel zu lange für einen

Zauber gehalten hatte. Aber Gustav war nicht magisch: Er war lähmend, emotional paralysierend. Noch vor 18 Monaten hatte ich es nicht gewagt, mich neben ihm zu schnell oder zu viel zu bewegen, zu große Schritte zu machen oder irgendetwas zu fragen – alles, um ihn nicht zu verschrecken, um ihn nicht zerplatzen zu lassen. Er hatte mich nicht verzaubert, ich war für ihn versteinert. Ich hatte Monate darauf gewartet, dass er sich weniger verwirrt, weniger getrieben, weniger gehetzt fühlen würde, dass er seine Gefühle *irgendwann* verstehen würde. Ich hatte darauf gewartet, dass wir mehr werden würden als eine schöne Vorstellung an einem grauen Sonntag. Ich hatte darauf gewartet, dass sein Rausch nachlassen würde, dass er zu mir zurückkam, wenn auch zertanzt und erschöpft, wenn auch nur in mein Bett, in dem er wieder zu sich kommen konnte. Ich hatte darauf gewartet, dass er überhaupt zurückfand. Irgendwann hatte ich nur noch darauf warten können, dass er irgendwann aufhörte zu verschwinden. Ich wartete darauf, dass er aufhörte, ein Geist zu sein, der sich immer wieder mit einer kurzen Nachricht oder einem tonlosen Anruf durch meine geschlossenen Türen zurück in meine Nähe drücken, der sich wieder zu mir schleichen, sich wieder neben mich legen, mich fast berühren würde. Es hatte ewig gedauert, bis er sich endlich auflöste.

Und ich spüre, wie die dumpfe Frage Zentimeter um Zentimeter in mir aufsteigt, heiß in meiner Speiseröhre brennt, bis ich sie ausspreche: *Oder war doch noch irgendetwas von ihm übrig?*

Ich lege den Kopf in den Nacken und schließe die Augen, suche in Ruhe in mir, bis ich die Antwort finde.

Ein alter, kalter Schauer. Das war es, was mir heute in die Glieder gefahren war.

Obwohl er vor mir gestanden hatte, wurde Gustav nicht wieder lebendig. Er blieb nur eine Erinnerung, die zurück in meinen

Nacken kroch. Ihn wiederzusehen war wie ein klammer Traum, aus dem du dich mühsam herausziehst, dich aufsetzt, bis du dein klopfendes Herz, deinen eigenen Atem spürst. Manchmal braucht es einen Moment, bis die Erleichterung einsetzt und dir wieder warm wird. Bis du sicher sein kannst, dass du nicht mehr gefangen, sondern wach bist. *Dass du frei bist.*

Gustav und ich, wir würden niemals auf meiner Treppe sitzen, würden niemals auflösen, was passiert war, was vorbei war. Ich lebte nicht mehr in ausgemalten Szenen, sondern mein reales Leben. Ich hatte meine Chance, auf was auch immer, nicht verstreichen lassen – ich hatte sie ausgeschlagen. Ich hatte meine Worte nicht verloren. Es gab einfach keine mehr.

Die Ex-Akte

»Du bist so ungewöhnlich still heute ...«, sagt er, legt den Kopf schräg und lächelt mich liebevoll an. »Ist alles in Ordnung?«

Ich sitze im Schneidersitz vor dem Bildschirm, streiche mit meinen Handflächen die weiche Baumwolle meiner Bettwäsche glatt. Neben mir stehen ein Glas Wein und ein Teller mit Pasta. Ich habe, auch wenn er sie nicht sehen kann, zwei der großen Kerzen, die auf meinem Nachttisch stehen, angezündet. Es ist der Versuch, aus einem funktionalen FaceTime-Call ein romantisches Dinner zu machen. Ich hatte mich darauf gefreut, ein bisschen mehr Zeit anstatt der zehn Minuten zwischen zwei Terminen oder der dreihundert Zeichen in einer WhatsApp-Message mit ihm zu teilen. Ich hatte mich auf ein richtiges Gespräch gefreut, ein echtes Date – oder zumindest so echt, wie es sich eben gerade anfühlen konnte.

Aber statt die Unterhaltung zu genießen und ihm von mir zu erzählen oder seiner Geschichte über den letzten Roadtrip nach Namibia zuzuhören, von dem er mir gerade berichtete, driften meine Gedanken immer wieder ab.

»Ja, alles in Ordnung. Ich hatte nur – einen komischen Morgen.«
　»Was war los?«

Ich zögere. Sollte ich ihm von Gustav erzählen? Und wenn ich es tat – wie weit würde ich ausholen müssen? Und wohin würde uns diese Unterhaltung tragen? Es fiel mir nicht schwer, über Gustav oder Nathan zu reden; aber ich wusste nicht, wie Chris damit umgehen würde, jetzt von meiner Vergangenheit zu hören. Wollte er es überhaupt? Wann war der richtige Zeitpunkt, um die dicke, schwere Akte über den einen Ex zu öffnen, auf der sich der Staub gerade erst legt?

»Heute Morgen hat ein ... Ex bei mir geklingelt. Er stand einfach vor der Tür, vermutlich nachdem er mein Buch gelesen hatte.«

»Oh ...«

»Ich stand im Morgenmantel in meiner Tür, während er ein paar Worte gestammelt hat. Nach einer halben Minute war er wieder weg. Na ja, und seitdem fühle ich mich irgendwie – als hätte mich ein Geist besucht.«

»Verstehe ...«

»Hättest du es lieber nicht hören wollen?«

»Nein. Ich hab nur gerade darüber nachgedacht, wie praktisch es ist, dass ich nach meinen Trennungen immer die Stadt verlasse. Bevor Rebecca mich überraschenderweise in Kapstadt besuchen könnte, müsste sie erst einmal 18 Stunden Fahrt oder einen Flug auf sich nehmen. Und ich glaube, dafür reicht die Motivation einfach nicht aus.«

Rebecca. Es war das erste Mal, dass Chris ihren Namen vor mir aussprach. Bisher war sie nur »die Ex« oder »die, mit der ich verlobt war« gewesen. Er hatte es vermieden, sie bei ihrem Namen zu nennen, als würde eine Blase zerplatzen, wenn er es täte. Natürlich wusste ich, wer Rebecca war. Es hatte mich nicht einmal zwei Minuten in den sozialen Netzwerken gekostet, um sie zu finden. Noch immer fanden sich ausreichend Verlinkungen zu gemeinsamen Urlaubsfotos und Erinnerungen auf seinem Profil. Auf jedem Bild, das ich von ihr fand, strahlte sie, auch wenn ich mir manchmal nicht sicher war, ob sie wirklich lächelte oder ihre Ausstrahlung einfach anknipste, so wie Menschen mit schönen Zähnen das gemeinhin können. Ihr Leben schien, gebündelt auf Instagram betrachtet, eine Aneinanderreihung von Familienfeiern und Hochzeiten zu sein. Immer wieder Hochzeiten, auf denen sie entweder als Gast oder Brautjungfer posierte. Ihre eigene – hatte nie stattgefunden.

»Mal ganz abgesehen davon, dass es nichts mehr gibt, was wir zwei noch zu besprechen oder überhaupt gemeinsam hätten. Zum einen, weil sie es war, die die Verlobung auf einmal aufgelöst hat. Und zum anderen, weil sie ja längst einen neuen Typen gefunden hat. Auch wenn ich finde, dass sie mit ihm drei Schritte rückwärts gegangen ist ...«

Ich wusste, was er meinte, worauf er anspielte. Und trotzdem fühlte sich sein Kommentar so abwertend an, entblößte so beiläufig Chris' Feindseligkeit, von der ich mir nicht sicher war, ob sie dem neuen Mann oder Rebecca selbst galt.

»Also ... hat sie sich von dir getrennt?«
    »Ich hatte selbst auch mit dem Gedanken gespielt. Aber sie war diejenige, die es ausgesprochen hat, ja.«
    »Und – das war am Valentinstag?«
    »Ja. Ich hatte ein Planetarium gemietet. Damit wir ein Picknick unter den Sternen haben und dort übernachten könnten. Und auf einmal fängt sie an zu weinen. Sagt mir, dass sie die Verlobung nicht mehr will; sie, die so unbedingt darauf gedrängt hatte. Also haben wir uns getrennt. Ich hatte nicht wirklich etwas dagegen.«
    »Du hattest ›nicht wirklich‹ etwas dagegen?«
    Er sprach von dem Ende seiner Verlobung wie von einer Entscheidung über das Abendessen. Wenn du eigentlich gemeinsam kochen wolltest, aber dein Date eher Lust auf eine Pizza hat – und du ›nicht wirklich‹ etwas dagegen.
    »Wie gesagt, ich war auch nicht mehr glücklich.«

»Und was ist dann passiert?«

»Ich bin nach Cape Town gezogen.«

»Nein, ich meine ... habt ihr euch noch einmal wiedergesehen? Hat sie dir den Ring wiedergegeben?«

»Nein.«

»Sie hat den Ring behalten?«

»Sozusagen, ja.«

»Sozusagen ...?«

Er antwortet mir nicht, zwirbelt eine seiner Haarsträhnen zwischen den Fingern und vermeidet jeden Blick in die Kamera, jeden Blick zu mir.

»Chris?«

»Ich hab, ehrlich gesagt, keine Lust mehr auf das Thema, okay? Ich frage dich ja auch nichts zu deinem Ex.«

»Du kannst mich alles fragen.«

»Ich will dich aber gar nichts fragen. Mich interessiert dein Ex nicht. Es ist Vergangenheit. Es ist für das Hier und Jetzt nicht wichtig.«

»Warum willst du nicht darüber reden?«

»Warum willst du es so unbedingt? Ich dachte, das hier soll eine Datenight werden ...«

»Ist es doch auch?! Wir sprechen miteinander, lernen uns kennen und ja, manchmal heißt das eben auch, über die Expartner zu sprechen.«

»Wozu? Es ist abgehakt.«

»Es ist aber auch etwas, das zu dir gehört. Deine letzte Beziehung war ja nicht nur ein *fling*, sie war dir ernst; so ernst, dass es mal einen Zeitpunkt gab, an dem du den Rest deines Lebens mit dieser Frau verbringen wolltest. Und so etwas prägt dich doch, macht dich ein Stück weit auch zu dem Menschen, der du jetzt bist.«

»Nein, es hat mich zu dem Menschen gemacht, der ich damals war. Dann haben wir uns getrennt. Und ich bin meine eigenen

Wege gegangen. Und jetzt habe ich dich getroffen. Ich sage ja nicht, dass ich meine Vergangenheit bereue oder lieber vergessen würde. Aber ich glaube, dass wir mit jedem neuen Menschen, den wir treffen, auch unsere Zukunft noch einmal vollkommen neu entscheiden können, noch einmal ganz neu festlegen können, wer wir sein können. Und ich möchte mich lieber darauf konzentrieren.«

»Hm ...«, mache ich und zucke mit den Schultern. Ich wusste nicht, ob er recht hatte, so hatte ich es noch nie betrachtet.

»Aber du nimmst ja trotzdem diese Vergangenheit mit in die neue Zukunft. Sie ist eben Teil deiner Reise. Egal wohin du ziehst, du nimmst immer dich selbst mit. Und ich glaube, ich verstehe besser, wer du bist – wenn ich weiß, woher du kommst.«

Als ich 15 Jahre alt war, zog ich für einen Sommer lang mit meiner damals besten Freundin Sarah nach Brighton, an die Südküste von Großbritannien. Unsere Eltern hatten uns auf eine Sprachreise geschickt. Für vier Wochen waren wir bei einer Gastfamilie untergebracht, lernten Englisch nicht nur für einen Vokabeltest, sondern begannen, es täglich zu benutzen – und ich fing an, mich zum ersten Mal in etwas zu verlieben. In ein fremdes Land, eine unbekannte Kultur, eine neue Sprache, ein Gefühl von Freiheit, sich so viele Kilometer entfernt von zu Hause frei bewegen zu können – und in James. Er war gerade 19 geworden und einer unserer Betreuer für die Nachmittage, die wir meistens am Strand und beim Volleyball verbrachten. Er nahm mich mit zu Cricket-Matches und Barbecues bei Freunden, ging mit mir ins Kino, auch wenn ich dem Film in seiner Originalsprache kaum folgen konnte. Er zeigte mir die Stadt und ein paar seiner Lieblingsplätze in Brighton; einer davon war ein kleiner Coffeeshop an der Ecke vom Churchill Square. Ich war vorher noch nie in einem Coffeeshop gewesen. In Deutschland machte man sich 2005 den Kaffee noch zu Hause oder holte sich eine »Tasse« beim Bäcker. Aber mit einem großen Becher voller Café Latte und Milchschaum mit Zimt in einem gemütlichen Sessel sitzen? Stundenlang lesen, am Laptop arbeiten oder sich unterhalten? Das kannte ich nicht, aber es wurde zu einer meiner liebsten Routinen. Und ist es noch heute. In den Monaten nach diesem Sommer sog ich alles auf, was ich an englischer Sprache, Geschichte, Künstlern, Popkultur und *current affairs* finden konnte, mit dem ich so gute Erinnerungen verknüpfte. Ich suchte mir einen Job, um mir jedes Jahr die Flugtickets leisten zu können. Ich besuchte James, wann immer ich konnte. Und auch als es ihn schon lange nicht mehr gab, hielt die Passion, die ich für Großbritannien entwickelt hatte, an. Ich bereiste mehrmals London, fuhr die Küste bis nach Eastbourne und Hastings entlang, schrieb einen Teil meines ersten Buches in den Cotswolds und in Oxford. James war der Funken gewesen, mit dem ich so viel entzündet hatte: meine Lust auf noch mehr Reisen, auf noch mehr von der Welt; meinen Mut, vollkommen allein in Flugzeuge zu steigen, selbstständig zu sein, meinen Biss, für die Dinge, die ich unbedingt wollte, zu kämpfen. Für und mit ihm hatte ich mehr und mehr Englisch gelernt. Heute fühle ich mich in der Sprache so wohl, dass ich mir mit ihr an jedem Ort der Welt, an dem ich jemanden finde, der sie auch spricht, verstanden vorkomme: ein Gefühl absoluter Freiheit. Das war etwas, was von James übrig geblieben war, was ich überall mit hinnahm.

»Ich glaube, du hättest auch ohne ihn irgendwann Englisch gelernt ...«, antwortet Chris knapp, als ich ihm die Geschichte erzähle.

Ich ziehe die Augenbrauen hoch, greife nach meinem Glas Wein und trinke einen großen Schluck. Seine Gleichgültigkeit ärgert mich. »Ich will damit einfach nur sagen, dass ich durch James ein bisschen begonnen habe zu verstehen, was ich vom Leben wollen könnte, dass er mich inspiriert hat, auf eine gute Weise. Und dass das schön ist.«

»Und weil du diese Erfahrung hattest, muss Rebecca jetzt unbedingt auch etwas zu meinem Leben beigetragen haben?«

»Hat sie es nicht?«

»Okay, schön. Rebecca hat mir auf jeden Fall gezeigt, was ich alles nicht will. Zufrieden?«

»Nicht wirklich ...«

»Warum streiten wir uns jetzt über meine Ex? Genau darum habe ich keine Lust auf dieses Gespräch.«

»Wir streiten nicht über deine Ex. Es fühlt sich nur komisch an, dass du dieses Kapitel so verdrängst und unter Verschluss hältst. Es ist, als würdest du etwas vor mir verstecken wollen ...«

Unser Gespräch endet schweigend – und ohne echte Verabschiedung. Chris erwähnt in zwei Silben, dass er noch einen Kundenentwurf wegschicken muss und sich später wieder meldet, ich lege schulterzuckend auf, und als ich drei Stunden später noch immer nichts von ihm höre, weiß ich, dass der Abend vorbei ist.

Vor dem Einschlafen lande ich wieder auf Rebeccas Instagram-Profil, scrolle mich Woche um Woche nach unten, immer tiefer in die Vergangenheit, die sie mit Chris teilte. Wenn ich schon jetzt und hier, in der Gegenwart, nicht mehr von ihm kennenlernen konnte, nicht tiefer fragen durfte und die Distanz zusätzlich jede Möglichkeit unterdrückte, ihm näherzukommen, fand ich vielleicht zwischen alten Selfies und Urlaubserinnerungen ein paar Antworten auf die Fragen, wer Chris war, wer die Frau war, in die er sich verliebt und mit der er sich verlobt hatte.

Ich erfahre mit jeder *caption*, mit jedem Post, den ich anschaue, vermeintlich ein bisschen mehr über all das, was sie mag und was ihr gefällt.

Rebecca liebt entspannte Tage am Strand.

Rebecca liebt lange Nägel und hohe Absätze.

Rebecca liebt es, Blumen und Geschenke zu bekommen.

Rebecca liebt OREO-Eiscreme und noch immer *Gossip Girl*.

Rebecca liebt Pretoria, ihre Heimat und die Nähe zu ihrer Mutter.

Rebecca liebt Hochzeiten.

Rebecca liebt die Kinder ihrer Cousinen. Tatsächlich zeigt sie sie auf jedem zweiten Bild.

Ich liebte entspannte Tage am Strand.

Ich trug keine langen Nägel und meistens Vans.

Ich mochte keine materiellen Geschenke, und die meisten Blumensträuße hielt ich für farbintensive Klischees. Ich hasste Kuchen- oder Keksstücke in meiner Eiscreme, und *Gossip Girl* konnte ich mittlerweile nur noch in der ersten Staffel ertragen.

Ich mochte keine Kleinstädte: Ich verband mit Heimat ein Gefühl, das ich überall auf der Welt finden konnte. Und ich hatte Chris schon bei einem unserer ersten Dates erzählt, dass ich nicht auf eine Ehe oder eine Familie hinarbeitete; dass ich zwar Romantik liebte und mich nach ihr sehnte, sie aber vor allem in Freiheit statt in Konventionen fand.

Da war es wieder – das Gegenteil. War ich Rebeccas Gegenteil? Zumindest in ein paar oberflächlichen Absätzen? War das der Grund, warum er mich wollte? Weil ich das war, was sie nicht war? Oder zumindest so schien?

Vollkommen

Was ich angeblich in meinem Leben brauche, um mich vollkommen zu fühlen:

- einen Mann, der mich liebt

- einen Mann, den ich liebe

- eine Wohnung mit hohen Decken und Flügeltüren

- ein Baby (genau zum richtigen Zeitpunkt)

- einen Thermomix

- vollere Lippen

Was ich wirklich in meinem Leben brauche, um mich vollkommen zu fühlen:

- *salted caramel cheesecake*

- Hunde mit kurzen Beinen

- Vitamin-C-Serum

- die Geräusche Kapstadts

- Bücher (viele!)

- bedeutungsvolle Verbindungen zu den Menschen, die ich um mich haben möchte

- emotionale Intelligenz

- die Option, drei Nächte lang *The Crown* zu *binge-watchen*

- mehr freien Speicher auf meinem iPhone

- ein Steuersystem, das Singlefrauen über dreißig nicht strategisch benachteiligt

- eine funktionierende Strategie gegen die Auswirkungen des Klimawandels

- Tageslicht(-bäder)!

- einen aufgeräumten und beantworteten Posteingang an einem Freitag um 15.25 Uhr

- ein kaltes Glas Chenin blanc an einem Freitag um fünfzehn Uhr dreißig

- eine fußläufig erreichbare Hermes-Station

- weiche Avocados

- Sex am Montagmorgen um 07.12 Uhr

- ab und zu einen Strandzugang

- Freiheit (physisch wie psychisch)

Was mein Leben zusätzlich bereichert:

- einen Mann, der mich liebt, den ich liebe

- Mimosas

»Girlfriend«

Ich sortiere die einzelnen Tabs hintereinander: lokale Nachrichten, internationale Nachrichten, Interviews und aktuelle Statements von Ministern und der Tourismusbranche, Leitartikel zum Verlauf der Pandemie in Südafrika, am Ende noch Facebook und Twitter.

Jeden Morgen frühstücke ich zu den aktualisierten Nachrichten, die sich erst überschlagen und dann doch nur im Kreis drehen. Es ist Tag 92 des Lockdowns in Südafrika, die Grenzen bleiben zu. Und weil dem Land die dunkelsten, stürmischsten Wintermonate Juli und August noch bevorstehen, schwindet meine Hoffnung, dass sie sich bald öffnen. Seit achtzig Tagen, fast elf Wochen, bin ich zurück in Deutschland; getrennt von Chris, getrennt von seiner Umarmung, getrennt von seiner Nähe, getrennt von seinem Geruch. Umgerechnet in Dates hört sich das sogar noch ernüchternder an. Ich habe gut zwanzig Abende verpasst, an denen wir uns besser hätten kennenlernen, einander noch näherkommen, nicht nur miteinander schlafen, sondern zusammen einschlafen, aufwachen, einen Kaffee trinken und uns dann mit einem Kuss an meiner Haustür verabschieden können. Zehn Wochenenden, an denen wir die Küste hätten entlangfahren, an kleinen Stränden anhalten, in der Sonne picknicken oder den Pipe Track bis nach Camps Bay entlangwandern können. Seit achtzig Tagen zehrten wir von dem Funken, den wir in kürzester Zeit füreinander entfacht hatten. Und ich spürte, wie er kleiner, schwächer wurde.

Vor ein paar Tagen hatte zumindest Tansania verkündet, internationale Touristen wieder einreisen zu lassen. Einen Abend lang hatten Chris und ich nach Flügen gesucht, uns ausgemalt, dass wir uns auf Sansibar treffen und dort vielleicht ein oder zwei Wochen in einem abgeschotteten, kleinen Bungalow am Strand verbringen könnten. Aber bevor es ernst wurde, hatte sich der Gedanke schon wieder verflüchtigt. Ich hatte ihn noch ein paar Mal wieder aufgegriffen, Chris ein paar Links und Vorschläge für unsere Unterkunft geschickt, aber keine Antwort von ihm bekommen. Generell vergingen manchmal Tage, bevor er einen Link anklickte. Und auch unsere Anrufe wurden routinierter und zu Updates statt zu Verabredungen. Ich wusste nicht mehr, wann er mir zuletzt eine Frage über mich und nicht über meinen Tag gestellt, wann er mir zuletzt von sich und nicht vom Job oder vom Einkauf erzählt hatte. Ich wusste, wann ich ihm zuletzt geschrieben hatte: Dass ich ihn vermisste, dass es mir fehlte, dass wir wirklich Zeit miteinander verbrachten – das war gestern Abend. Bisher hatte er nicht darauf geantwortet, sondern mir nur schnell geschrieben, dass er heute viel unterwegs war und mich abends, wenn er wieder im Auto saß, anrufen würde. Was bedeutete, dass wir für ungefähr 15 Minuten immer wieder die Verbindung verlieren und ich angestrengt versuchen würde, durch das laute Rauschen seiner Bluetoothspeaker ein Wort zu verstehen. Bevor irgendein gutes Gespräch überhaupt einen Anfang finden könnte, wäre er in seiner Einfahrt und würde entweder seinen Hund oder seinen Mitbewohner begrüßen. Das war kein Date, das war einfach anstrengend.

***

»Vor vier Monaten hatte ich noch lange Abende mit einer geteilten Flasche Rotwein und intensiven Küssen und knisternder Atmosphäre zwischen uns, vor drei Monaten hatte ich erste kleine, intime Gewohnheiten zwischen ihm und mir. Jetzt habe ich eine Ahnung, was er zum Mittag gegessen hat und wann er einschläft. Meistens um einundzwanzig Uhr dreißig, wenn ich mich noch unterhalten,

Gedanken mit ihm teilen oder einfach seine Stimme hören will, aber meine Nachrichten an nur einem Haken bei WhatsApp hängen bleiben«, sage ich, während ich den Dackel von der Leine nehme und ihm dabei zusehe, wie er über die große Auslaufwiese neben dem Wasserturm fegt. Ich treffe Elena mindestens einmal in der Woche hier im Park. Dann gehen wir spazieren, lassen unsere Hunde toben und erzählen uns voneinander. Das heißt, heute rede ich mir den Frust von der Seele, während sie vorsichtig nachhakt.

»Jede Woche warte ich darauf, dass sich irgendetwas ändert, dass ich irgendeinen Weg zurück nach Südafrika finde. Ich warte darauf, dass ich zurückkehren kann, nicht nur weil ich ihn so wahnsinnig vermisse, das ist es nicht ... Sondern weil ich merke, wie wir festfahren, uns in einer einzigen Schleife aus wiederkehrenden, kurzen, unbedeutenden Anrufen bewegen, die uns einander trotzdem nicht näherbringen. Es ist nicht nur, dass wir uns nicht mehr sehen können; es fühlt sich auch an, als würden wir die Zeit der Dates überspringen und direkt zu den Routinen übergehen.«

»Aber ist es nicht schön, auch mal eine Routine mit jemandem zu haben? Auch mal ein bisschen zur Ruhe zu kommen?«

»Routinen wie sonntags gemeinsam im Bett das Frühstück zu teilen und Backgammon zu spielen oder ab und zu füreinander Spaghetti Bolognese zu kochen und dabei Rotwein zu trinken und gemeinsam Podcasts zu hören – gerne, das klingt fantastisch. Und Ruhe, klar, auch das. Aber doch kein Stillstand. Es ist, als hätten wir längst aufgehört, uns kennenzulernen, und würden jetzt einfach nur noch *sein*. Und vor allem genauso bleiben. Das ist mein Albtraum. Ich will nicht eins von diesen Paaren sein, das sich einfach nur absichert, das sich für einen kurzen Moment datet, dann zusammenkommt, Sicherheit genießt und sich ein Jahr später Sachen an den

Kopf wirft wie: ›Ich weiß überhaupt nicht mehr, wer du bist.‹, während sie eigentlich meinen: ›Ich hab keine Ahnung, wer du bist, und hab mir auch irgendwie nicht die Mühe gemacht, es je so wirklich herauszufinden.‹«

»Ist das dein Gefühl? Dass Chris sich keine Mühe gibt?«

»Ich weiß es nicht. Er sagt immer wieder, dass er einfach nicht gern am Telefon ist, dass er mich nicht über einen Bildschirm kennenlernen will; dass er einfach ein sehr analoger Mensch ist, der sich lieber auf die Dinge konzentriert, die wirklich da, wirklich direkt vor ihm sind. Und ich denke mir dann immer: Ja, aber ich *kann* nun einmal nicht vor ihm stehen. Ich kann nicht einfach ins Flugzeug steigen und die Distanz zwischen uns verkürzen, ich kann nun einmal nicht ändern, dass eine Fernbeziehung vor allem auf Technologie und auf Bildschirmen und Mikrofonen beruht. Das ist es, was wir haben. Und wenn er das nicht benutzen kann oder benutzen will – vielleicht funktioniert es dann eben einfach nicht. Wenn ihm der Aufwand, sein Handy in die Hand zu nehmen, schon zu groß, zu ermüdend ist – vielleicht ist das, was da zwischen uns ist, dann einfach nicht genug ...«

»Hast du ihm das denn mal genauso gesagt?«

»Nein. Es ist das erste Mal, dass ich es überhaupt ausspreche.«

***

Als er mich ein paar Stunden später per Videocall erreicht, stehe ich gerade lustlos am Herd. Vorhin im Supermarkt hatte ich noch die Motivation, mir gegen das Stimmungstief eine gesunde Mahlzeit zu kochen, die ich hübsch anrichten und genießen wollte. Auf halber Strecke hatte ich dann einfach ein Tiefkühlprodukt gegriffen. Während ich mit einem Holzlöffel auf den Klumpen mediterrane

Reispfanne einschlage, der gerade bei mittlerer Hitze auftauen soll, erzählt er von Baumaterialien, die zu spät angekommen sind, von seinem Kollegen Mario, mit dem er in irgendeinen Streit geraten war, und von seinen Wochenendplänen. Als ich auf »Also werde ich von Freitag bis Sonntag wahrscheinlich nicht erreichbar sein« keine Antwort, sondern nur ein Schnauben von mir gebe, unterbricht er sich selbst.

»Du wirkst ziemlich angespannt heute – ist irgendetwas passiert?«

Es ist eher eine Menge nicht passiert, will ich antworten, will ihm sagen, wie frustriert, wie ernüchtert ich bin, wie ungenügend ich unsere Verbindung empfinde. Aber ich bringe es nicht über die Lippen, will einen besseren Moment abwarten und wünschte, ich würde mich weniger gehetzt fühlen: Auf meinem Bildschirm sehe ich die fünf Minuten und 21 Sekunden, die unser Gespräch schon dauert und weiß, dass mir noch maximal elf Minuten bleiben, bis er auflegen wollen würde – weil er »lange Telefonate einfach anstrengend« fand.

»Ich hab heute einfach zu viel Zeit mit den Nachrichten verbracht. Anscheinend werden sie die Grenzen nicht vor Dezember aufmachen. Ich habe auf *News24* sogar gelesen, dass es möglich ist, dass Südafrika bis 2021 für internationale Reisende geschlossen bleibt.«

»Mach dir doch nicht so viele Gedanken, du stresst dich zu sehr mit diesem Thema ...«

»Oh, das heißt, dass es sich für dich super anfühlt, so, wie es ist?«

»Das habe ich nicht gesagt.«

»Tut mir leid, dass ich es nicht ganz so entspannt wie du sehe, dass ich mich nicht zurücklehne und die Antwort auf die Frage, ob ich dich in diesem Jahr überhaupt noch einmal wiedersehen kann, nicht einfach auf mich zukommen lasse.«

»Davon, dass du täglich all diese Nachrichten liest, sinken die Infektionszahlen hier drüben ja aber auch nicht schneller.«

»Darum geht es doch gar nicht?!«

»Worum geht es dann?«

»Dass ich das Gefühl habe, dass du nicht im Ansatz fühlst, was ich fühle und dass es dich überhaupt nicht interessiert, wann ich wieder nach Kapstadt fliegen kann. Wann hast du zum Beispiel zum letzten Mal die Nachrichten angeschaut, weil du wissen wolltest, wie es mit den Einreisebestimmungen weitergeht? Hast du dich jemals *wirklich* mit dem Thema beschäftigt?«

»Lina, du liest die Nachrichten, du hörst dir die Rede vom Präsidenten an – du bist doch informiert, und du erzählst es mir.«

»Genau, ich! Ich mache das alles. Ich beschäftige mich mit diesen ganzen kräftezehrenden Informationen und den Diskussionen. Aber vielleicht würde es mir guttun, wenn ich auch ab und zu mal das Gefühl hätte, dass es dir genauso wichtig ist; dass du genauso viel dafür tust, dass wir uns bald wiedersehen. Und dass wir eben nicht den Funken zwischen uns verlieren.«

»Was genau wirfst du mir jetzt eigentlich vor? Dass ich mich nicht an irgendwelchen Spekulationen auf Facebook beteilige oder dass ich mich nicht genug für meine Freundin interessiere?«

»Deine Freundin?«

Es zischt heiß, als der Reisbrocken in der Pfanne auseinanderbricht. Ich verbrenne mir fast die Finger an den Ölspritzern, als ich den Deckel auflege und die Hitze herunterregle.

»Hast du nicht noch vor ein paar Wochen zu mir gesagt, dass du auf keinen Fall willst, dass ich mich in dich verliebe? Dass wir lieber warten sollten, bevor wir irgendetwas entscheiden? Und jetzt teilst du mir einfach so, in einem FaceTime-Call, mit, dass ich deine Freundin, dein *girlfriend* bin?«

»Lina – wir telefonieren fast jeden Tag miteinander, wir schreiben einander, ich verbringe Zeit mit dir ... natürlich bist du meine Freundin. Oder willst du das nicht sein?«

»Chris, ich bin seit acht Jahren Single, ich bin seit acht Jahren keine Beziehung mehr eingegangen. In dem Moment, in dem sich das ändert, in dem ich wieder mit jemandem zusammen bin, will ich diesen Menschen umarmen, küssen, ihm in die Augen schauen können. Ich will nicht beiläufig ein Label aufgedrückt bekommen, das aus ein paar Anrufen resultiert – ich will mich bewusst für dich entscheiden.«

Ich kann meine Enttäuschung nicht verbergen. Über die Selbstverständlichkeit, mit der er mich seine Freundin nennt, noch mehr aber darüber, dass er der Meinung ist, das, was wir jetzt gerade haben, reiche aus und sei ihm genug, um es Beziehung zu nennen.

Ich war ganz bestimmt nicht die Frau, die einen Jahrestag oder eine romantische Gelegenheit brauchte, um den Beginn einer Beziehung zu markieren. Aber ich brauchte Nähe, ich brauchte Intimität, ich brauchte diesen Funken zurück – und dann noch mehr davon.

»Okay«, sagt er nach einer Weile. »Dann bist du also nicht meine Freundin. Aber dann weiß ich auch ehrlich gesagt nicht, was wir hier eigentlich machen.«

»Uns kennenlernen? Uns nah bleiben, bis wir uns wiedersehen können? Oder zumindest dachte ich, dass wir das machen ...«

»Und was sind wir währenddessen? Gute Freunde?«

»Natürlich nicht ...«

»Dann was, Lina? Was sind wir? Was ist dieses Dazwischen?«

»Ich weiß nicht, was es ist. Aber ich wusste auch nicht, dass du es so unbedingt benennen willst?«

»Willst du mit anderen Männern schlafen?«

»Ist das dein Ernst? Glaubst du wirklich, dass es darum geht?«

»Worum geht es dann? Was ist so schlimm daran, dass ich dich meine Freundin nenne, wenn es gerade nur uns beide gibt? Wenn wir beide jeden Tag voneinander hören, wenn du längst Pläne machst, um für mich wieder in die Stadt zu kommen? Was fehlt dir dann?« »Du! Du fehlst mir! Nicht eine bestimmte Anzahl von Anrufen, sondern was dabei passiert. Nicht die Frage, wie oft wir voneinander hören, sondern wie nah wir uns dabei sind. Ich will dich wieder fühlen, ich will die Intimität zurück. Seit Wochen mache ich Vorschläge, wo auf der Welt wir uns wiedersehen könnten, welche Lösung es für uns gibt, damit wir uns nicht verlieren; aber du lässt das Thema immer wieder auslaufen, antwortest mir nur vage – wenn du es überhaupt tust.«

»Was denn für Vorschläge? Wir können doch gar keine Pläne machen. Die Grenzen sind nun einmal zu.«

»Ja, aber nicht in Tansania! Dort könnten wir uns sehen.«

»Du willst, dass ich für dich nach Tansania fliege, aber du willst nicht meine Freundin sein?«

»Ich will einfach erst in unsere Verbindung investieren. Ich will wissen, wer du bist, und du sollst wissen, wer ich bin – bevor wir uns festlegen.«

»Ich will aber nicht blind investieren, okay? Dafür bin ich nicht der Typ. Ich will wissen, dass du meine Freundin bist, um mich auf Pläne und auf eine Zukunft mit dir einzulassen.«

»Und ich will mich nicht *blind* auf eine Zukunft mit dir festlegen, ohne zu wissen, ob sie mich überhaupt glücklich machen kann.«

Es waren zwei völlig unterschiedliche Dinge, um die wir kämpften. Chris wollte ein Label. Ich wollte eine Connection. Vielleicht wollten wir auf dasselbe hinaus, aber wir kamen aus völlig unterschiedlichen Richtungen – und in diesem Moment wusste ich nicht, wo wir uns noch treffen konnten.

Nach einer Weile, in der wir beide schweigen, den anderen nur leer ansehen, sagt er:

»Du willst mehr Nähe? Mehr Intimität? Dass ich mich mehr öffne? Dann brauche ich einfach die Sicherheit, dass du mit mir zusammen sein willst.«

»Ich fühle mich, als würdest du mich reservieren, wie einen Gebrauchtwagen, dem man ein Schild in die Windschutzscheibe hängt. Du weißt noch nicht, ob du wirklich bereit bist, den vollen Preis für mich zu bezahlen, aber du willst auch nicht, dass irgendwer anders mich haben könnte. Das ist es doch, oder?«

***

One-Night-Stand, *bootycall*, Date, *fling*, *fuckboy*, Freund, *Freund*, guter Freund – das Absurdeste an einem Label ist, dass es auch in den deutlichsten, klarsten Buchstaben noch immer unverständlich bleibt. Ob wir das Gleiche meinen oder wollen, wenn wir es lesen, wenn wir es annehmen oder aussprechen – wissen wir nicht. Ein Label ist immer nur das, was wir selbst darunter verstehen; es ist nicht allgemeingültig, sondern verfärbt von unseren eigenen Wünschen oder den Erfahrungen, die wir damit bereits gemacht haben.

Die Gründe dafür, warum wir uns dieses *eine* Label wünschen (oder lieber noch damit warten wollen), sind unterschiedlich. Es gibt Menschen, die möchten eine körperliche Beziehung nur mit jemandem eingehen, an den sie auch gebunden sind. Andere wollen von Anfang an sicher sein, dass sie ihre Zeit nicht verschwenden: Sie wollen Klarheit darüber, welchen Stellenwert sie füreinander haben und auch allen anderen deutlich machen, zu wem sie gehören (das sind übrigens die gleichen Leute, die auch ihren Beziehungsstatus in eine Insta-Bio packen), oder sie wollen einfach dem Gedankenkarussell, *wohin das alles führen könnte*, ein Ende setzen.

Chris wollte vor allem eins: Sicherheit. Und das warf in mir die Frage auf, warum er sie so unbedingt etikettiert brauchte, statt sie in sich selbst zu fühlen, statt einfach zu vertrauen.

Der Grund, warum ich dieses Label so ablehnte, war nicht etwa die Bindungsphobie eines Langzeitsingles, sondern die Erstickungsgefahr, der wir uns mit all den unausgesprochenen Erwartungen aussetzten, die auf einmal, sobald wir eine Beziehung führten, aufstiegen und uns die Luft nahmen. Auf einmal hast du eine Vorstellung davon, wie du dich fühlen willst, wenn du dich wieder auf einen Partner einlässt. Du fängst an, genauer hinzusehen. Du fängst an, zu bewerten oder zu hinterfragen, was sich eben noch so natürlich angefühlt hat: die Frage, wie oft man Sex miteinander hat. Die Frage, wie oft man guten Sex miteinander hat. Wie viel man sich danach zu sagen hat, wie gut man einander versteht, wie viel man miteinander lacht, wie geborgen oder wohl man sich miteinander fühlt. Alles wird noch einmal aus einer anderen Perspektive angefasst. Chris und ich konnten gerade keinen Sex haben, wir konnten einander nicht nah sein, uns nicht treffen, uns nicht in Situationskomik fallen lassen, nicht stundenlang in einer Bar knutschen und beflügelt von Euphorie nach Hause laufen. Uns fehlte das, was eine Beziehung ausmachte: die Chance auf eine kleine, unantastbare Blase miteinander – ein gefühlter *#happyplace*, der nur durch echte Intimität entsteht.

Ich wusste genau, dass es nicht lange dauern würde, bis wir an den Punkt kämen, an dem wir beide fühlen und vermutlich auch sagen würden: *Das, was wir gerade haben, ist nicht das, was ich mir unter einer Beziehung vorstelle.* Denn das, was wir gerade haben konnten, war nicht das, was wir beide von diesem Etikett wollen würden.

Mich gegen ein Label zu entscheiden hieß nicht, dass ich Chris ablehnte, sondern dass ich uns beschützen und uns Zeit geben wollte, um unsere Gefühle zu entwickeln und zu vertiefen. Und zwar bevor wir sie öffentlich machten, bevor sie von uns selbst noch einmal völlig neu betrachtet oder von anderen kommentiert, bewertet oder umhergereicht wurden. Natürlich wollte ich irgendwann seine Freundin sein, natürlich wollte ich, dass wir irgendwann mehr miteinander hatten als nur eine *gute Zeit*. Aber wenn das, was wir hatten, nicht nur gut war, sondern immer besser, immer enger und intensiver wurde – würde sich das Label doch von ganz allein ergeben.

Die einzigen Momente, in denen ich in der Vergangenheit unbedingt hatte festlegen, aussprechen oder irgendwie anders beweisen wollen, was ich einem Menschen (*dass* ich einem Menschen etwas) bedeutete – waren immer solche, in denen ich längst fühlte, dass etwas nicht stimmte. Es waren die, in denen ich bereits merkte, dass ich jemanden zu verlieren drohte oder dabei war, mehr und mehr Gefühle zu entwickeln, die ins Leere liefen. Meine Unsicherheit war ein Symptom, und das Label sollte es lindern und schließlich verschwinden lassen.

Und auf einmal begriff ich: Was, wenn es Chris genauso ging? Was, wenn er sich unsicher war, ob ich genauso für ihn fühlte, wie er für mich zu fühlen begann? War ich gerade dabei zu ruinieren, was ich doch eigentlich so unbedingt greifen wollte? Wenn ich Chris das Label reichte, das er so sehr wollte, wenn ich ihm die Bestätigung gab, nach der er sich offenbar sehnte – schenkte er mir dann die Zuneigung, die Aufmerksamkeit und vor allem die Offenheit, die ich so sehr wollte?

***

Eine Nacht schlafe ich schlecht, einen Tag lang zögere ich noch, suche nach den richtigen Worten – am Abend, gut 24 Stunden nach unserem Streit, den ich gestern einfach abgebrochen hatte, rufe ich ihn an.

»Hey ...«, sage ich, als er abnimmt.

»Hey ...«

»Tut mir leid, dass ich gestern einfach so aufgelegt habe. Ich war überfordert. Ich hab dich nicht verstanden und mich angegriffen gefühlt. Dieses Beziehungsding hab ich schon so lange nicht mehr gemacht, vielleicht muss ich da erst wieder reinwachsen. Und dass wir Tausende Kilometer voneinander entfernt sind, macht es natürlich nicht leichter. Aber ... ich hab nachgedacht. Und vielleicht muss ich mich einfach auf eine Zukunft einlassen, die ich noch nicht kennen kann, aber die ich zusammen mit dir kennenlerne. Vielleicht muss ich mich Schritt für Schritt daran gewöhnen, dass ich jetzt – deine Freundin bin.«

Ich warte darauf, dass ich ihn lachen höre, dass er »oh babe« sagt und mir damit signalisiert, dass alles gut, dass unser Streit vergessen ist; dass er nur ein *hiccup* war, bevor wir den nächsten Schritt machen.

»Ich habe auch nachgedacht«, antwortet er ausdruckslos.

»Und du hast recht. Ich habe dich labeln wollen, damit dich kein anderer haben kann. Ich bin besitzergreifend geworden, weil mich diese Entfernung, diese ganze offene Sache mit uns so verunsichert hat. Ich wäre gern der Typ, der locker und selbstsicher ist, aber ich bin es nicht. Ich bin eine ganze Menge nicht, was ich gerne wäre ... vor allem bin ich nicht der Richtige für dich.«

»Was?«

»Lina – das mit uns wird nicht funktionieren.«

Funkstille

Wir haben gelernt, vielleicht aber auch einfach nur angenommen, dass wir erst wissen, was wir wirklich wollen, wenn wir es nicht mehr haben können. Wir verbinden Liebe mit etwas, das verloren geht und dann erst zurückkommen kann. Die Frage ist: Wollen wir dabei überhaupt einander? Oder wollen wir - einfach nur *wollen*?

Wenn dir dein Herz mit Anfang zwanzig gebrochen wird, glaubst du noch, dass du daran zugrunde gehen wirst. Wenn du dreißig bist, weißt du, dass du es überlebst. Dir ist klar, dass es dir eine Woche elend gehen wird (vielleicht zwei), dass es danach besser wird, leichter; dass du wieder zu Kräften kommst, dich erholst und die Erinnerungen an die ersten zwei Tage, an denen du nichts essen, nichts sagen, deine Gedanken nicht beruhigen, nicht einmal fesseln, sondern nur leer die Wand anstarren konntest – langsam verblassen werden. Du wartest darauf, wie man bei einer schweren Grippe eben darauf wartet, dass das Fieber endlich nachlässt. »Sie kommen drei Tage, sie bleiben drei Tage, sie gehen drei Tage – wenn du im Bett bleibst, dich gesund schläfst, viel Tee trinkst, auf dich aufpasst und keine Rückschläge riskierst«, sagt meine Oma noch heute über die lauernden Erkältungen einer nasskalten, klammen Wetterfront. Vielleicht war das mit dem Kummer, den du fühlst, wenn etwas endet, bevor es überhaupt angefangen hat, ganz genauso.

»Wir sind zu unterschiedlich. Du willst eine intensive Beziehung, ich will eine stabile, du willst offene Gefühle und geteilte Emotionen. Das kann ich dir nicht geben«, hatte er gesagt.

»Vielleicht jetzt nicht, vielleicht nicht sofort, aber wir können uns doch Zeit lassen – sehen, wo wir landen, wenn ich zurückkomme, so wie es geplant war.«

»Ich will nicht darauf warten, dass du zurückkommst. Ich will diese Fernbeziehung nicht mehr, ich will dich nicht parken, ich will kein Dazwischen mehr. Und ich will dir und mir nicht mehr länger etwas vormachen, so tun, als wäre ich jemand, der ich nicht bin. Ich will, dass wir beide weitermachen, ohne einander. Es tut mir leid.«

Es ist der letzte Gesprächsfetzen, an den ich mich erinnere, bevor ich auflege, bevor ich mich auf die Matratze sinken lasse, alle meine Termine absage, mich in meine Decke wickle und auf das warte, was jetzt kommt, was dann bleibt, was später wieder geht.

Zwei Tage lang verlasse ich das Haus nur, um mit dem Hund um den Block zu schleichen, zwinge mich dazu, meine Gedanken kurz zu verlassen, nur um nach einer halben Stunde wieder in sie hineinzufallen. Am dritten Tag wird mir klar, dass mein eigentlicher Schmerz nicht nur daher kommt, dass er mich verlassen hatte – sondern wie er es getan hatte. Er hatte sich zurückgezogen, hatte sich binnen 24 Stunden dazu entschieden, statt eines Labels doch lieber einen Schlussstrich zu wollen und es mir dann mitgeteilt. Er hatte *seine* eigene Entscheidung getroffen – aber damit auch meine. Ohne dass ich eine Chance oder irgendeine Wahl gehabt hätte. Wir steckten drei Monate tief in dieser Fernbeziehung. Hatten wir nicht beide erwartet, dass es hart werden würde?

Du kannst einen Menschen nicht dazu zwingen, dich zu wollen. Aber warum darfst du einen Menschen dann im Gegenzug zwingen oder zumindest für ihn bestimmen, dich überraschend loszulassen? Was war mit mir? Wo war meine Stimme in diesem Ende?

Ich wollte ihn nicht einfach vergessen. Ich wollte nicht einfach aufgeben. Nicht jetzt schon.

Ohne zu zögern, ohne über die richtigen Worte nachzudenken, ohne mehrere Entwürfe einer Nachricht mit meinen Freundinnen zu diskutieren, wähle ich seine Nummer.

Nach dem vierten Klingeln nimmt er ab.

»Ist alles in Ordnung?« , fragt er.

»Nein«, sage ich, und dann: »Es ist nicht in Ordnung, dass du einfach so abhaust. Es ist nicht in Ordnung, dass du mich erst willst und dann ausreißt. Und darum akzeptiere ich es auch nicht.« Ich merke, dass ich das, was ich sagen will, schnell und bestimmt loswerden muss. Bevor meine Stimme brüchig wird, bevor ich weinen muss; vor allem bevor ich den Mut verliere.

»Was meinst du damit?«

»Wenn du mich wirklich nicht mehr willst, wenn du wirklich nichts mehr für mich fühlst, dann will ich, dass du es mir noch einmal sagst. Nicht jetzt, nicht heute Abend – sondern in zwei Wochen.

Ich weiß nicht warum, ich weiß nicht, was los ist, aber ich glaube, dass du mich gerade einfach nur kopflos von dir wegschiebst. Ich glaube dir nicht, dass du einfach innerhalb einer Nacht entschieden hast, dass du mich vergessen willst, Chris.«

»Lina, bitte mach es mir doch nicht so schwer ...«

»Doch, doch, ich mache es dir schwer. Ich lasse dich nicht einfach nur einen Chatverlauf und meine Nummer löschen, ich lasse mich nicht einfach so verdrängen. Ich bin ein Mensch, ein Mensch mit Gefühlen, mit verletzten Gefühlen, mit Gefühlen für dich, und ich verdiene es, dass du dir länger als nur ein paar Stunden Gedanken darüber machst, ob du mich noch willst oder nicht. Das bist du mir schuldig.« Erst sagt er gar nichts, dann irgendwann leise: »In Ordnung.«

***

Knapp eine Woche später bin ich wieder mit Elena im Park unterwegs. Es ist es gutes Gefühl, dich mit einer Freundin zu treffen, weil du sie sehen möchtest – nicht weil du mit ihr über ihn reden willst. Früher waren Trennungen etwas, das ich mehrfach, bei jeder einzelnen Freundin erneut, in den immer gleichen Details, in der gleichen Intensität durchleben und besprechen musste. Jede bekam die Vollversion, jede ging mit mir noch einmal durch die einzelnen Szenen. Heute muss ich nicht mehr rekapitulieren und Satz für Satz wiedergeben, was eigentlich passiert ist. Meine Freundinnen verstehen auch so. Manchmal reicht ein simples: *Wir sind dabei, herauszufinden, wie und ob es mit uns weitergeht. Und wir brauchen noch ein bisschen Zeit.*

Fast zwei Stunden sind wir mit den Hunden unterwegs, reden über Elenas Umzugspläne aufs Land, über ihre Herausforderungen als junge Mutter, über ihre berufliche Neuorientierung. Wir hören einander zu, sprechen über uns, nicht über die Männer, über die wir uns früher vermutlich noch definiert hätten. Zum Schluss kommen wir noch auf mein neues Buch, und erst dann fragt sie: »Schreibst du nicht auch viel ... über ihn? Und darüber, wie es ist, eine neue Beziehung aufzubauen? Wie machst du das denn – jetzt?«

Ich tippe mit den Fingern am Rand meines Kaffeebechers entlang und zucke mit den Schultern.

»Ich glaube, ich schreibe einfach ehrlich über das, was passiert. Es geht im neuen Manuskript nicht darum, von der perfekten Beziehung zu erzählen, sondern von dem Versuch, mich wieder darauf einzulassen. Wenn das mit Chris und mir … Also, wenn wir es nicht schaffen, heißt das ja nicht, dass ich gescheitert bin oder meine Erfahrungen nichts wert sind. Bis hierher habe ich in den letzten fünf Monaten, in denen ich ihn kenne, schon so viel über mich gelernt.«

Ich habe mich acht Jahre lang, singulär und ausschließlich, mit der Frage beschäftigt, wie ich mich
fühlen will, wenn ich liebe. Wie Liebe sein soll,
die mich glücklich macht. Aber ich habe mich nie gefragt, wie die Beziehung sein soll, in der sie Platz
hat.

»Ich habe mir nie Gedanken darüber gemacht, wie viel Freiheit ich in einer Beziehung brauche und welche Sicherheit ich meinem Partner geben kann. Ich beginne erst jetzt langsam dahinterzukommen, welche Werte mir wichtig sind und in welcher Reihenfolge.«

Auf dem Nachhauseweg halte ich noch beim türkischen Supermarkt an, kaufe Brot, Käse und Gemüse für einen Salat ein, leere meinen Postkasten, hole eine Sendung bei meiner Nachbarin ab und trage schließlich die gestapelten Briefe, Päckchen und frischen Lebensmittel bis in den vierten Stock, als mein Handy klingelt. Ich weiß, dass es Magdalena ist, mit der ich heute zu einem längeren Telefonat verabredet bin, um mit ihr über die Zukunft unseres Start-ups zu sprechen und sie ein bisschen von der Monotonie des Lockdowns, in dem sie in Kapstadt noch immer steckte, abzulenken.

»Ich bin in einer Sekunde da …«, rufe ich in mein Handy, werfe den Schlüssel ins Regal und stelle die Einkäufe auf den Fußboden.

»Ich bin es …«, sagt er. Erst jetzt schaue ich auf den Bildschirm.

»Chris?«

»Ist es okay, dass ich dich anrufe?«

Ich setze mich auf die kleine Bank neben meiner Eingangstür und gebe der Tür einen Schubs, damit sie ins Schloss fällt.

»Ja ...«

»Ich rufe dich an, weil ... du mir wirklich fehlst. Und weil ich die Vorstellung, noch eine Woche nichts von dir zu hören, irgendwie unerträglich finde.«

Ich wollte ihm sagen, dass ich froh war, dass er anrief, dass ich ihn auch vermisst hatte, dass ich so froh war, seine Stimme zu hören. Aber das stimmte nicht. Ich hatte ihn gebeten, über uns nachzudenken. Wenigstens zwei Wochen. Ich hatte ihn gebeten, sich wirklich sicher zu sein. Stattdessen schien es, als hätte er wieder einfach nur einem Impuls nachgegeben.

»Du wolltest mich vergessen, Chris. Du wolltest gar nichts mehr von mir hören, nie wieder. Und nie wieder – das ist eine verdammt lange Zeit.«

»Ich weiß. Und ich hasse es, dass ich dich einfach so in diese Situation geschubst, dass ich dich weggestoßen habe. Du hattest recht, ich habe nicht nachgedacht. Ich war einfach – überfordert. Wir haben auf einmal so ein Tempo aufgebaut, plötzlich ging alles so schnell, und ich glaube, ich war einfach nicht darauf vorbereitet, wie intensiv diese Beziehung für mich werden würde.«

»Du warst derjenige, der mich wiedersehen wollte, der aus unseren Dates eine ganze, ununterbrochene Reihe gemacht und an jedem zweiten Tag bei mir übernachtet hat. Du warst es, der mich manchmal mehrfach am Tag angerufen hat, nur um meine Stimme zu hören. Du warst es, der mich auf die Farm eingeladen und mich direkt seiner Familie vorgestellt hat. Und du warst es, der immer wieder die Gespräche darüber angefangen hat, wo wir stehen und wohin wir unterwegs sind. Du warst es, der ein Label wollte. Ich wollte dich einfach nur kennenlernen. Du warst derjenige, der das Tempo dieser Beziehung bestimmt hat, Chris, und du warst auch derjenige, der uns ausgebremst hat.«

»Ich hab mich einfach vollkommen einnehmen lassen von dem *crush*, den ich auf dich hatte. Ich wollte so viel Zeit wie möglich mit dir verbringen, ich wollte dich für mich haben, ich wollte dich während des Lockdowns unbedingt in meiner Nähe haben. Ich war egoistisch ...«

»Vielleicht weil du mich gar nicht wirklich wolltest. Vielleicht weil es überhaupt nicht um mich ging, sondern vor allem darum, wie du dich mit mir – dank mir – gefühlt hast.«

Ich wusste, wie kalt, vielleicht auch wie verletzt ich mich anhörte, aber es störte mich nicht. Im Gegenteil: Ich fühlte mich gut dabei, so ehrlich zu ihm zu sein. Ich hatte nicht vor, ihm in diesem Gespräch die Bühne für eine tragische Selbstanalyse zu geben. Meine Geduld dafür hatte Gustav in den letzten Jahren aufgebraucht.

»Ja, ich war einfach egoistisch. Vor allem in den letzten Tagen. Ich hab einfach gedacht, wenn ich es jetzt beende, dann ist es noch leicht, dann sind es nur ein paar Monate, die wir verlieren. Aber ich habe nicht darüber nachgedacht, wie es sich anfühlen würde, wirklich nichts mehr von dir zu hören.«

»Es war so unnötig, Chris. So unnötig dramatisch. In einem Moment hast du mich zu deiner Freundin gemacht und im nächsten wolltest du mich einfach nur vergessen und loswerden.«

»Ich wollte dich nie loswerden. Ich wollte dich unbedingt in meiner Nähe haben, aber ich konnte nicht. Und das hat an mir gezehrt, es hat mich mürbe gemacht. Darum wollte ich auch dieses Label von dir, ich wollte mich dir wieder näher fühlen. Und dann wolltest du es nicht, und ich war verletzt und verwirrt.«

»Du hättest es mir einfach sagen können. Du hättest mit mir darüber reden können, anstatt uns einfach wegzuwerfen.«

»Ich hab einfach nicht die richtigen Worte gefunden. Und ich wollte das mit mir ausmachen. Du weißt, dass ich eher der introvertierte Typ bin, dass es mir schwerfällt, überhaupt über meine Gefühle zu sprechen ...«

»Jetzt benutz deine Introvertiertheit bitte nicht als Ausrede dafür, dass du deine Pläne mit dir selbst ausmachst, dass deine Gespräche nur zwischen Chris und Chris stattfinden. Sag das jetzt nicht, damit du dich, ob es dir bewusst ist oder nicht, zur einzigen Person in unserer Beziehung machst, die wirklich weiß, wo wir stehen und wohin wir steuern.«

»Als ich dich am Flughafen verabschiedet habe, war ich so sicher, dass ich dich will und ich auf dich warten kann, egal wie lange es dauert. Ich wollte dich einfach nicht damit belasten, dass ich an uns gezweifelt habe. Dass ich für einen Moment nicht mehr wusste, was ich wollte. Und irgendwie hat sich dann alles verselbstständigt, ich bin aus meinem eigenen Kopf nicht mehr herausgekommen – bis du mich angerufen hast.«

»Weißt du es denn jetzt? Weißt du jetzt, was du willst? Ob du dir wirklich sicher bist? Denn jedes Mal, wenn du es nicht bist und trotzdem eine impulsive Entscheidung triffst, die du anderen einfach nur mitteilst, nimmst du einem anderen Menschen etwas weg. Du nimmst Vertrauen. Du nimmst Nähe, du nimmst deine Versprechen. Und du nimmst Zeit. Ist dir eigentlich klar, wie unfair das ist? Mir gegenüber? Weißt du eigentlich, wie viel mich diese letzte Woche gekostet hat?«

Ich dachte an die vergangenen Tage und Nächte, die mir zuerst endlos vorgekommen waren, auch wenn ich es besser wusste. An die Stunden, die ich in mir selbst, mit meinen Zweifeln, mit dem sich immer wieder neu zurückspulenden Tape in meinem Kopf verbracht hatte, das sich so schwer stoppen ließ.

Warum hatte er mich erst so sehr als sein »girlfriend« gewollt und mich dann weggestoßen? Warum wollte er mich erst so sehr – und jetzt gar nicht mehr? Was steckte wirklich dahinter? Wie konnte ich es herausfinden? Was hatte ich falsch gemacht? Verdammt, warum fragte ich mich noch immer, was ich falsch machte, wenn jemand mich verletzte? Hatte ich Chris nicht richtig eingeschätzt? Hätte ich ihm nie vertrauen dürfen? Hätte ich auf meine Zweifel hören sollen? War er nicht der, für den ich ihn hielt? Würde er auch zu einem Geist werden? Passierte das wirklich alles schon wieder? War ich schon wieder zu blind gewesen?

Erst jetzt, als ich seine Stimme wieder hörte, er nicht mehr verschwunden war, sondern wieder bei mir auftauchte, bemerkte ich, wie müde und ausgelaugt ich mich fühlte.

»The problem with socialism is that you eventually run out of other people's money.«
Das sind die berühmtesten Worte von Margaret Thatcher.*

Chris, Gustav, Nathan, sie alle hatten eines gemeinsam: Sie waren Teil einer Generation, die es Freiheit nannte, sich nicht zu entscheiden oder umzuentscheiden oder generell jeden Tag neu zu entscheiden – und sie brauchten dabei rücksichtslos die emotionalen Kapazitäten der Menschen in ihrem Umfeld auf.

»Und was willst du jetzt?«, frage ich ihn.
»Willst du wirklich mich? Oder willst du nur, dass du mich willst? Denn das ist ein Unterschied. Das ist überhaupt *der* Unterschied.«

---

* Ich kann nicht glauben, dass ich ausgerechnet sie zitiere, während ich mir über meine Gefühle klar werde. Aber vielleicht braucht es von Zeit zu Zeit den Gedanken einer Frau, die vermeintlich ohne Emotionen auskam, um echte Klarheit in die eigenen zu tragen.

»Ich will, dass du dir die gleiche Zeit nimmst, die du mir gegeben hast, um dir darüber klar zu werden, ob du mir noch vertrauen kannst. Ob du mir glauben kannst, wenn ich sage: Ich mache diesen Fehler nur einmal. Ich bin hier. Und ich wollte nie wirklich weg.«

»Ich glaube, ich werde länger als zehn Tage brauchen.«

Wie man sich entscheidet

»I miss you, I really do.«

Er sagt es immer am Ende unserer Telefonate. Nicht nur dass er mich vermisst, sondern dass er mich *wirklich* vermisst. Als würde er mir versichern wollen, dass es nicht nur eine Phrase ist, dass er meint, was er sagt, auch wenn er es immer wieder sagt. Wie oft müsste er die Worte noch sagen, bis ich sie wirklich glauben würde? Und wie oft kann man einander sagen, dass man sich vermisst, bis diese Worte an Wert verlieren?

Chris ruft mich an jedem zweiten Abend an. Es ist nicht abgesprochen, nicht verabredet, aber wir finden schnell in den Rhythmus – genau wie schon im Februar, als wir uns kennenlernten.

Er erzählt mir von seiner Familie und der Scheidung seiner Eltern, vom Unfall seines Vaters und der engen Beziehung, die er zu seiner Schwester hat. Er erzählt von Familienurlauben, die ihn früher sogar schon bis nach Hamburg gebracht hatten, von Rucksackreisen und von dem einen Neujahrsmorgen, an dem er im Bus einschlief, verkatert den falschen Ausstieg erwischte und schließlich fast dreißig Kilometer zu Fuß durch das *vast land* laufen musste, um schließlich einen Bahnhof und ein Telefon zu erreichen. Ich erfahre mehr über seine Träume, dass er eigentlich mal Architekt werden wollte, aber die Universität seine Zulassung fälschlicherweise als Ablehnung verschickt hatte. Nur darum hatte er sich für Interior Design beworben und eingeschrieben, und als das Missverständnis schließlich gut ein Jahr später aufgeklärt wurde – hatte er nicht von vorn anfangen wollen. Bis heute fragt er sich, ob das die richtige Entscheidung gewesen ist.

Ich merke, wie sehr er sich bemüht, wie sehr er mich zulassen und es mir recht machen will. Aber die Wahrheit war: Mit all den Details, die er mir erzählte, hakte ich zwar nach und nach die kleinen Boxen in meinem Kopf ab, aber es tauchten neue Flaggen vor mir auf. Je mehr er von sich erzählte, desto mehr wollte ich noch über ihn erfahren, um mir – um ihm – wieder zu vertrauen. Ich war zurück in der Sicherheitskontrolle, tastete ihn wieder und wieder ab.

***

»Es ist doch absurd!«, sage ich und halte ihr das Glas hin, in das sie großzügig nachschenkt.

»Ich habe mich ohne mit der Wimper zu zucken in einen Drogenabhängigen verliebt, ich habe nicht einen Moment gezögert. Ich hab ihm mein Herz, mein Auto und meinen Wohnungsschlüssel anvertraut. Das Risiko war mir vollkommen egal, im Gegenteil: Ich fand es sogar romantisch. Als ich Nathan kennenlernte, hab ich nicht eine Sekunde darüber nachgedacht, dass er an den Wochenenden am liebsten mit bloßen Händen am Table Mountain klebt und mich schon der Spaziergang auf den Lion's Head überfordert. Ich habe nie hinterfragt, ob wir wirklich zusammenpassen, ich wollte einfach nur mit ihm zusammen sein. Aber bei Chris seziere ich auf einmal jedes noch so kleine Detail, das ich über ihn erfahre. Und ich meine wirklich jedes.«

»Okay, Mallone, nimm einen Schluck. Und dann hör mir zu.«

Ich suche Rat bei der einen Frau, die mich jetzt noch oder vielleicht auch überhaupt am besten verstehen kann. Jahrelang war sie Single gewesen, hatte sich nie gebunden, sondern immer auf sich selbst gesetzt. Sie war durch die Städte und Länder dieser Erde gereist, hatte sich ein erfolgreiches Business aufgebaut. Außerdem schien ihr Tag 48 Stunden zu haben und ihr Weinvorrat nie zu enden, ihr Humor *matchte* mit meinem und generell – war Ann-Katrin das, was man symbolisch gesprochen ein *spirit animal* nennen kann.

»Es ist das Label. Das ist es, was dir Angst macht und dich gerade so verkrampfen lässt. Die meiste Zeit ist das, was wir unbedingt wollen: jemanden daten, für uns haben, endlich mal nicht auf der Jagd sein, endlich mal genießen, dass da ein Mensch ist, der genauso auf dich steht wie du auf ihn. Aber dann, wenn du wirklich mal ein Level weiterkommst und auf einmal eine Freundin sein sollst, denkst du dir: ›Halt, stopp. Jetzt muss ich aber noch mal genau prüfen, ob ich das eigentlich will.‹ Und dann läufst du Gefahr, dich in die kleinsten Dinge hineinzusteigern. Auf einmal hinterfragst du seinen Musikgeschmack, seine Wohnung, seine Einrichtung, seine Freunde.«

»Exakt das! Ich höre ihm zu oder schaue mir alte Bilder an und frage mich Dinge wie: Bin ich die Person, die mit jemandem zusammen sein will, der am liebsten knietief im Morast steht, um einen Wels zu fangen? Was heißt das für unsere Wochenenden? Was heißt das generell? Warum hat er kein Netflix? Was sagt das generell über ihn aus? Warum wohnt er in Blouberg? Warum ist sein Mitbewohner 63 Jahre alt? Wie konnte es dazu kommen? Was verheimlicht er mir? Und warum trägt er Boardshorts in Blau, mit roten Sternen drauf, die er vermutlich 2009 mal im Sale bei Roxy gekauft hat? Uuugh – ich werde verrückt.«

»Das ist normal. Wirklich.«
»Ist es das? Heißt das, ich kann mich wirklich nur verlieben, mich nur fallen lassen, wenn ich mir sicher bin, dass ich nicht ins Nichts oder zumindest ins *Undefinierte* falle? Bin ich so toxisch?«

»Nein, das heißt einfach nur, dass Chris wirklich da ist. Und dass du beginnst, dich damit auseinanderzusetzen, dass er bleiben könnte. Dass das mit euch wirklich etwas sein könnte. Du hast einfach Panik.«

Ich stütze meinen Kopf auf meine Hände und reibe mir die Schläfen, während sie einen Schluck Wein nimmt und abwartet.

»Ich habe mir das vor allem leichter vorgestellt. Ich habe immer gedacht, dieses ganze Gerede davon, wie schwer es sei, nach einer langen Zeit als Single wieder zurück in eine Beziehung zu gehen, ist vor allem eine Ausrede für alle, die sich einfach nur nicht entscheiden und lieber weiter in den Optionen festhängen wollen; weil sich das schlicht bequemer anfühlt. Ich dachte immer: Wenn zwei Menschen sich wollen und sich ineinander verlieben, was soll dann das Problem sein? Entweder du willst einander – oder eben nicht. Aber jetzt sitze ich hier und denke die ganze Zeit: Ich will ihn. Ich will Chris, ja, wirklich. Aber will ich die Beziehung? Lohnt es sich, dafür Platz in meinem Leben zu machen, das sich ja auch ohne längst ausgefüllt anfühlt? Wenn ich mich als Single wohl und glücklich fühle, aber mit all diesen Beziehungs- und Vertrauensfragen ständig hadere, mich festfahre oder enttäuscht werde oder völlig verkopft reagiere – dann stimmt doch irgendwas nicht.«

»Ich glaube, es ist wie Muskelkater, wenn du das erste Mal wieder ins Gym gehst.«

»Was für ein mieser Vergleich. Du weißt genau, wie oft und wie gern ich ins Gym gehe.«

Wir müssen beide lachen.

»Nein, mal ehrlich. Ich werde dir jetzt den gleichen Rat geben, den ich einer Freundin geben würde, die sich gerade frisch getrennt hat und überfordert damit ist, jetzt auf einmal Single zu sein. Die sich völlig neu einfinden muss in das Gefühl, jetzt für sich allein zu sein, die sich irgendwie verloren fühlt und kurz davor ist, ihren Ex anzurufen, weil sie sich fragt, ob es überhaupt die richtige Entscheidung war, sich zu trennen. Und der lautet: *Nicht aufgeben!* Nicht jetzt schon. Es ist eine Herausforderung, seinen Beziehungsstatus zu ändern, wenn man jahrelang in einem anderen gelebt hat. Man braucht einen Moment, um sich daran zu gewöhnen, um sich selbst zu finden.«

»Und um zu vertrauen ...«

»Ja – und das.«

»Und wo bekommst du das Vertrauen her? Wenn du eigentlich keins mehr übrig hast?«

»Mallone, du vertraust doch.«

»Ja, ich vertraue mir, voll und ganz. Ich vertraue meinen Freunden, meiner Familie. Man könnte es vielleicht so formulieren: Ich habe mein Vertrauen angelegt, ich habe es investiert. Manchmal in die richtigen Menschen, nicht selten in die falschen. Und dann gab es da noch so eine gewisse Menge freies, wildes, blindes, naives Vertrauen, das einfach übrig war, das ich einfach ausgegeben und mit beiden Händen verschenkt habe. Und irgendwie habe ich in letzter Zeit das Gefühl, dass das aufgebraucht ist. Wenn ich jetzt also mein angelegtes Vertrauen an Chris geben will – dann muss ich es riskieren. Ich muss es noch einmal dorthin legen, wo es gerade erst verspielt wurde. Woher weiß ich, ob das wirklich Sinn macht? Welche Währung gibt es noch, mit der ich das testen könnte?«

»Empathie. Frag ihn noch einmal, warum er so gehandelt hat, sag ihm, was du fühlst – und dann hör ihm zu. Du musst ihm nicht zustimmen, du musst ihn nicht verstehen oder sein Handeln logisch nachvollziehen. Du musst dich darauf einlassen – ihn nachzu*fühlen*. Auch wenn du danach immer noch nicht seiner Meinung bist.«

»Hm …«, mache ich, trinke noch einen Schluck Wein und lasse das Glas zwischen meinen Fingern kreisen.

»Ich glaube, es mangelt mir gar nicht so sehr an Empathie, sondern an Geduld. Es ist nicht so, als würde ich ihn nicht verstehen oder es nachvollziehen können. Ich hab nur keine Geduld mehr dafür, mich noch einmal mit Chris den ganzen Weg hochzukämpfen, den ich schon mit mir selbst gegangen bin. Ich weiß, was ich will, ich weiß es so genau. Und es macht mich wahnsinnig, ihm dabei zuzusehen, wie er sich offenbar erst jetzt wirklich einmal Gedanken darüber macht …«

»Ich sag es noch einmal: *nicht einfach aufgeben.* Er weiß vielleicht nicht, was er will, aber du hast doch auch keine Ahnung, wie eine Beziehung funktioniert. Er kommt aus einer – ich wette, es gibt nicht wenige Punkte, in denen du tatsächlich ihm hinterherhinkst und er derjenige ist, der geduldig mit dir ist …«, sagt sie grinsend.

Auf dem Heimweg denke ich über Vertrauen nach. Ich laufe die neunhundert Meter bis zur Bahn langsam zu Fuß und dann sogar noch zwei Stationen weiter. Ich will meinen Gedanken hier in der lauen Sommerluft zu Ende bringen, will mich verstehen können, mich nicht von anderen Stimmen oder dem lauten Quietschen der Schienen unterbrechen lassen – jetzt, wo ich leise fühlen kann, wie ich mir selbst auf der Spur bin.

Ich hatte von investiertem Vertrauen – und von freiem Vertrauen gesprochen. Davon, dass ich das eine investierte und das andere einfach verschenkte. Und erst jetzt wurde mir bewusst, dass ich das Vertrauen, das wirklich bleiben, das sich verwurzeln sollte, bisher immer nur in die Frauen in meinem Leben gesetzt hatte. An Männer hatte ich es gedankenlos verteilt, hatte es mit vollen Händen geschöpft und fast schon um mich geschmissen. Das Vertrauen in meine Freundinnen konnte wachsen oder, selbst wenn es verloren ging und langsam in sich zusammenfiel, sich wieder erneuern und als Dünger gelten. Aber das Vertrauen in Männer? Das gab ich aus, bekam dafür Spaß und eine gute Zeit, bekam dafür lebendige Erinnerungen zurück.

Die Frauen, die mich in meinem Leben begleiteten, hatte ich zu einem Ort gemacht, in dem ich wohnte. Die Männer – waren eher meine spontanen Wochenendtrips.

***

Als ich zu Hause bin, geduscht und in einem weiten Shirt im Schneidersitz auf meinem Bett sitze, rufe ich Chris an. Ich erzähle ihm von meinem Abend mit Anni – und davon, dass ich nicht aufgeben wollte; davon, dass mir bewusst war, dass ich ihn abtastete und versuchte, ihn tiefer zu verstehen, und dass ich jedes Mal, wenn ich es nicht konnte, nur noch tiefer zu graben begann. In seinen Gefühlen, zwischen den Zeilen, in seiner Beziehung mit Rebecca.

»Es ist, als hätte ich gespürt, dass du dich mir nicht öffnest oder mir etwas verheimlichst oder verschweigst. Und das wollte ich nicht hinnehmen. Ich wollte nicht warten, dass du es mir irgendwann Stück für Stück offenbarst. Ich wollte sofort alles von dir wissen, um mich sicherer zu fühlen. Um zu wissen, worauf ich mich einlasse, ob ... ich mich einlasse.«

»Dein Gefühl war ja nicht falsch. Es war sogar – richtig. Je mehr du von mir wissen wolltest, je mehr du gefragt hast, je mehr ich geantwortet habe, desto mehr kam auch das zurück, was ich eigentlich so erfolgreich verdrängt hatte. Und desto mehr habe ich mich auch geschämt. Desto weniger war ich mir sicher, ob du mich überhaupt noch willst, wenn du mich wirklich kennst. Darum wollte ich dich so sehr mein ›*girlfriend*‹ nennen. Ich wollte sicher sein, dass du bleibst und ich mich nicht umsonst mit meiner Vergangenheit auseinandersetze. Als Single kann ich sie ignorieren und unter all der Ablenkung verstecken, die sich finden lässt. Aber je tiefer wir gegangen sind, desto mehr wurde mir bewusst, dass ich mich entscheiden muss, ob ich bereit bin – dich zuzulassen. Dich wirklich an mich heranzulassen.«

»Das heißt, eigentlich wollten wir beide dasselbe voneinander. Wir wollten sicher sein, dass es passt, dass *wir* passen. Wir kamen nur aus vollkommen unterschiedlichen Richtungen.«

»Als du gesagt hast, dass du kein Label willst, da habe ich mich nicht nur verunsichert gefühlt – sondern ehrlich gesagt auch ertappt.«

»Ertappt?«

»Ich bin schon einmal so vorgeprescht. Ich hab das Tempo schon einmal so angezogen, ohne mir vorher Gedanken zu machen, was das eigentlich bedeutet.«

Er macht eine kurze Pause, will weitersprechen, unterbricht sich wieder und setzt dann doch zögerlich fort.

»Okay, eines Sonntags laufe ich vollkommen verkatert und müde in den Coffeeshop meiner Schwester. Ich bin erst im Morgengrauen nach Hause gekommen, hab noch nicht einmal geduscht und bin nur schnell die fünfzig Meter von meiner Wohnung rübergelaufen, um mir einen Kaffee zu holen. Und während ich am Tresen stehe, sehe ich auf einmal diese wunderschöne Frau, die an einem der Tische sitzt. Und ich kann nicht aufhören, sie anzuschauen, die langen, roten Haare, die blauen Augen, das breite Lächeln. Sie frühstückt mit ihrer Familie, ich warte auf meinen Kaffee, und obwohl sie auch immer wieder zu mir herübersieht, spreche ich sie nicht an. Am Nachmittag habe ich eine Anfrage bei

Facebook – und später erfahre ich, dass sie meine Schwester nach meinem Namen gefragt und mich dann gesucht hat. Ab dem Moment schreiben und telefonieren wir täglich. Ich wollte sie so unbedingt, ich war verrückt nach ihr. Und zwei Wochen später ist sie meine Freundin – Rebecca.

Als ich ihr zum ersten Mal sage, dass ich sie liebe, ist das viel zu früh. Aber ich dachte, wenn ich es jetzt sage, dann fühle ich es irgendwann auch; dann ist das nur der erste Schritt, um es irgendwann wirklich auch so zu meinen. Heute komme ich mir wie ein Lügner vor. Und als wir diesen Streit hatten, habe ich auf einmal gemerkt, dass ich dabei war, das Gleiche zu wiederholen. Nur dieses Mal mit dir.«

»Wenn du Rebecca nie geliebt hast, warum hast du ihr dann einen Antrag gemacht?«

»Weil sie es so sehr gewollt hat. Und weil ich wusste, dass sie eigentlich die perfekte Frau ist. Sie ist liebevoll, sie ist aufmerksam, sie ist ehrlich, meine Familie hatte sie gern, aber irgendwie hat immer etwas gefehlt.«

»Die klassischen achtzig Prozent ...«, sage ich und weiß genau, wovon er spricht.

»Die was?«

»Mein Cousin – hat seine achtzig Prozent geheiratet. Die eigentlich perfekte Frau. Sie hatten den gleichen Job, die gleichen Freunde; sie kannten sich seit dem Abi, sie wollten das Gleiche vom Leben, hatten die gleichen persönlichen Ziele. Sie sahen toll zusammen aus. Aber trotzdem hat immer irgendetwas gefehlt. Es ist so, als würdest du genau das Kleid finden, das du immer haben wolltest – und dann passt es *fast*. Solange du gerade darin stehst, sieht es toll aus, wenn du nichts isst, sitzt es gut, und wenn du am besten noch drei Kilo abnimmst, dann wird es irgendwann auch richtig passen. Aber die Wahrheit ist: Diese drei Kilo nimmst du nie ab.«

»Okay, ich weiß nicht, ob ich der Kleid-Metapher wirklich folgen kann ...«, sagt er, muss lachen, und ich spüre, wie zumindest ein Stück der Anspannung, die eben noch in seiner Stimme vibrierte, von ihm abfällt.

»Mein Cousin hat immer geglaubt, dass die letzten zwanzig Prozent, das letzte bisschen, was fehlt, damit er sich in dieser Ehe mit dieser Frau wirklich glücklich fühlen kann, von ganz allein kommt. Wenn du doch schon fast alles hast, dann stellt sich der Rest doch mit der Zeit von selbst ein, oder?«

»Okay ... ja ...«

»Aber so ist es nicht. Das mit den beiden – hat nie ganz gepasst. Und als all die Ziele abgearbeitet, das Haus gebaut und der Garten angelegt, die Kinder geboren waren, haben sie es nicht mehr übersehen können und sich getrennt. Zwanzig Prozent mögen sich nach nicht viel anhören. Aber wenn sie immer fehlen, bleibt eben auch der Rest immer unvollständig.«

»Ich verstehe ...«

»Wirklich? Ich nicht. Ich könnte niemals jemanden heiraten oder noch einmal bei jemandem bleiben, den ich nicht wirklich will. Ich will mich nicht mit weniger zufriedengeben. Ich will auf nichts warten, das sich vielleicht nie einstellt, ich will nicht genügsam sein. Ich will lieben.«

»Vielleicht fehlt manchen Menschen dafür ja der Mut.«

In diesem Moment muss ich an Anni denken und an die Empathie, die Vertrauen ersetzen konnte, wenn wir uns darauf einließen, uns in einen anderen Menschen hineinzufühlen. Wenn wir einander verstehen wollten, statt nur selbst verstanden zu werden. Ich muss an mich denken, wie auch ich nach Sicherheit gesucht hatte, nur eben ganz anders.

»Was denkst du jetzt über mich?«, fragt er, weil ich still bleibe.

»Dass zwischen den südafrikanischen und den meisten europäischen Männern dann doch gravierende Unterschiede bestehen. Wenn ihr euch unsicher seid, steckt ihr einen Ring an, wenn die sich unsicher sind, *ghosten* sie dich einfach. Was im Übrigen auch günstiger ist.«

Wir müssen beide lachen. »Okay, ist notiert.«

»Okay – im Ernst? Ich denke, dass ich dir gerade ein Stück nähergekommen bin.«

»Ich wünschte nur ... dass es eine bessere Geschichte wäre.«

»Es war genau die richtige: Es war die, die ich brauchte. Sie war keine Anekdote, sie war keine gute Erinnerung, kein buntes Album voller ausschließlich schöner Erlebnisse. Sie war echt. Du hast mich dich sehen lassen.«

Es ist der Moment, in dem ich wünschte, dass ich ihn umarmen, küssen, nah bei mir haben könnte. In dem er mir fehlt, so sehr, dass ich es ihm sage: »Ich vermisse dich, Chris.«

Vielleicht machen wir uns immer dann unglücklich, wenn wir etwas erzwingen wollen: ein Timing, ein Label, vor allem ein Gefühl. Dem Zeitplan deines eigenen Lebens zu vertrauen – das ist etwas, das du erst spät, vielleicht nie ganz lernst, was du dir immer wieder vornehmen, woran du dich immer wieder erinnern musst. Es ging nicht nur darum, *nicht aufzugeben;* es ging nicht darum, nach noch mehr Informationen zu suchen oder Vertrauens-Investments abzuwiegen.

Ich musste mich nicht jetzt entscheiden, wo Chris und ich standen, wie wir weitermachen, wohin wir uns bewegen würden. Ich gestand mir selbst ein, dass ich mich noch immer scheute, ihm zu vertrauen. Aber ich beschloss, dass ich genug Mut, genug Geduld, Empathie und genug Liebe in mir selbst hatte, um uns auch ohne Garantie – wachsen zu lassen.

Zeit für die richtigen Fragen

Die letzten zehn Tage hatte ich in Griechenland verbracht. Ich war spontan geflogen, hatte nur ein paar
Sachen zusammengepackt und war zum gespenstisch leeren Flughafen gefahren. Ich hatte in Athen die Fähre
genommen und war schließlich auf einer Insel namens
Tinos angekommen – einem meiner Lieblingsorte, einem
der Plätze, an die ich immer wieder zurückkehren
konnte, ohne je genug von ihnen zu bekommen.

Ich hatte schreiben und abschalten wollen. Mein
neues Manuskript schleppte sich und die Inspiration,
die ich sonst auf so vielen Reisen, unterwegs in
Zügen oder in den Cafés fremder Städte finden konnte,
blieb in 2020 irgendwie aus. Aber als ich am ver-
trauten Hafen ankomme und auf das tiefe Blau unter
mir schaue, weiß ich, was ich eigentlich gebraucht
habe: das Meer. Klares, salziges Wasser, das in der
Sonne glitzert, das unter dem freien Himmel keine
einzige Grenze kennt.

Ich sitze an meinem Schreibtisch in Hamburg und sichte meine
Notizen. Einige davon sind so zerknickt, wurden anfangs in meine
Handfläche geschrieben oder lagen tagelang auf dem Boden meiner Tasche, neben den Haustürschlüsseln, einigen Centmünzen und
Quittungen von Tankstellen, Keramikläden und Tavernen, die ich
noch nicht ausgeräumt habe. Während ich blind nach den letzten
greife und mich dabei mit den Händen vortaste, fühle ich außerdem Muscheln und Sand. Ich habe immer Muscheln in meiner

Handtasche, selbst wenn ich Monate nicht am Meer war. Diese hier sind frisch, gerade erst gesammelt.

Als ich diese Zeilen schrieb, hatten meine Tage keine Pläne. Ich stand morgens auf, zog mir meinen Bikini an, griff ein Strandtuch und ging schwimmen. Ich stieg in die kleine Bucht neben meiner Pension, trieb auf dem Rücken, bis ich nicht einmal mehr auf die Geräusche des Wassers achtete, über mir nur den Himmel sah, sich nicht veränderndes Blau. Ich hatte in den letzten Jahren selten weniger Gefühl für Zeit – und im gleichen Moment nie mehr davon.

Während ich in der Morgensonne trocknete, mich auf den glatten Felsen ausstreckte, redeten meine Gedanken mit mir. Sie rasten nicht, vermengten sich nicht mit Verabredungen und Deadlines. Sie blieben, formten sich, fanden eine Ecke, in der sie sich setzen konnten. Sie rauschten nicht einfach nur für einen Moment durch mich durch, um immer wieder von Pushnachrichten und Alltagsgeräuschen, von versäumten Anrufen oder wartenden To-dos übertönt zu werden. Noch vor dem Frühstück wuchsen hier, auf dieser kleinen Insel, die Kapitel zu meinem zweiten Buch, an dem ich seit ein paar Monaten schrieb, wirklich zusammen.

Ich skizzierte Ideen in Notizbücher, auf Servietten und das Briefpapier des Hotels. Ich schrieb ganze Absätze auf fremde Romanseiten und schließlich sogar auf ein Stück Papiertischdecke. Die Ränder waren zerlaufen, das Kondenswasser meines Weißweins hatte sie aufgeweicht.

»*If time is money, this generation is already in debt and in need for another loan*«, stand da.

Es ist ein Ausriss aus einem Gespräch, das ich am letzten Abend meiner Reise mit Nikos führte. Als die Sonne über Kionia unterging, hatte ich in der Taverna Tsampiá erst eine Karaffe Savatiano getrunken, später Moussaka gegessen und abschließend über das Leben diskutiert.

Nikos, so hieß der Inhaber des kleinen Restaurants, gesellte sich auf einen Ouzo zu mir, während wir über den späten Sommer und die Entschleunigung auf der Insel sprachen, und wollte dann mehr über meine Notizen wissen.

Sie lagen ausgebreitet vor mir; den ganzen Abend hatte ich immer wieder Ideen aufgeschrieben, einige von ihnen dick unterstrichen, andere wieder verworfen. Viele von ihnen kreisten immer wieder um die Tragkraft von Entscheidungen, ich dachte viel über Möglichkeiten und ihre vermeintliche Grenzenlosigkeit nach.

Wir wurden aufgezogen von Eltern, die nur wenige Optionen, manchmal keine selbstbestimmte Wahl hatten und sich für uns das Gegenteil wünschten. Wir sollten es besser haben, wir sollten zu jeder Zeit – die ganze Zeit – Freiheit spüren und all die offenen Türen vor uns sehen und nach ihnen greifen können.

Manchmal glaube ich, je mehr davon ich vor mir sehe, desto gehetzter fühle ich mich. Je mehr Türen sich theoretisch von mir öffnen lassen, desto weniger weiß ich, ob ich es noch oder überhaupt schaffen kann, alle von ihnen zu probieren.

Eine der Fragen, die mich nicht nur hier, während ich am neuen Manuskript arbeite, sondern ständig beschäftigt, die sich schon oft vor dem Einschlafen angeschlichen hat, ist: Was, wenn ich meiner Freiheit nicht gerecht werde? Was passiert, wenn ich sie nicht genug auskoste – oder was, wenn ich es erst recht mache? Was wäre, wenn ich nicht genug genieße, wenn ich nicht am anderen Ende all der kurz gelebten Möglichkeiten herauskomme und genau weiß, was mich vollkommen macht – oder glücklich? Und ist das eigentlich das Gleiche?

Wie erkenne ich den Unterschied zwischen Anhalten und Ankommen? Und wenn es einen gibt: Was wähle ich?

Ich lese Nikos meine Gedanken vor. Während ich spreche, verschränkt er seine Arme vor der Brust, nickt immer wieder und streicht sich über den dunklen Bart, wie es Männer mittleren Alters tun, während sie gedanklich an der Lektion arbeiten, die sie uns mit auf den Weg geben wollen.

»Als ich diese Taverne hier 1963 eröffnet habe, da war das keine große Entscheidung. Mein Vater wurde älter, ich half in der Küche aus und irgendwann übernahm ich die meisten seiner Aufgaben. Es waren sortierte Jahre. Erst als ich meine Frau kennenlernte, brach mein Leben auf. Sie arbeitete als Journalistin und für zwei Jahre reisten wir durch Europa, waren ständig mit dem Auto unterwegs. Stundenlang sind wir durch Bulgarien, Moldawien und Mazedonien gefahren und haben all diese Eindrücke verarbeitet. Haben so viele neue Horizonte entdeckt. Aber weißt du, was das auch am Ende des Tages bedeutete? Immer mehr Fragen. Und die schwierigste blieb immer diese hier: Wenn ich jeden Tag noch so viel Neues sehen kann, woher weiß ich dann je, dass ich genug weiß? Wer will ich sein? Wie will ich mein Geld verdienen? Wie viel davon brauche ich, um gut zu leben? Wo will ich leben? Wo mich niederlassen? Welches Land? Dorf oder Stadt? Wann Kinder bekommen und wie viele? Zwei, drei, vielleicht sogar nur eines? Ich verstehe eure Generation, die Zweifel, ich hatte auch all diese Fragen.«

Ich lasse Nikos' Worte auf mich einwirken, nehme mir einen Moment Zeit, um eine Antwort zu finden. Ein Teil von mir will ihm zustimmen, ein Teil von mir fühlt sich tatsächlich von ihm verstanden, wenn er von all den neuen Fragen spricht, die mit jeder neuen Antwort aufgeworfen werden. Aber ein noch größerer Teil zögert.

»Ich glaube, für mich ist es mehr als das.«

»Was meinst du?«

»Es ist nicht nur der Job, das Geld, die Sicherheit, die Familienplanung. Für meine Generation ist es nicht mehr nur der eine Job, es sind eine ganze Reihe Jobs. Es ist nicht nur die Familie und ihr Gründungszeitpunkt. Es ist die Frage, wie wir sie überhaupt gründen wollen. Und ob. Es geht nicht mehr darum, wie groß unser Haus wird, sondern ob wir überhaupt eins brauchen – verstehst du? Es ist etwas anderes, etwas Tieferes, das uns zögern oder unentschlossen bleiben lässt.

Wenn ich alles sein kann, dann will ich nicht nur wissen, was ich werden oder wo ich ankommen könnte. Ich frage mich auch: Wer will ich sein?

Und gerade, wenn es um Beziehungen geht, dann drehe und wende ich immer und immer wieder dieselben Fragen: Wen will ich lieben, wie will ich lieben, wer will ich sein, während ich liebe? Woher weiß ich, dass ich es richtig mache? Wie viel Zeit bleibt mir noch, um es herauszufinden?«

Nikos schenkte Ouzo nach, der so kalt war, dass die Flüssigkeit im Glas trüb blieb und nur einen bittersüßen Geschmack nach Anis hinterließ, während wir die leeren Gläser wieder auf den Tisch stellten.

»Ich frage mich gerade, ob das der Grund dafür ist, dass man eurer Generation immer wieder vorwirft, dass sie sich nicht entscheidet, dass sie ›immer nur im Flur herumsteht‹, noch auf irgendetwas oder irgendjemanden wartet. Vielleicht geht es nicht darum, dass ihr euch nicht entscheiden wollt, sondern gar nicht wisst, wo ihr anfangen sollt. Wenn Geld wirklich Zeit ist, dann ist eure Generation mit all den Dingen, die sie noch erleben und fragen kann, bevor sie sich entscheiden will, ja jetzt schon verschuldet – und fragt trotzdem nach noch mehr Kredit.«

Ich musste an mich selbst denken. Obwohl ich keine Familie plante und zumindest keine biologische Uhr ticken spürte, obwohl ich mir damit vielleicht schon mehr Zeit und mehr Freiheit als viele andere erobert hatte – fühlte ich mich gehetzt.

Liebe zu finden, den richtigen Menschen zu treffen und zwischen all den Möglichkeiten auch zu wählen; ihn nicht zu verpassen, ihn aufzuspüren, bevor er mich verpassen würde – all das war zu Herausforderungen meines Lebens geworden, die mich gerade nicht mehr antrieben, sondern lähmten. Noch vor vier Jahren hatte ich an meinem Geburtstag, irgendwann um drei Uhr morgens am Tresen einer Bar, an deren Namen ich mich nicht einmal mehr erinnern kann, eine Liste mit Männern angelegt, mit denen ich noch schlafen wollte. Und zwar bevor ich bereit dafür sein würde, mich wieder Hals über Kopf zu verlieben. Mit 27 hatte ich geglaubt, dass ich, vielleicht nach fünf durchgestrichenen Namen, vielleicht auch von ganz allein, aber auf jeden Fall mit der Zeit, Klarheit darüber gewinnen würde, wen oder was ich wollte – und dann einfach nur zugreifen musste. Ich war so arrogant gewesen, dass ich geglaubt hatte, jederzeit diese eine Liebe, die ich mir im Innersten wünschte, finden zu können. Und dass ich sie anschalten könnte, wenn ich entschied, dass ich bereit für sie war.

»Und dabei weiß ich nicht einmal, ob wir mehr Zeit dafür brauchen, die Frage nach dem, was wir wirklich wollen, zu beantworten – oder die, ob wir jemanden kennen, der zu unseren Antworten passt.«

»Ich verstehe. Das Henne-Ei-Problem einer ganzen Generation.«
»Vermutlich. Wenn du nicht weißt, was du willst, dann macht dich eine Menge glücklich. Aber wenn du weißt, was du willst, dann

fragst du dich, woher du weißt, ob du es mit dem, den du vielleicht willst – auch wirklich haben kannst.«

»Klingt, als gäbe es da zumindest einen Kandidaten.«

»So ungefähr ... vielleicht, ja.«

»Weißt du ...«, Nikos streicht die karierte Tischdecke vor sich glatt und tippt mit dem Zeigefinger auf die Karaffe, die vor uns steht. Er nimmt unsere zwei Gläser und schenkt sie voll.

»Es gibt einen einfachen Test, den du anwenden kannst, um herauszufinden, wie du wirklich über einen anderen Menschen denkst. Zwei Ouzo – und ein Welpe.«*

In Ermangelung eines Hundewelpen stellt er den Brotkorb neben den Ouzo.

»Stell dir selbst diese beiden Fragen:

1. Würde ich zwei Ouzo mit diesem Menschen trinken wollen?
2. Würde ich ihm ein Wochenende lang meinen Welpen anvertrauen?

Es gibt Menschen, auf die trifft beides nicht zu, die kannst du vergessen, wegstreichen, mit denen willst du deine Zeit nicht verbringen. Manche sind ein Ja und ein Nein. Bei denen musst du vorsichtig sein. Sie machen dir Spaß, aber sie haben vermutlich nur sich selbst im Kopf. Manche ergeben ein Nein und ein Ja. Diese Menschen werden dich vermutlich langweilen, aber immerhin achten sie aufeinander. Sie sind hilfreich, wenn du eine Erkältung hast oder Hilfe bei deiner Steuererklärung brauchst. Und dann gibt es noch die Menschen, bei denen du beide Fragen mit Ja beantworten kannst. Nach denen solltest du suchen. Und wenn du sie gefunden hast, genießt du ihre Gesellschaft.«

---

* Das Originalgleichnis behandelt die Frage nach »two beers and a puppy« und stammt von Ross McCammon.

Er grinst so breit, dass sich sein Schnurrbart um seine Nasenspitze wickelt, hebt zufrieden sein Glas und prostet mir zu.

»Und? Ist er ein Ja und ein Ja? Der Mann, über den du nachdenkst?«

»Das ist er ...«

»Warum bist du dann allein hier? Warum sitzt du dann ohne ihn in dieser Taverne und schreibst auf Servietten? Warum liegst du nicht in seinem Arm oder er in deinem?«, ruft er und schüttelt den Kopf.

»Weil es da noch ein paar andere Faktoren gibt und weil es ein bisschen komplizierter ist ...«

»Nein!«, unterbricht er mich. »Weil du es kompliziert machst! Weil du dich auf all die Dinge versteifst, die dich nur ablenken, aber die am Ende gar nicht wichtig sind. Ist er ein ehrlicher Mann? Ist er ein Mann, der dich will? Ist er ein Mann, der dir zuhört, der dich respektiert? Hält er dir die Tür auf? Bringt er dir Blumen mit? Dann ist er ein guter Mann, dann ist er der richtige Mann.«

»Ich glaube nicht, dass ihn das direkt zu dem *richtigen Mann* macht. Ich glaube, dass ihn das ehrlich gesagt einfach nur zu einem anständigen Menschen macht. Was du aufzählst, ist das bloße Minimum. ›Oh, dieser Typ hält mir die Tür auf, das heißt, er interessiert sich für meine Bedürfnisse, er achtet auf mich, was für ein Gentleman!‹ Ganz ehrlich? Wenn ich das höre, werde ich wütend. Auf andere Menschen zu achten verdient keinen Goldstatus, das sind lediglich Manieren.«

Das, was Nikos da erzählte, waren nicht nur die Ansichten eines Griechen in der Mitte seiner Fünfziger. Ich las es genauso auf Social Media, in den Postings von Frauen, die beinahe in Ohnmacht darüber fielen, dass ihr *boyfriend* ihnen »einfach so Blumen auf dem Weg nach Hause mitbrachte, ohne dass es einen Grund dafür gab«. Die mehrzeilige Loblieder auf einen Mann sangen, weil er den Körper seiner Freundin liebte, obwohl dieser kleine Makel hatte. *WTF?!* Anstatt solche Typen zu glorifizieren, sollten wir sie als ganz normal ansehen.

Hier kommt eine Liste mit zwanzig weiteren Punkten (inspiriert von Aussagen, die ich immer wieder auch in meinem Bekanntenkreis höre oder auf Instagram und Co. lese), die jedoch kein Grund für einen Dankbarkeitsanfall sind, sondern *the fucking bare minimum**:

1. Er schreibt dir regelmäßig zurück.
2. Er nimmt dich ernst.
3. Er kann über seine Gefühle sprechen.
4. Er hört dir zu, wenn du über deine sprichst.
5. Er schreit dich nicht an, wenn ihr streitet.
6. Er bemüht sich um dich, macht Verabredungen aus, die er einhält.
7. Er setzt sich für die Gleichberechtigung von Frauen ein.
8. Er findet deine Periode nicht eklig.
9. Er belügt dich nicht.
10. Er interessiert sich für deinen Job.
11. Er findet, dass dein Job den gleichen Stellenwert hat wie seiner.
12. Er unterstützt dich, ohne dass du ihn darum bitten musst.
13. Er findet dich schön, auch wenn du ungeschminkt bist.

---

* *#thebareminimum* ist ein Hashtag auf Twitter, der Aussagen von Frauen aufzeigt und infrage stellt, die Männern Trophäen dafür überreichen, dass diese sich einfach nur zivilisiert und sozial verhalten. Was im Übrigen der Mindestanspruch für alle sein sollte, unabhängig von ihrem Geschlecht.

14. Er greift dich nicht an, wenn du ihn kritisierst.
15. Er lacht nicht über dich.
16. Es ist übrigens okay für ihn, dass du auch männliche Freunde hast.
17. Er küsst dich in der Öffentlichkeit und zeigt dir offen, wie gern er dich hat.
18. Er ist für dich da, wenn du Hilfe brauchst.
19. Er ist freundlich zu deiner Familie.
20. Er akzeptiert deine persönlichen Grenzen.

»Es verwundert mich immer wieder, was für einen maßlos niedrigen Standard wir an einen Mann legen«, sage ich zu Nikos. Und bin noch längst nicht fertig. »Wir fordern Frauen täglich heraus, an sich zu wachsen, für alle Bereiche ihres Lebens die Verantwortung zu tragen, für sich einzustehen, für ihre eigene Gleichberechtigung zu kämpfen. Wir wollen, dass sie ambitioniert sind, sich politisch beteiligen, aber trotzdem immer den richtigen Ton treffen. Wir wollen, dass sie schön sind, feminin, aber auch nicht unsicher; selbstbewusst, aber nicht selbstgerecht, und schließlich interessant, aber auch nicht unverständlich. Wir wollen, dass sie ihre Prioritäten setzen und ihre eigenen Ziele verfolgen, aber auch die Sache mit der Partnerschaft und der Familie nicht außer Acht lassen – und von einem Mann wollen wir quasi, dass er was ...? Die Nerven behält, wenn er in der Innenstadt in einen Stau gerät? Weißt du, wie vielen meiner Freundinnen vor lauter Glück fast schon schwindelig wird, wenn sie einen Mann treffen, der ›über seine Gefühle sprechen kann‹? Der ›sagt, was er meint‹? Als wäre es einen Nobelpreis wert, eine simple Emotion einzuordnen! Was soll das für eine Beziehung sein, in der ein Mann fast zu gut ist, um wahr zu sein, weil er in der Lage ist, sich den Namen des Restaurants zu merken, in das sie gerne geht – und auch noch selbstständig eine Reservierung macht? Was ist das für eine Welt, in der meine Freundin, die vor ein paar

Monaten ein Baby bekommen hat, ihren Mann auf ein leuchtendes Podest hebt, weil er ihr *auch mal* einen Freitagabend lang den Rücken freigehalten hat, damit sie ihre Freundinnen endlich wiedersehen kann? Warum werde ich von anderen Frauen gefragt, wie ich es geschafft habe, einen Mann kennenzulernen, der *sogar für mich kocht?* Warum halten wir uns mit derlei rückschrittlichem Mist auf? Warum sind Frauen noch immer nicht in der Lage, ihren eigenen Wert zu erkennen? Und warum zur Hölle geht es immer – immer! – darum, wie ein Mann ist, damit wir ihn dankend annehmen und uns ihm hingeben? Warum geht es nie um die Dynamik, um die Verbindung zweier Menschen? Das ist es doch, wonach wir suchen. Nicht diese Aneinanderreihung von Charakterzügen.«

Außer Atem greife ich zum Ouzo und schenke mir mittlerweile den vierten ein. Ohne mit Nikos anzustoßen, stürze ich ihn hinunter und stelle das leere Glas mit einem Knall auf dem Tisch ab. Erst dann sehe ich ihm in die Augen – und er beginnt zu klatschen.

»Bravo. Bravo!«

»Lachst du mich jetzt aus?«

»Nein, meine Liebe. Im Gegenteil: Ich bin stolz auf dich. Ich kenne dich nicht. Aber heute ist der Tag, an dem eine junge Frau einem alten Mann wie mir nicht nur die Stirn geboten, sondern die Leviten gelesen hat. Und um ehrlich zu sein: Jedes einzelne Wort hat gesessen.«

»Nun – offenbar war es bitter nötig«, sage ich und verziehe den Mund.

»Bleibt nur noch eine Frage, Lina. Oder vielmehr: Es bleibt nur noch die Frage – nach den richtigen Fragen. Was muss eine Beziehung nun für dich ausmachen, wie muss sie sein, damit sie die richtige ist? Und weich mir nicht aus! Sag es mir. Was willst du? Hier und jetzt?«

»Ich will Augenhöhe. Ich will gegenseitige Empathie, ich will einen wachsenden Respekt und genauso lebendige Begeisterung für den Menschen empfinden, der sich neben und mit mir entwickeln kann – genauso wie für den Menschen, in den ich mich neben ihm entwickle. Ich will Intimität, die sich aus einer sicheren Offenheit immer wieder neu erschafft. Ich will nicht in einer kleinen, engen Blase glücklich sein, sondern in allen unbegrenzten Welten. Ich will nie aufhören, sie zu entdecken. Und ich will den Funken.«

»Den Funken? Ein Strohfeuer?«

»Ich meine das Gefühl, dass dieser Mensch, für den du dich entscheidest, nicht nur der Haken ist, den du hinter deinen Anforderungen und Bedürfnissen machst, sondern dass dieser Mensch einen Weg in dein Innerstes gefunden hat. Und du in seines. Dass du diesen Weg erinnerst und immer wieder zurückfindest, wenn es Zeit wird, den Funken zu erneuern.«

»Den letzten Schluck müssen wir uns teilen«, sagt er und schiebt mir ein letztes Mal das Glas über den Tisch.

»Auf den Funken. Und die richtigen Fragen ...«

»Auch wenn wir noch längst nicht alle Antworten kennen ...«

»Das tun wir nie – bis zum Schluss nicht. Das macht das Leben ja so spannend.«

Wohin jetzt?

»Is it supposed to be this hot all summer long?
I never would've believed you
If three years ago you told me
I'd be here writing this one
But here I am
Next to you
The sky is so blue ...«

Vor zwei Wochen, am 1. Oktober 2020, hatte Südafrika seine Grenzen für den internationalen Flugverkehr wieder geöffnet. Am 22. Oktober geht mein Flug.

Zwei Tage vorher, am 20. Oktober, wird Deutschland von der Einreise ausgeschlossen; nur wer eine berufliche Einladung, einen Job im Land oder den Besitz eines Hauses, eines Grundstücks oder einer Wohnung nachweisen kann, hat Anspruch auf Einreise. Zwei Tage lang telefonieren Kate und Maggs jede einzelne Nummer in den Ministerien in Pretoria, Kapstadt und Johannesburg ab, die wir finden können. Ich maile beinahe minütlich an über fünfzig verschiedene Adressen. Ich habe einen Job in Kapstadt, ich habe eine Firma gegründet. Ich habe ein Grundstück in Südafrika. Ich habe es vor ein paar Wochen gekauft. Einen weiteren Schritt in die Richtung meiner eigenen Träume gemacht. In wenigen Wochen will ich auf diesem Stück Land im Mount Bain Nature Reserve, in der Nähe von Bainskloof, den Grundstein legen. Ich will eine *cabin* bauen, will mir selbst einen Ort schaffen, an dem ich mich zuletzt so gefühlt habe wie in Mpumalanga. Ich bin bereit, dafür zwischen den Welten zu leben. Zwischen den Lichtern von Kapstadt und dem stillen Panorama der Weinländer. Zwischen den Kontinenten.

Ich packe meinen Koffer, ohne zu wissen, ob ich überhaupt abreisen werde. Ich verabschiede mich von meinem Hund, von meinen Freunden, fahre zum Flughafen. In den letzten Tagen habe ich kaum geschlafen, meine Fahrt zum Hamburger Airport, die Kontrollen und Diskussionen um meine Papiere lasse ich eher wie in Trance über mich ergehen.

Genau eine Stunde vor dem Boarding erhalte ich die so dringend benötigte Genehmigung. Ich darf einsteigen, ich darf einreisen – ich darf zurück nach *Kapstadt*.

Während der elf Stunden Flugzeit taumele ich in ein paar Filme, nicke immer wieder ein, bis mir nach dem Abendessen die Augen schließlich zufallen – und die Anspannung von mir ab. Ich dämmere weg, lasse mich vom leichten Schütteln und Schwanken des Flugzeugs sanft zudecken und in die abgeschirmte Stille dieses Langstreckenfluges sinken.

Niemand konnte mich hier erreichen, ich empfing keine E-Mails, keine Nachrichten, keine Updates. Ich bewegte mich nur Stück für Stück auf die Stadt zu, die ich so liebte, auf das Leben, das ich mir in ihr aufbaute, und auf den Mann – Chris –, der dort auf mich wartete. Den ich in ein paar Stunden wiedersehen würde. Ich wusste nicht, wie wir es geschafft hatten, wie wir uns durch sieben lange Monate getragen hatten, aber hier waren wir. Ein bisschen erschöpfter als noch im April, aber nicht weniger sehnsüchtig.

Wie sehnsüchtig kickt erst ein, als sich die Nase des Flugzeugs nach unten senkt. Als sich der rechte Flügel langsam neigt, sich die Kurve öffnet – und ich ihn sehe, wie er sich vor mir aufspannt, bis ich das ganze Plateau betrachten kann, das den Tafelberg so imposant macht. 1.086 Meter hoch, umringt von Straßen und Stränden und verheißungsvollem Blau, streckt er sich hinüber zum Lion's Head. Es gibt keine schönere Silhouette, keinen atemberaubenderen Blick auf die Stadt. Ich habe 198 Tage darauf gewartet, sie wiederzusehen. Sie – und ihn.

Chris holt mich nicht vom Flughafen ab. Das musste er mir versprechen. Ich wollte ihn nicht wiedersehen, wenn ich mich mit zwei Koffern und zwei Taschen durch die Ankunftshalle kämpfte und hinter einer Maske und in Birkenstocks steckte. Und das, während er neben der flatternden Absperrung hätte warten müssen und keinen Schritt auf mich zumachen dürfte bevor ich nicht die gelben Linien übertreten hatte, die sich rings um den Flughafen spannten.

Ich wollte ankommen und auspacken, ich wollte mir die Reise vom Gesicht waschen und eines der Kleider anziehen, die er so an mir mochte. Ich wollte das Date, das ich Woche um Woche so sehr vermisst hatte.

***

»You brought me here and I'm happy that you did
'Cause now I'm as free as birds catching the wind
I always thought I would sink, so I never swam
I never went boatin', don't get how they are floatin'
And sometimes I get so scared of what I can't understand
But here I am
Next to you«

Die Schuhe ziehe ich schon am Strandaufgang aus und nehme sie in die Hand. Wir sind zum Sonnenuntergang verabredet. Vor zehn Minuten, während ich noch im Uber sitze, hat er mir geschrieben, dass er schon da ist. Seitdem klopft mein Herz, seitdem krampft mein Magen, ohne dass beide genau wüssten, was sie da eigentlich tun. Aufregung? Vorfreude? Oder ... sogar Angst?

Der kleine Spaniel erkennt mich, bevor er es überhaupt könnte, rennt auf mich zu, bremst mit allen vier Pfoten im feuchten Sand, der mir bis an die Waden spritzt. »Hey girl ...«, sage ich, beuge mich zu ihr herunter und kraule sie ausgiebig, bis ich schließlich seine Füße sehe, die auf mich zukommen, und seine Stimme höre. Dann sehe ich auf. Da steht er, nicht verpixelt auf meinem Bildschirm, sondern direkt vor mir – Chris.

»Hey«, sagt er, kommt vorsichtig auf mich zu, nimmt meine Hände in seine und hält sie fest. Ich schaffe es nur kurz, ihm in die Augen zu sehen, dann blinzle ich nervös, senke meinen Blick auf seine Brust. Ich bleibe ganz nah vor ihm stehen – und warte darauf, dass die Euphorie einkickt. Dass sie mir so unmissverständlich und berauschend anzeigt, dass *alles Sinn* macht. Aber sie kommt nicht, schafft es nicht, in mir aufzusteigen, macht sich nur leicht in meinem Innersten bemerkbar, klopft nur vorsichtig in meinem Magen. Auf einmal werde ich steif. Und bekomme Panik.

Ich fühlte *alles* – aber damit auch *zu viel. Bin mir nicht sicher, ob sich das hier richtig anfühlt, ob sich das hier gut genug anfühlt, ob es sich nicht ganz anders anfühlen sollte, sollte ich nicht ...*

Ich will mich zu ihm strecken, will ihn küssen, will, dass alles so ist, wie ich es mir ausgemalt hatte, wie es vermutlich sein musste. Aber ich zögere, bin verunsichert. Ich wage es nicht, ihn anzusehen. Am liebsten würde ich weinen, aber verkrampfe nur weiter hilflos vor ihm. Ich spüre, wie er seine Arme um mich legt, mich fest zu sich zieht, mit seiner Hand sanft meinen Hinterkopf streichelt – und mich einfach nicht mehr loslässt, vielleicht sogar wortlos versteht.

Ich schließe die Augen, atme seinen Geruch ein und höre meinen eigenen, holpernden Herzschlag. Und dann, wie er endlich langsamer wird. Wie er anfängt, ruhiger zu schlagen. Tiefer schlägt. Wie ich ankomme. Er küsst meinen Haaransatz, verstärkt seine Umarmung so lange, bis ich mich irgendwann löse, zu ihm aufsehe und meine Lippen auf sein Lächeln presse.

***

»We watched the sun go down as we were walking
I'd spend the rest of my life just standing here
talking
You would explain the current, as I just smile
Hoping I just stay the same and nothing will change
And it'll be us, just for a while«
- Miley Cyrus

Waren wir jetzt ein Paar? Zusammen? War ich bereit dafür? Hieß mein Zurückkommen auch, dass wir ankamen? Hatte ich meinen Weg zu uns gefunden? In ein Wir? Wohin waren wir unterwegs? Ich weiß es nicht. Und das ist vollkommen okay.

Ich weiß, dass ich in diesem Moment keinen anderen Menschen umarmen, neben keinem anderen Menschen den Strand entlanglaufen und die Sonne über Kapstadt untergehen sehen will. Ich weiß nicht, in welche Richtung wir unterwegs sind, ich weiß nicht, wie wir in ein paar Monaten füreinander fühlen werden. Aber das ist auch nicht wichtig.

Du musst nicht das eine, große Zeichen finden oder den einen, besonderen Moment, in dem du nichts mehr suchst, sondern alles weißt. Es gibt eine Menge Menschen, die behaupten, wenn du den einen, tollen Mann findest, dann spürst du es. *When you know you know*, sagen sie. Aber was eigentlich? Was wussten wir, wenn wir es wussten?

Ich *wusste*, wer ich war. Ich wusste, wer ich sein, zu welchem Menschen ich noch werden wollte. Ich wusste, wo ich leben wollte. Ich wusste, wie ich mich fühlen wollte, wenn ich liebte. Und ich war bereit zu entdecken, wie die Beziehung sein konnte, die nicht nur eine Vorstellung lang, sondern mich – *uns beide* – halten würde.

Ich habe Antworten auf die Frage gefunden, was mich wirklich glücklich macht. Und es werden ständig, stetig mehr. Ich habe die eine, tolle Frau gefunden, die keine Angst mehr davor hat, sich Stück für Stück auf all das einzulassen, was sie noch gar nicht kennen kann. Es ist die Frau, die weiß, wohin sie will, aber bereit dafür ist, auf dem Weg dorthin auch noch Platz für all die anderen Orte zu machen, die bisher vielleicht gar nicht auf ihrer Route lagen. Ich schließe die Augen und denke an alles, was noch vor mir liegt, was ich von hier aus noch gar nicht sehen, sondern nur Schritt für Schritt darauf zugehen konnte.

Und wir würden sehen – wo wir landen.

Epilog

Eben gerade habe ich den Laptop zugeklappt, habe meinen Haustürschlüssel und den Geldbeutel gegriffen und die Tür hinter mir zugezogen. Wir schreiben den 25. November 2020. Unter meinem Arm klemmt das fertige Manuskript, das ich in einer Stunde abgeben muss, während ich die Loop Street entlanglaufe. Das heißt, etwas fehlt noch, bevor ich es wirklich abschicken könnte, bevor es gedruckt wird und zwischen zwei Klappen passt: das fertige, zweite Buch – *zweit.nah.*

Als ich das erste Buch abgab, war ich euphorisch, ängstlich, aufgeregt. Ich weiß noch, wie ich es in den Posteingang meines Verlages schickte und dabei dachte: »Wenn es jetzt nicht gut ist, kann ich es nicht mehr ändern.«

Dieses Mal fühle ich mich anders. Ich bin nicht nervös, ich bin stolz. Wenn ich dieses Mal die Mail herausschicke, bin ich mir sicher. Ich bin glücklich mit jedem Wort – und auch ein bisschen erschöpft.

Es war nicht immer nur leicht, diese Fortsetzung zu schreiben, es entwickelte sich langsamer, als ich erwartet hatte. Und ich will ehrlich sein: Es gab Tage, vielleicht sogar Wochen, da hing es schwer auf meinen Schultern; da fand ich wieder und wieder nicht die richtigen Worte.

schnell.liebig floss mir geradezu aus den Fingern. Jedes Gefühl, das dort drinsteckte, hatte längst auf der Spitze meiner Zunge gelegen und nur auf seinen Moment gewartet.

Als ich das Buch begann, steckte ich voller Schmerz – und mit jedem Satz, mit jedem Kapitel, das ich hinter mir ließ, fiel ein bisschen davon ab. Als ich die letzten Worte schrieb, kribbelte die Gänsehaut auf meinen Armen. Das Gefühl, wieder glücklich zu sein, sich *selbst* zum ersten Mal nach langer Zeit wieder glücklich zu machen, ist eines der tiefsten und schönsten überhaupt.

Du fühlst Glück nie purer, nie intensiver, als in dem Moment, in dem es zum krassen Gegensatz deines vergangenen Unglücks steht. Das Jahr 2018 – war ein einziges *high* für mich.

Es war das Jahr, in dem ich zu mir zurückfand; das Jahr, in dem ich endlich auf ein paar Antworten stieß und in dem ich begriff, dass ich der einzige Mensch war, der mein Leben in der Hand haben sollte – und dass ich von nun an keine Entschuldigungen mehr dafür machen würde, wie ich es lebte.

In *zweit.nah* bin ich glücklich. Von Anfang an. Ich muss mich nicht erst wiederfinden, ich muss mich nicht retten, ich muss mich nicht finden lassen. Ich suche nach niemandem, der mein Leben in die Hand nimmt, es umdreht und für mich ausmalt. Ich bin selbst längst dabei, es zu verwirklichen. Als Chris in mein Leben tritt, muss er es nicht ausfüllen – aber er findet seinen Platz darin. Und ich in seinem. Wir *crashen* nicht ineinander, wir stürzen uns nicht aufeinander. Unsere Geschichte ist kein Rausch, wir sind ein *slow burn*. Und manchmal muss ich mich erst daran gewöhnen, an das langsamere Tempo. Beim Schreiben, beim Fühlen.

Wir kommen uns nah, und wir nehmen uns zusammen die Zeit, uns füreinander zu entscheiden.

Frei, mutig, zweitnah.

Danksagung

Mein Cappuccino, den ich eigentlich trinken wollte, während ich die Danksagungen und den Epilog schreibe, ist – zugegeben – fast leer.

Das ist der Punkt, an dem du den letzten Schluck nimmst, tief Luft holst und schreibst, was du fühlst, während du dich von diesem Buch, von seinem Prozess verabschiedest.

Ich fange mit dir an, Nori.
  Danke, dass du meine Lektorin warst, dass du dieses Buch mit mir geschrieben hast, danke für deinen Rat, für deine Notizen, für die langen, gemeinsamen Nächte. *It was a ride!*

Danke an meine Familie, an Mama, Papa, an meine Omis. Es ist unschätzbar viel wert, ein Zuhause zu haben, das an dich glaubt, das dir den Raum gibt, deine eigenen Träume zu leben und das Vertrauen, dass du immer – jederzeit – auch zurückkommen und von vorn anfangen kannst.
  Dieses Jahr war eine Herausforderung für mich. Und vor allem in eurer Unterstützung hat die Kraft gesteckt, sie anzunehmen und zu meistern.

Danke Maggie, danke Jorge.

I am going to say this one in English, so you both can read it. Thank you for being my friends, the family I chose, thank you for pushing me through my worries, for catching my doubts and for always having my back.

Wherever I am in life, I know with you I will always have laughter, love, trust and a comfortable (!) couch to sleep on – right there.

Danke Anika, für beinahe zehn Jahre Freundschaft, dafür, dass du die Insel bleibst, zu der es keinen Kompass gibt, aber die ich trotzdem immer wieder finde.

Danke Elena, für die langen Spaziergänge und die vielen, vielen Gedanken, die ich mit dir immer wieder teilen kann.

Danke Norli, danke Fabian, dafür, dass ihr auf mein Herz, auf meinen kleinen Dackel aufpasst, während ich hier draußen unterwegs bin und nach den Geschichten suche, die ich schreiben will.

Thank you Nandi, for constantly listening to my 21 minute voice notes (with 4 more coming while you are at it), for making me face my emotions, for being gentle with them, but also just deep down honest. You were the one, making me work trough this last year and face my own b***sh*t – always encouraging, never judging.

Danke an die Eimsbüttel-Sunshine-Crew, für all den Wein und all die Wochenenden.

Danke Anni, danke Isa, für den Wein, für eure Unterstützung, für die wildesten Roadtrips. Drei Frauen, drei Hunde, dreitausend Worte pro Minute, von denen so viele in dieses Buch geflossen sind. Ich liebe euch.

Danke Terri, für den *Klick* zwischen uns, für deine Inspiration, für die vielleicht wichtigste Erkenntnis in diesem Buch: sich auf das zu konzentrieren, was du gerade am meisten willst, damit es eine Chance hat, damit es wachsen kann. Und in diesem Atemzug auch danke Franzi, danke DJ, danke Domi, ich vermisse euch.

And finally: thank you Chris.

For letting me write that book. For trusting me, for believing in me, for setting me work through it, for giving me the freedom to write what I feel, what I need to say. Meeting you gave my life many new possible ways and I love exploring them with you. I love being curious with you, I love seeing – where we land.

Impressum

Lina Mallon
Zweit.nah
Wie wir lieben, wenn wir uns wagen
ISBN: 978-3-95910-305-3

Eden Books
Ein Verlag der Edel Germany GmbH
Copyright © 2021 Edel Germany GmbH, Neumühlen 17, 22763 Hamburg
www.edenbooks.de | www.edel.com
1. Auflage 2021

Einige der Personen im Text sind aus Gründen des Persönlichkeitsschutzes anonymisiert.

Projektkoordination: Nina Schumacher und Julia Gommel-Baharov
Lektorat: Norina Biermann
Umschlaggestaltung: Katja Vogt
Covermotiv und Autorinnenfoto: © Lina Mallon
Layout und Satz: Datagrafix GSP GmbH, Berlin | www.datagrafix.com
Druck und Bindung: GGP Media GmbH, Pößneck

Printed in Germany

Dieses Buch ist auch als E-Book erhältlich.

Partner des Naturparks
Nossentiner / Schwinzer Heide

Eden Books unterstützt bei der Produktion dieses Buches das Projekt »Junge Riesen für die nächsten 100 Jahre«. Damit wird ein Anteil der unvermeidbaren CO2-Emmissionen im direkten Umfeld des Produktionsstandortes kompensiert.